KB099247

임동석중국사상100

한시외전

韓詩外傳

韓嬰 撰 / 林東錫 譯註

"상아, 물소 뿔, 진주, 옥. 진괴한 이런 물건들은 사람의 이목은 즐겁게 하지만 쓰임에는 적절하지 않다. 그런가 하면 금석이나 초목, 실, 삼베, 오곡, 육재는 쓰임에는 적절하나 이를 사용하면 닳아지고 취하면 고갈된다. 그렇다면 사람의 이목을 즐겁게 하면서 이를 사용하기에도 적절하며, 써도 닳지 아니하고 취하여도 고갈되지 않고, 똑똑한 자나 불초한 자라도 그를 통해 얻는 바가 각기 그 자신의 재능에 따라주고, 어진 사람이나 지혜로운 사람이나 그를 통해 보는 바가 각기 그 자신의 분수에 따라주되 무엇이든지 구하여 얻지 못할 것이 없는 것은 오직 책뿐이로다!"

《소동파전집》(34) 〈이씨산방장서기〉에서 구당(丘堂) 여원구(呂元九) 선생의 글씨

책머리에

《한시외전韓詩外傳》은 중국 한漢나라 때 한영韓嬰이라는 사람이 《시경詩經》의 내용을 소재로 당시까지 전하던 아름다운 일화를 연결하여 시를 해석한 참고서였던 셈이다. 정식으로 《시경》의 구절을 하나씩 훈고에 맞추어 풀어내어 밝히는 작업이 아니어서 이름을 《외전》이라 한 것이며 한영의 성씨를 취하여 전체 책이름이 알려져 내려왔을 뿐이다.

여기에 실려 있는 이야기는 지금도 널리 회자되는 참으로 아름다운 내용들이며 가슴을 뭉클하게 하는 감동적인 고사들이다. 누구나 고등학교 시절 한문 시간에 배운 "나무가 고요하고자 하나 바람이 멎지 아니하고, 자식이 봉양하고자 하나 어버이가 기다려주지 않는다樹欲靜而風不止, 子欲養而親不待"라는 구절 하나쯤은 기억하고 있을 것이다. 그리고 그 하단에 '출전: 《한시외전韓詩外傳》'이란 표시까지 머리에 생생하게 떠오를 것이다. 이렇게 단장취의斷章取義된 구절이지만 우리의 수양과 정서를 순화시키고 윤리와 효성에 보탬이 될 청소년기를 보낼 수 있었다는 것은 얼마나 고마운 일인가! 이 구절은 바로 여기 《한시외전》 권 9, 권 1, 권 7에 실려 있는 증자曾參와 고어皐魚의 효성을 기록한 것이다. 그렇다면 어버이를 어떻게 모셔야 하겠는가? "짐은 무겁고 갈 길이 먼 자는 땅을 가리지 않고 쉬는 법이요, 어버이는 늙고 집이 가난한 자는 관직을 가리지 않고 벼슬하는 법任重途遠者, 不擇地而息; 家貧親老者, 不擇官而仕"인 것이다. 이런 해결책까지 설명되어 있다. 그리고 이런 상황에 맞는 《시경》의 구절을 찾아 "세상이 불꽃같이 험악하여도, 어버이 계시니 어쩔 수 없네雖則如燬, 父母孔邇"라 하여 세상에 어버이가 먼저임을 깨우치고 있다.

고전, 특히 경학은 그 고매한 철학적 의미 이전에 당장 그 문자文字 풀이조차 어렵다. 더구나 삼경(三經: 《시경詩經》, 《서경書經》, 《역경易經》)은 축약된 문자에 뜻은 온 우주의 철리를 모두 담고 있어, 주석·해석이 없거나 가르침을 직접 듣기 전에는 접근하기가 그리 쉬운 일이 아니다. 현대의 우리만이 그러한 것은 아니다. 고대 중국인도 마찬가지였다. 자기의 언어요, 자신들의 문자였건만 별도리가 없었던 것이다. 한漢나라에 이르러 국가 정책으로 유학(특히 경학)을 발흥시키고자 이러한 경에 대한 해석 능력을 가진 이를 우대하여 박사博士로 삼았다. 그래서 지역마다 뛰어난 해석학자가 나타났다. 노(魯, 지금의 山東省 曲阜) 지역에서 강학講學되던 시를 《노시魯詩》, 제(齊, 지금의 山東)지역의 《제시齊詩》가 있었고, 여기의 《한시韓詩》는 연(燕, 지금의 北京) 지역에 한영韓嬰이란 학자가 풀이하여 가르치고 있었던 것이다. 이를 '삼가시三家詩'라 하며 그 중 《한시》는 특이하게 지역명이 아닌 학자 성씨姓氏를 딴 것이다.(그 뒤 《모시毛詩》라는 것이 출현하였으며 지금 전하는 《시경詩經》은 바로 이 《모시》이다. 뒷면 해제 부분을 볼 것) 그런데 시를 강학하면서 문자풀이로 설명을 해 보았자 이를 아주 쉽게 전달할 수가 없었다. 이에 해설서나 참고서 하나쯤 있었으면 하는 아쉬움이 있었을 것이다. 이렇게 하여 이루어진 것이 '외전外傳'이다. 이 「외전」이란 '내전(內傳, 本經)'에 상대되는 말로 그야말로 쉽게 풀이한 부교재인 셈이다. 그렇다면 부교재의 체재나 내용은 당연히 아주 비근한 예화를 들어 흥미와 동기 유발을 꾀한 다음, 시의 구절을 맞추어 주면 가장 효과적일 것이다. 이에 이 책은 재미있는 고사는 물론, 널리 알려진 역사 사건, 혹은 쉽게 이해할 수 있는 논제를 앞세우고, 한두 구절의 시를 제시하여 결론을 맺는 형식으로 되어 있다.

이를테면 세상의 그릇된 명분에 치우쳐 제 목숨까지 버리는 자의 예화를 들고는 "깊으면 옷 입은 채 건너면 되고, 얕으면 옷 걷고 건너면 되지"(021)라 하였고, 딸을 시집보내는 집안의 근심함을 들어 그 딸의 장래를 비는 예화에는 "어머니는 옷고름 매어 주시며 아흔 가지 법도를 일러 주셨네"(061)라 한 것 등이다.

"정성 없이 세우면 오래 견디지 못하고, 자신은 성실하지 못하면서 입으로만 떠들면 믿어주는 자가 없다. 자질이 아무리 훌륭하다 해도 군자의 도를 듣지 않으면 은폐되고 고립되어 재앙이 찾아 든다"라 하고는 "나라가 어쩌다가 이리되었나, 모두가 물에 빠져 허우적대네"라고 끝을 맺으며(176) "백성이란 고달프면 쉬고 싶어하고, 정치가 포악하면 어진 이가 나서 주기를 바라며, 형벌이 겁나면 숨어들게 마련이며, 나라가 절단나면 하늘의 뜻을 생각하는 법"이라 하고는 "이제 더 이상 생각할 기력도 없다오. 하늘만 우러러보고 있다오"라는 《시경》의 노래를 결론으로 제시한다.

그리고 "천자는 많고 적음을 화제로 삼지 아니하고, 제후는 이익과 손해에 대하여 말하지 아니하며, 선비는 재물을 위해 지식을 쓰지 아니하고, 귀족 집안은 이익을 보겠다고 서민이 해야 할 일을 빼앗지 아니하고, 대부는 텃밭조차도 일구지 아니하여, 누구에게나 일거리가 있게 하고, 누구에게나 그에 맞는 소득이 있도록 해야 한다"라 하면서 "저기에 두어둔 곡식 단 있고, 여기엔 줍지 않은 벼이삭 있네. 이것은 불쌍한 과부 몫일세"라고 《시경》의 구절을 제시, 오늘날 의미하는 사회 분배의 정의까지 이미 언급하고 있다.

그리고 위魏나라 해호解狐라는 사람이 원수 사이인 형백류荊伯柳를 높은 직위에 추천하자 형백류가 이를 알고 나서 고맙다고 인사차 들르게 되었다.

그러자 해호는 "그대를 추천한 것은 공적인 일이요, 원수로 여기는 것은 나의 사적인 일. 공적인 일은 끝났지만 원수로 여기는 심정은 끝나지 않았소!"라고 하면서 활을 겨눈 사건을 들고는 "나라를 맡길 만한 곧음이로다"라고 시를 인용하였다.(267)

또, 관직에 있는 자는 무엇을 이루었다고 하는데서 교만이 생기고, 병이란 조금 나았을 때부터 더욱 깊어지며, 화禍란 게으름과 태만에서 비롯되고, 효도는 아내와 자식 때문에 시들어간다. 《주역周易》에는 "여우가 물을 다 건너 놓고 아차 그만 꼬리를 적셨네" 하였고, 《시》에는 "처음에 잘하려 하지 않은 것은 아니건만, 어쩌다 끝마무리가 이리 되었나" 하고 한탄을 하였다.

그 외에도 '백아절현伯牙絕絃', '남상濫觴', '당랑거철螳螂拒轍', '능지陵遲' 등 헤아릴 수 없는 많은 고사와 성어를 풍부히 담고 있어 옛사람의 지혜를 얻는 데 큰 연못의 역할을 충분히 해내고 있다.

고전의 가치란 바로 이처럼 어느 시대, 어느 상황에도 감별의 척도가 되며 되비침의 거울이 된다는 데에 있는 것이다. 물질을 다루되 정신이 깃들지 않는 것은 가치가 없다는 점을 영원히 두고 일러 주고 있으며, 내일을 알고자 하면 어제를 보면 된다고 웅변하고 있다.

그러나 한나라 때 저술 풍토는 당시까지의 기록이나 민간 고사를 누구라도 자신의 책에 옮겨 실을 수 있었다. 뒤에 학자들은 이를 「나는 너에게 베끼고, 너는 나를 베낀我抄你, 你抄我」 시대라 한다. 따라서 여기에 실린 많은 이야기는 대개 다른 책에도 실려 있는 것들이다. 이는 찬자撰者 한영이 자신의 《시》 강학에 필요한 것을 모으되, 끝에 시구詩句를 제시하여 마무리한 특이한 체재로 그 독창성과 차별성이 드러난다. 역주에는 이들 관련 기록도 모두 실어 학문 연구에 도움을 주고자 하였으며 이는 사실 표점까지 통일되게 부여해야 하는 매우 힘들고 고통이 수반되는 작업이었지만 의미 있는 일이라 자찬해 보고 싶다.

한편 나는 이 책을 역주하면서 그저 그러려니 하고 읽었던 《시경》이 이리도 핍진하고 아름다운 것인가 하고 다시 한 번 공자의 "시 삼백 편은 한마디로 말하면 생각에 사악함이 없다는 것이다"(詩三百, 一言以蔽之曰: '思無邪'. 《論語》 爲政篇)란 말에 흠뻑 젖게 되었다. 이에 나는 《시경》을 읽고자 하는 자는 먼저 이 《한시외전》이란 부교재를 읽어 보도록 권하고 싶다. 우선 310가지의 고사가 가슴을 저리게 하며, 지금의 실생활에 정서를 풍부하게 할 뿐만 아니라 목적을 두고 의도하지 않아도 저절로 선한 길로 가게 되는 고맙고 소중한 이야기로 가득 차 있기 때문이다. 존재하는 모든 만물의 존재 가치가 아름다우며, 벌어지는 상황 모두가 그 소이연所以然이 있음에 더욱 삶이 값져 보인다. 의분과 침잠이 함께 있고, 동動과 정靜이 한 몸체이며, 선과 악이 융화되는 그러한 사례도 여기에서 찾을 수 있다.

동면冬眠과 우울의 시대나 상황도 있을 수 있다. 그러나 "하늘이 아무리 무섭다 해도 나에게는 아무런 죄가 없다오"라면 그저 "큰 수레 뒤는 따르지 마소. 그 먼지 몽땅 뒤집어쓰나니"(214)일 뿐, "무섭게 퍼붓는 저 눈송이, 햇볕이 나면 녹고 말겠지" 하는 자연과 세상의 순환 원리를 믿되, "높은 산은 마땅히 우러러보아야 하고 훌륭한 행동은 따라야 하는 것"(281)처럼 수양하고 준비를 다져 천하에 유일한 나의 실존을 확인하면 될 것이다.

특히 이 《한시외전》은 우리나라의 고려高麗시대에 이미 번간翻刊되어 상당히 읽혔던 고전이다. 즉 원元 지정至正 十年(1350년) 심변지(沈辨之. 野竹齋, 吳郡 사람)의 서문이 있는 책을 번간한 것이며, 이에 대하여 청대淸代 엽창치葉昌熾는 "經籍訪古志: 韓詩外傳, 昌熾案: 高麗翻沈本也"라 고증하였다. 이것이 일본으로 건너가 〈경적방고지經籍訪古志〉에 저록되었고, 다시 중국으로 유입, 유명한 〈한위총서본漢魏叢書本〉의 《한시외전》은 바로 이 고려 간본을 근거로 교정校訂한 것이니 우리로서는 실로 육, 칠백년 후에 다시 역주한다는 감회는 새롭다 못해 조상에게 진 빚을 조금이나마 갚는다는 사명감도 없지 않다.(부록: 50 日本, 森立之, 經籍訪古志 부분 참조) 그러나 우리나라 현재 판본으로는 국립도서관 소장의 《한시외전》 사본이 있을 뿐이다.(국립도서관 漢: 韓嬰撰, 寫本. 58장, 19.5×15.8㎝: 의산 古1233-46)

그런가 하면 《고려사高麗史》에는 1091년(高麗 宣宗 8년, 宋 哲宗 元祐 6년)에 이자의李資義 등이 송나라에 사신으로 갔다가 귀국하여 송 철종의 요구에 의해 고려 소장의 많은 양의 서적을 보내도록 요구한 기록이 실려 있다.

丙午李資義等還自宋奏云: 「帝聞我國書籍多好本, 命館伴書所求書, 目錄授之.」 乃曰: 「雖有卷第不足者, 亦須傳寫附來.」 百篇尙書, 荀爽周易十卷, 京房易傳十卷, 鄭康成周易九卷, 陸績注周易十四卷, 虞翻注周易九卷, 東觀漢記一百二十七卷, 謝承後漢書一百三十卷, 韓詩二十二卷, ……計然子十五卷. (《高麗史》 世家 卷第十, 宣宗 八年)

여기에서도 역시 "《한시韓詩》(二十二卷)"의 목록이 보인다. 이는 《신당서新唐書》 예문지藝文志에 저록된 「韓詩, 卜商序, 韓嬰注, 二十二卷, 又外傳十卷」의 《한시韓詩》(本傳, 혹 內傳)가 아닌가 한다. 좌우간 송나라에서는 이를 바탕으로 자신들의 책을 고려로부터 재수집하여 이를 교정校訂, 부사副寫하여 태청루太淸樓와 천장각天章閣에 보관하였다고 하니 고려시대의 출판문화와 서적의 풍부함을 짐작하고도 남음이 있다.

줄포茁浦 임동석林東錫이 부곽재負郭齋에서 적음.

일러두기

1. 이 책은 문연각본文淵閣本 사고전서四庫全書《한시외전韓詩外傳》(原題는《시외전詩外傳》經部 三, 詩類, 附錄)과 사부총간본四部叢刊本《시외전詩外傳》(商務印書館 1926년판을 上海書店에서 영인한 것. 1989)을 저본으로 하여 완역상주完譯詳註한 것이다.
2. 현대 교주본은 굴수원屈守元의《한시외전전소韓詩外傳箋疏》(巴蜀書社, 1996년, 成都)가 있으며 아주 훌륭한 자료로 참고하였다.
3. 그 외에 백화본白話本으로는《한시외전금주금역韓詩外傳今註今譯》(賴炎元, 臺灣商務印書館, 1972, 臺北)이 있어 역시 참고하였다.
4. 분장分章은 본문 총 310장으로 나누었으며, 이에 일련번호를 부여하고 다시 괄호 속에 권-장의 번호를 넣어 찾기 쉽게 하였다. 한편 분장은 학자마다, 판본마다 상이하여 이를 해당부분에 설명하였다.
5. 일문逸文 26장과 존의문存疑文 22장, 그리고 잘못 집질輯軼된 문장 16장은 모두 굴수원屈守元의《한시외전전소韓詩外傳箋疏》에 의거, 이를 전재하여 학술연구에 도움이 되도록 하였다.
6. 주註는 인명, 지명, 사건명, 연대 등과 역문의 부가설명, 추가내용 등을 위주로 하였으며 장이 바뀌는 곳에도 반복하여 실은 것도 있다.
7. 해제解題와 참고參考 및 기왕의《한시외전韓詩外傳》관련 연구기록의 원문은 뒤로 실어 학술적인 연구에 도움이 되도록 하였다.
8. 원의原義에 충실을 기하기 위해 직역으로 하였다. 문장이 순통하지 못하거나 오류가 발견되면 질정叱正과 편달鞭撻을 내려주기 바란다.
9. 매장 끝의 참고 부분에는 모든 관련기록을 가능한 한 찾아 실었다. 우선 시경 구절을 출처와 함께 실어 전체의 원문을 살필 수 있게 하였으며, 그밖에 원문과 관련이 있는 관련 전적의 기록을 싣고 아울러 현재 통용되는 표점부호를 부여하였다. 실제 이 작업은 엄청난 노력과 시간이 소요되었다.

게다가 각종 고판본古板本 원문에 일일이 표점標點과 문장부호를 통일되게 부여하는 일은 본문역주보다 훨씬 많은 작업량이었으나 학문적인 중요한 가치를 감안하여 심혈을 기울여 찾아 전재한 것이다. 단일본을 대상으로 역주하였을 경우의 오류를 최소화할 수 있고 동일한 내용에 대해 문장의 차이, 고석考釋, 비교比較, 정위正僞를 밝히는 일은 물론, 문법文法, 수사修辭, 어휘語彙, 어법語法 등 무궁한 분석 자료를 한 곳에 모아둠으로서 일목요연하게 해결하는 데 용이한 체제이기 때문이다. 물론 자료 수집의 한계 때문에 모든 기록을 빠짐없이 다 실을 수는 없고 경우에 따라서는 완전 일치하는 기록이라기보다 전체 내용 중 일부에 관련된 것도 있다. 이에 대하여는 따로 관련기록의 소재와 책이름의 편명만을 밝힌 것도 있다.

10. 본 《한시외전韓詩外傳》의 완역상주 작업에 참고로 쓰인 문헌은 대략 다음과 같다.

※ 참고 문헌

1. 《韓詩外傳》(原題 《詩外傳》) 漢, 韓嬰 撰 四庫全書(文淵閣本) 經部 3, 詩類 附錄
2. 《韓詩外傳》(原題 《詩外傳》) 漢 韓嬰 撰 四部叢刊本 上海書店(1929년 商務印書館本을 근거로 영인한 것) 1989, 上海
3. 《韓詩外傳今註今譯》 賴炎元 臺灣商務印書館 1972, 臺北
4. 《太平御覽》 北宋, 李昉등 中華書局 印本 1995 북경
5. 《藝文類聚》 唐, 歐陽詢등 文光出版社 活字本 1977 臺北
6. 《太平寰宇記》 北宋, 樂史 文海出版社 1980 臺北
7. 《北堂書鈔》 唐, 虞世南 中國書店 1989 北京

8. 《水經注》後魏, 酈道元 世界書局 活字本 1983 臺北
9. 《初學記》唐, 徐堅등 鼎文書局 活字本 1976 臺北
10. 《史記》漢, 司馬遷 鼎文書局 活字本 1979 臺北
11. 《漢書》後漢, 班固 〃
12. 《博物志》晉, 張華
13. 《列女傳》漢, 劉向
14. 《晏子春秋》張純一校註(新編諸子集成本)
15. 《呂氏春秋》晉, 呂不韋(新編諸子集成本)
16. 《淮南子》漢, 劉安(新編諸子集成本)
17. 《蒙求集註》唐, 李瀚찬 宋, 徐子光주 四庫全書 類書類
18. 《關尹子》周, 關尹喜 四庫全書 子部 道家類
19. 《搜神記》晉, 干寶 四庫全書 小說家類
20. 《拾遺記》晉, 王嘉 〃
21. 《續博物志》宋, 李石 〃
22. 《高士傳》晉, 皇甫謐 史部 傳記類 〃
23. 《唐摭言》五代 王定保 子部 小說家類 〃
24. 《春秋繁露》漢 董仲舒 經部 春秋類 〃
25. 《文子》周 辛鈃 子部 道家類 〃
27. 《世說新語》南朝宋, 劉義慶 (楊勇校註本) 正文書局 1992 臺北
28. 《說苑》漢, 劉向 四庫全書 儒家類
29. 《戰國策》漢, 劉向 四庫全書 史類
30. 《左傳》周, 左丘明 十三經注疏本
31. 《穀梁傳》漢, 穀梁赤 十三經注疏本
32. 《公羊傳》漢, 公羊高 十三經注疏本

33. 《穀梁傳》 周, 穀梁赤 十三經注疏本
34. 《周易》 十三經注疏本
35. 《詩經》 十三經注疏本
36. 《書經》 十三經注疏本
37. 《論語》 周, 穀梁赤 十三經注疏本
38. 《孟子》 周, 穀梁赤 十三經注疏本
39. 《孝經》 周, 穀梁赤 十三經注疏本
40. 《爾雅》 周, 穀梁赤 十三經注疏本
41. 《莊子全譯》 貴州人民出版社 全譯本
42. 《荀子全譯》 貴州人民出版社 全譯本
43. 《楚辭全譯》 貴州人民出版社 全譯本
44. 《孔子家語》 魏 王肅 中州古籍出版社 1991년
45. 《孔子集語》 淸 孫星衍 上海古籍出版社 1993년
46. 《水經注疏》 楊守敬(등) 上海古籍出版社 1989년
47. 《太玄經校注》 劉韶軍 華中師範大學出版社 1996년
48. 《列仙傳今譯, 神仙傳今譯》 邱鶴亭 中國社會科學研究所 1996년
49. 《新語》 漢, 陸賈 百家總書本 印本 上海古籍出版社 1990 上海
50. 《潛夫論》 東漢, 王符
51. 《國語》 周, 左丘明
52. 《文選(六臣注)》 梁, 蕭統 華正書局 影印本 1983 臺北
53. 《說文解字注》 漢, 許愼 淸, 段玉裁주 漢京文化出版社 影印本 1980 臺北
54. 《經學辭典》 黃開國 四川人民出版社 1993 重慶
56. 《中國儒學百科全書》 中國大百科全書出版社, 1997 北京
57. 《中國大百科全書》(民族, 文學, 哲學, 歷史)

해 제

1. 《한시외전韓詩外傳》

《한시韓詩》는 한漢나라 때 한영韓嬰이란 학자가 가르치고 연구하던 《시詩》, 즉 《시경詩經》이란 뜻이고, 「외전外傳」은 내전內傳(本傳)에 상대되는 말로 오늘날 개념으로 참고서, 해설서쯤이 된다. 한나라 때는 오경五經(易·詩·書·禮·春秋)이 국학國學(學官)의 기본 과목이었으며, 오경박사五經博士를 두어 국가사업으로 이를 전수하고 교학하였다. 그러다가 「경經」을 다시 풀이한 「전傳」이라는 이름의 교재가 출현하였다. 예를 들면 《춘추경春秋經》이 《춘추좌씨전春秋左氏傳》, 《춘추공양전春秋公羊傳》, 《춘추곡량전春秋穀梁傳》, 그리고 《시경詩經》이 이 책처럼 《한시외전韓詩外傳》 하는 식이다. 이렇게 오경 다음 단계의 해설서인 전傳도 중요한 교육과정이 되자 14박사제도까지 늘어났으며, 이들 중 중요한 유가儒家의 경전經傳이 송宋대에 이르러 소위 「십삼경十三經」이라는 편목으로 자리잡게 된 것이다.

한편 《한시외전韓詩外傳》은 《한서漢書》 예문지藝文志에 「韓內傳 四卷, 韓外傳 六卷」이라 저록되어 있다. 그러나 ≪내전≫은 송宋나라 때 이미 없어졌고, 《외전》은 《수서隋書》 경적지經籍志, 《당서唐書》 예문지藝文志에 모두 십권十卷으로 저록되어 있어 오늘날 전하는 십권十卷과 같다. 이에 일부 학자는 이 십권은 한시 《내전》·《외전》이 합친 것이 아닌가 여기기도 한다.

이 《한시외전》의 내용은 《한지漢志》에 "춘추에서 취하기도 하고, 여러 이야기를 잡채한 것으로 모두가 그 본의는 아니다"(或取春秋, 雜采衆說, 咸非其本義)라 하였고, 《사고전서총목제요四庫全書總目提要》에는 왕세정王世貞의 말을 빌려 "외전은 시를 인용하여 일事을 증명한 것이며, 일을 인용하여 시를 증명한 것은 아니다. 그 설은 지극히 명확하다"(外傳, 引詩以證事, 非引事以明詩, 其說至確)라 하였다.

지금의 《외전》은 10권 320장(판본과 학자에 따라 차이가 있으며 본 책은 310장으로 나누었다)으로 되어 있으며, 춘추의 역사고사는 물론 기타 민간잡설, 제자백가에 실린 고사 등을 폭넓게 인용하여 이를 제시하고 그 끝에 《시경詩經》의 한둘, 혹은 서너 구절을 들어 그 뜻을 인증印證하는 체제로 되어 있다. 모두가 유가의 경세치학經世治學, 애민화육愛民化育, 인의도덕仁義道德, 처세비유處世譬喩 등 교훈적인 일화로 가득차 있다. 이는 세상의 사건을 들어 《시경詩經》의 구절을 설명한 것으로 한대漢代 홍하였던 고사수집기풍故事蒐集氣風(예로 《說苑》, 《新序》, 《列女傳》, 《晏子春秋》 등)과는 그 편집 목적이 뚜렷이 달랐음을 보여 주는 독특한 형식이다. 한나라 때의 많은 저술, 편찬, 찬집의 큰 흐름은 "나는 너를 베끼고, 너는 나를 베끼는"(我抄你, 你抄我) 이른 바 「초사찬집抄寫撰集」이 당연한 환경이었다. 그 때문에 이 《한시외전》의 많은 내용도 《설원說苑》, 《신서新序》, 《안자춘추晏子春秋》, 《열년전閱年傳》, 《전국책戰國策》, 《좌전左傳》, 《순자荀子》, 《국어國語》, 《춘추번로春秋繁露》, 《대대례기大戴禮記》, 《상서대전尙書大傳》, 《가의신서賈誼新書》, 《회남자淮南子》, 《여씨춘추呂氏春秋》, 《한비자韓非子》, 《논형論衡》, 《열자列子》, 《노자老子》, 《장자莊子》, 《맹자孟子》, 《공자가어孔子家語》 등 제자백가의 여러 책에도 당연히 중복되게 실려 있다. 따라서 어떠한 한 고사나 성어의 원 출전出典을 확정짓는 일은 사실 어려운 면도 없지 않다. 이에 본 역주본에는 관련 기록란을 두어 가능한 한 빠짐없이 이 중복된 기록을 모아 실어 대조對照와 교감校勘에 훌륭한 자료가 되도록 하였다.

2. 한영韓嬰(생몰 연대는 미상임. 西漢 초기의 인물)

한영은 서한西漢의 금문경학자今文經學者로서《시詩》와《역易》에 밝았다. 연燕(지금의 北京) 사람으로《한서漢書》유림전儒林傳에 의하면 "효문제孝文帝(劉恒: BC.179년~BC.157년 재위) 때 박사博士가 되었으며, 경제景帝(劉啓: BC.156년~BC.141년 재위) 때 상산태부常山太傅에 올랐다. 그리고 그는 시인詩人(여기서는《詩經》)의 뜻을 추론하여《내외전內外傳》수만 언을 지었고, 그 언어는 제로齊魯(산동) 지역과 자못 달랐으나 그 귀결은 하나이다"라 하였다. 연조燕趙 일대에《시경》을 풀이하는 자로서 널리 알려졌으며,《역》에 더욱 밝았으나 오히려《시》에 대한 평가 때문에《역》에 대한 명성이 줄어들기도 하였다. 그의 손자인 한상韓商이 박사가 되어 그의《역》을 이어갔다고도 하였다. 무제武帝(劉徹: BC.140년~BC.87년 재위) 때에는 동중서董仲舒(BC.179~BC.104)와 경학에 대한 논변을 벌였는데 한영이 워낙 정한精悍하고 처사處事가 분명하여 동중서도 손을 들고 말았다고도 한다. 한편 한영의《시》는 하남河南의 조자趙子에게 전수되었고 조씨는 다시 이를 채의蔡誼에게, 채의는 다시 식자공食子公과 왕길王吉에게 전수하였다. 그리고 그 중 왕길은 치천淄川의 장손순長孫順에게, 식자공은 태산泰山의 율풍栗豐에게 전수하였다.

이에《한시韓詩》는 왕길, 식자공, 장손순 등의 학문으로 분화되었다. 식자공과 장손순은 박사가 되었으며 그들의 제자들도 대관大官에 오르는 영광을 누렸다. 한영의《한시내전韓詩內傳》은 이미 사라졌고,《한시외전》(《시외전詩外傳》이라고도 함)만 오늘날까지 전하고 있다. 기타 자세한 사적은 알 수 없고 여기에《한서漢書》유림전儒林傳에 실린〈한영전韓嬰傳〉을 번역하고 원문을 병기한다.

한영은 연 땅 사람이다. 효문제 때 박사가 되었으며 경제 때에는 상산태부에 올랐다. 그는 시인의 뜻을 추론하여《내외전》수만 언을 지었는데 그 말은 제로齊魯 지역과 사뭇 달랐으나 그 귀결은 하나이다. 회남의 비생賁生이 이를 전수받았다. 연조燕趙 지역에 《시》를 다루는 자는 한생으로부터 배운 것이었다.

한영은 또한 《역》도 전수하였으며 《역》의 의미를 추론하여 《전傳(易傳)》을 지었다. 연조 지역에서는 《시》를 좋아하여 《역》은 쇠미해지고 말아 오직 한영은 자전自傳하는 길밖에 없었다.

무제武帝 때 그는 한때 동중서와 임금 앞에서 논변을 벌였는데 그 사람됨이 정한하고 처사가 분명하여 동중서도 그를 어렵게 하지 못하였다. 그 뒤 손자인 한상韓商이 박사가 되었다. 효선제孝宣帝 때 탁군涿郡 한생韓生은 그의 후예로서 《역》을 잘한다고 불려가 궁중의 대조待詔가 되어 이렇게 말하였다.

"제가 전수받은 《역易》은 선조 태부太傅께서 전한 바입니다. 일찍이 《한시》도 전수받았으나 《한씨역韓氏易》만큼 깊지 못합니다. 태부께서 그 까닭으로 오로지 이것(《易》)을 전수하신 것입니다."

사예교위인 개관요蓋寬饒가 역을 맹희孟喜로부터 전수받았는데 한생이 《역》을 설명하는 것을 보고는 이를 좋아하여 곧바로 바꾸어 이를 전수받았다.

韓嬰, 燕人也. 孝文帝時爲博士, 景帝時至常山太傅. 嬰推詩人之意, 而作內外傳數萬言, 其語頗與齊·魯間殊, 然歸一也. 淮南賁生受之. 燕趙間言詩者由韓生. 韓生亦以易授人, 推易意而爲之傳. 燕趙間好詩, 故其易微, 唯韓氏自傳之. 武帝時, 嬰嘗與董仲舒論於上前, 其人精悍, 處事分明, 仲舒不能難也. 後其孫商爲博士. 孝宣時, 涿郡韓生其後也, 以易徵, 待詔殿中, 曰:「所受易卽先太傅所傳也. 嘗受韓詩, 不如韓氏易深, 太傅故專傳之.」司隸校尉蓋寬饒本受易於孟喜, 見涿韓生說易而好之, 卽更從受焉.

3. 한대漢代의 경학經學과 시경詩經

여기서 잠깐 한나라 당시의 경학연구經學研究와 그 중《시경》에 대한 학술 활동을 설명하여 이해를 돕고자 한다.

1. 한대漢代 경학經學의 발흥

1) 협서금법挾書禁法의 폐지

춘추전국春秋戰國의 찬란하던 학술은 진秦의 통일로 대단원을 마감하게 된다. 그러나 그 결말이 분서갱유焚書坑儒라는 방법으로 나타나자 결과적으로 인간 본연의 학술적 욕구심리를 억누른 꼴이 되어 자연히 새로운 전기를 모색하지 않으면 안 되었다. 특히 유방劉邦이 한제국漢帝國을 건설하고 나서 위정爲政을 위한 사상적 근간을 찾지 않으면 안 되었을 때 정책적으로 유가의 사상을 채택하게 되었고, 그 일환으로 진대秦代에 생겨난 악법인 「협서금법挾書禁法」(책을 끼고 다니기만 해도 저촉되는 법률)을 혜제惠帝 4년(BC. 191년)에 폐지하여 학문(특히 유학)을 자유로이 연구할 수 있는 길을 터놓았다.

2) 헌서獻書의 길

위의 협서금법의 폐지만으로는 학문의 발달을 기대할 수 없게 되었다. 이에 유가사상의 대본인 경전을 국가적 차원에서 모아 연구하는 기풍을 진작시킬 정책적인 배려가 필요하였던 것이다. 이것이 문제文帝 때에 시도된 「개헌서지로開獻書之路」이다. 이는 분서 때 혹 숨겨 놓은 책을 자유로이 국가에 헌납하여 수집하고자 하는 의도에서 시작되었으나 실제로 남아 있던 책이 없었다.

3) 구전초사口傳抄寫 사업

이에 할 수 없이 나라에서는 유가의 학풍이 남아 있는 제로齊魯(지금의 山東)지역으로 학자를 파견하여 나이 많은 학자가 외우고 있던 경서經書를 받아 적는 방법이었다. 이에 따라 《역》은 전하田何에서 시수施讐·맹희孟喜·양구하梁丘賀로 전수되었고, 《서》는 복생伏生에서 구양생歐陽生·대소하후大小夏侯(勝·建)로 전수되었으며, 《시》는 신배공申培公(魯)·원고생轅固生(齊) 및 한영韓嬰(燕)의 구사본口寫本이 나타나게 되었으며, 《예》는 고당생高堂生·대소대大小戴(德·聖)로, 《춘추》는 《공양전公羊傳》이 동중서董仲舒·호무생胡毋生·엄팽조嚴彭祖·안안락顔安樂으로, 《곡량전穀梁傳》은 하구瑕丘·강공江公으로 전수된 것이다. 그리고 원제元帝 때에는 《경씨역京氏易》이 나타났고, 평제平帝 때에는 유흠劉歆에 의해 《좌씨춘추左氏春秋》·《모시毛詩》·《일례逸禮》·《고문상서古文尙書》도 조정의 박사제도에 의해 열입되었으며 공벽孔壁에서 나온 고문경古文經도 빛을 보게 된 것이다.

4) 박사제도의 설립

무제武帝 때에 이르러서는 유학儒學의 표장表章을 위해 정식으로 오경박사五經博士제도를 설치하여 역·서·시·춘추에의 유가경전에 대해 연구와 전습을 도와 드디어 경학연구의 대풍을 진작시켰다. 전수된 각 경전은 모두 박사제도를 두어 전승, 발전시키되 이러한 박사제도는 후에 선제宣帝, 원제元帝, 평제平帝, 광무제光武帝를 거치면서 수시로 증감, 십사박사十四博士로 늘어나기도 하였다.

2. 금문파今文派와 고문파古文派의 대립

1) 금문경今文經과 고문경古文經의 출현

앞서 설명한 대로 한초漢初에 협서금법을 폐지하고 헌서의 길을 열어 놓자 많은 경전들이 나타났다. 그 중에 사제 간에 전승으로 구전되어 오던 것을 당시에 통용되던 문자인 예서隸書로 베껴 적었는데 이를 「금문경今文經」이라 한다. 그 뒤 무제武帝 말에 노魯(지금의 曲阜)나라 공왕恭王이 자신의 궁실을 넓히려고 공자孔子의 구택舊宅을 헐자 그 벽에서 《상서》·《예기》·《논어》·《효경》등이 쏟아졌다. 그 이들 경전의 글씨는 당시 쓰지 않던 글자인 「과두문자蝌蚪文字」(올챙이처럼 시작부분이 굵고 끝이 가는 篆書의 일종인 籒書)로 되어 있었다. 이를 「고문경古文經」이라 불렀다. 결국 금문과 고문은 사용된 문자의 고금으로 이름 붙여진 것이다. 그러나 이 두 종류의 경전이 일치하지 않은데서 학자들의 주장이 엇갈리기 시작하였고 급기야 서로 받드는 소종所宗도 달라지게 되었다. 대체로 서한西漢 때에는 금문경학이 우세하였고, 동한東漢 때에는 고문경학이 풍미하였으며 금문은 학관學官을 중심으로 연구되었고, 고문경학은 민간民間을 중심으로 발전하였다.

2) 금문경과 고문경의 전수

한초에 금문경을 전수한 자는 《역》에서 시수施讐·맹희孟喜·양구하梁丘賀·경방京房 등 사가四家였으며, 《서》는 구양생歐陽生·하후승夏侯勝(大夏侯)·하후건夏侯建(小夏侯) 등 삼가三家였고, 《시》는 신배공申培公(魯詩)·원고생轅固生(齊詩)·한영韓嬰(韓詩, 燕) 등 삼가였으며, 《예》는 대덕戴德(大戴)·대성戴聖(小戴)·경보慶普등 삼가였다. 한편 《춘추》는 공양고公羊高(《公羊傳》)·곡량적穀梁赤(《穀梁傳》) 등 이가二家였으며, 공양고의 《춘추공양전春秋公羊傳》 뒤에는 엄팽조嚴彭祖와 안안락顔安樂 등 이가가 더 출현하게 된다. 그 중에 경보慶普의 《예기》 외에는 모두가 학관에 열입되었고, 다시 《곡량穀梁》을 제외한 나머지

십사가十四家에 모두 박사제도를 두어 「십사박사十四博士」가 이루어졌다.

한편 고문경은 공안국孔安國이 바쳤던 공벽출현孔壁出現의 《상서》·《예기》·《논어》 외에 서한西漢 때 《주관周官》(뒤에 《周禮》로 이름이 바뀜)과 《비씨역費氏易》·《모공시毛公詩》(오늘날의 《詩經》)·《좌씨춘추左氏春秋》가 나타났으나 학관에 들지 못하였다.

3) 고금문파의 쟁론

공자 구택 벽에서 나온 고문경과 그 뒤 각 가의 경전이 학관에 들지 못하고 있을 때 유흠劉歆(劉向의 아들)이 비각秘閣의 구서舊書를 교감하다가 이들을 발견하고 학관에 열입시킬 것을 주장하였다. 그러나 당시 태상박사太常博士 등은 모두 이를 반대하며 유흠을 「전도오경顚倒五經」이니 「변란사법變亂師法」이니 하면서 몰아붙였다. 그러자 유흠도 「전기수잔專己守殘」, 「구설무빙口說無憑」이라 하며 맞서 결국 서한西漢 말부터 동한東漢 말까지 근 200년 동안의 고금문의 쟁론에 불을 붙이고 나섰다. 이 고금문의 쟁론은 4번의 큰 대립이 있었다. 즉 서한 애제哀帝 때, 동한 광무제光武帝 때, 동한 장제章帝 때, 그리고 동한 환제桓帝·영제靈帝 때이다. 그 뒤 한말에 이르러 정현鄭玄과 왕숙王肅에 의해 이들에 대한 통합이 이루어져 오늘날의 경전으로 굳어지게 된 것이다. 특히 장제 때에는 가규賈逵와 이육李育이 금문인 삼가시三家詩(《齊詩》, 《魯詩》, 《韓詩》)보다 고문경인 《모시毛詩》의 우세를 주장하였고, 이것이 한말 정현이 《시전詩箋》을 쓸 때에 당시의 배척을 무릅쓰고 《모시》를 위주로 하는 계기가 되었으며, 이 정현의 《시전》이 출현하자 삼가시三家詩는 끝내 빛을 잃고 말았다.

3. 시詩의 파별派別과 전수傳受 및 《한시외전》

1) 삼가시三家詩와 《모시毛詩》

시의 파별은 흔히 삼가시三家詩와 《모시》 등 넷으로 구분한다. 삼가시는 《제시齊詩》(轅固生, 齊나라 지역에서 전습되던 금문, 魏나라때 없어짐), 《노시魯詩》(申培公, 魯나라 지역에 전습되던 금문, 西晉 때 없어짐), 《한시韓詩》(한영, 燕나라 지역에 전습되던 금문, 지금은 《外傳》만 전함)이다. 이 중에 《제시》와 《노시》는 그 지역 이름을 붙였으나 《한시》만은 전수자의 성씨로 책명을 삼은 특이한 경우이다. 신배공은 순자荀子의 재전제자再傳弟子로 그와 한영은 모두 문제文帝 때 박사가 되었으나, 원고생은 경제景帝 때 이르러 박사에 올랐다. 그리고 동한 때에 이르러서 고문경이 빛을 보게 되자 나타난 것이 《모시》이다. 《모시》는 조인趙人 모형毛亨(大毛公)이 전한 것으로, 그는 스스로 자하子夏로부터 전해 받은 것이라 하면서 《모시고훈전毛詩故訓傳》 30권을 지었고, 이를 다시 같은 조인趙人 모장毛萇(小毛公)에게 전해 주었다. 이 모시는 한 평제平帝 때 잠깐 박사로 학관에 오르기는 하였으나 오히려 민간 쪽으로 유전되다가 정현이 《고훈전故訓傳》을 근거로 《모시전毛詩箋》을 짓게 되자 그의 학문 지명도에 힘입어 크게 성행하게 되었다. 당唐의 태종太宗은 이를 공영달孔穎達에게 명하여 《오경정의五經正義》를 지을 때 시경詩經은 《모전정전毛傳鄭箋》을 표준으로 삼게 하였으며(이것이 오늘날의 十三經本이 됨), 이에 따라 당송唐宋 양 대에 걸쳐 또다시 그 위치를 굳히게 되었다. 송대 이후 비록 이 모시에 반대하는 학자가 적지 않았고, 청대淸代에 유가들의 삼가시三家詩에 대한 연구와 집본輯本이 있었지만 완전하지 못하자 《모시》는 당연히 독존적인 위치로 오늘날까지 《시詩》의 기본基本 남본藍本으로 읽히게 된 것이다.

2) 시의 전수

삼가시 중에 《제시》는 위魏나라 때에 없어졌고, 《노시》는 진晉나라 때 없어졌으며, 《한시》는 북송北宋 때 없어지고 말았다. 《한시韓詩》는 원래 36권과 따로 《내전》 4권·《외전》 6권이 있었으나 36권은 이미 일찍이 사라지고, 수당隋唐 이후에 내외전을 합하여 지금의 《한시외전》 10권이 이루어진 것 아닌가 하며, 다만 원본에 비해 잔결殘缺이 있는 것으로 여겨진다.

이 《한시》는 동한 때에 이르러 학습하는 자가 점점 줄어들었고, 이를 연구하는 이도 설한薛漢의 《설군장구薛君章句》·후포侯包의 《한시익요韓詩翼要》·조엽趙曄의 《시세詩勢》와 《시력신연詩歷神淵》 등이 있었을 뿐이었다. 삼국 이후에는 더욱 줄어들어 사전史傳에 보이는 저술로 위魏나라의 최염崔炎, 촉蜀의 두경杜瓊·하수何隨, 오吳의 복양개濮陽闓·장굉張紘 등이 있었고, 진晉나라에 이르러서는 다만 동경도董景道 한 사람뿐이었다. 게다가 당송 이후로는 시를 연구하는 사람들이 《모시》만 알고 삼가시三家詩에는 전혀 등한시하였으며, 남송 때에 왕응린王應麟이 비로소 삼가시에 대하여 주의를 기울여 삼가시의 유문을 수집하였다. 청대에 이르러서는 장용臧庸·송면초宋綿初·범가상范家相·완원阮元·풍등부馮登府·정안丁晏·왕모王謨·진교종陳喬樅을 들 수 있다. 특히 진교종은 《삼가시유설고三家詩遺說考》를 지어 이 방면의 탁월한 업적을 남겼다. 한편 현대에 전하는 판본板本으로는 명대明代 가정嘉靖 연간에 나온 소주蘇州 소헌가蘇獻可의 《통진초당본通津草堂本》, 심변지沈辨之의 《야죽재본野竹齋本》, 제남濟南 설래薛來의 《부용천서옥본芙蓉泉書屋本》, 만력萬曆 연간에 나온 신안新安 정영程榮의 《한위총서본漢魏叢書本》, 전당錢塘 호문환胡文煥의 《격치총서본格致叢書本》, 천계天啓 연간에 나온 항주杭州 당림唐琳의 《쾌각장서본快閣藏書本》, 숭정崇禎 연간에 나온 우산虞山 모진毛晉의 《급고각진체비서본汲古閣津逮秘書本》 등이 있다. 그리고 이 《한시외전》의 교정校訂에는 송宋대 경력慶歷 연간 문언박文彦博이 시작한 이래 청淸대 건륭乾隆 때 이르러

조회옥趙懷玉과 주정채周廷寀가 함께 작업한 《한시외전교주韓詩外傳校注》가 있으며, 그 뒤를 이어 진사가陳士軻의 《한시외전소증韓詩外傳疏證》, 허한許瀚의 《한시외전교의韓詩外傳校議》가 있다. 그리고 널리 알려진 것으로 다시 유월兪樾의 《독한시외전讀韓詩外傳》과 손이양孫詒讓의 《한시외전찰이韓詩外傳札迻》 등도 있다. 뒤에 왕선겸王先謙이 각가의 업적을 종합하여 《시삼가의집소詩三家義集疏》를 내어 오늘날의 연구에 큰 도움을 주고 있다. 현재 통행본으로는 1980년에 중화서국에서 출판된 허진휼許進適의 《한시외전집해韓詩外傳輯解》본과 굴수원屈守元의 《한시외전전소韓詩外傳箋疏》(1996, 巴蜀書社)가 가장 널리 알려져 있다.

한시외전

欽定四庫全書

韓詩外傳卷一

漢 韓嬰 撰

曾子仕於莒得粟三秉方是之時曾子重其祿而輕其身親沒之後齊迎以相楚迎以令尹晉迎以上卿方是之時曾子重其身而輕其祿懷其寶而迷其國者不可與語仁窘其身而約其親者不可與語孝任重道遠者不擇地而息家貧親老者不擇官而仕故君子橋褐趨時當務為急傳云不逢時而仕任事而敦其慮為之使而不入其謀貧焉故也詩曰夙夜在公實命不同

傳曰夫行露之人許嫁矣然而未往也見一物不具一禮不備守節貞理守死不往君子以為得婦道之宜故舉而傳之揚而歌之以絶無道之求防汙道之行乎詩曰雖速我訟亦不爾從

孔子南遊適楚至於阿谷之隧有處子佩瑱而浣者孔子曰彼婦人其可與言矣乎抽觴以授子貢曰善為之辭以觀其語子貢曰吾北鄙之人也將南之楚逢天之暑思心潭潭願乞一飲以表我心婦人對曰阿谷之隧隱曲之汜其水載清載濁流而趨海欲飲則飲何問婦人乎受子貢觴迎流而挹之奐然而棄之促流而挹之奐然而溢之坐置之沙上曰禮固不親授子貢以告孔子曰丘知之矣抽琴去其軫以授子貢曰善為之辭以觀其語子貢曰嚮子之言穆如清風不悖我語和暢我心於此有琴而無軫願借子以調其音婦人對曰吾野鄙之人也僻陋而無心五音不知安能調琴子貢以告

孔子曰丘知之矣抽絺紘五兩以授子貢曰善為之辭以觀其語子貢曰吾北鄙之人也將南之楚於此有絺紘五兩吾不敢以當子身敢置之水浦婦人對曰客之行差遲乖人分其資財棄之野鄙吾年甚少何敢受子子不早去今竊有狂夫守之者矣詩曰南有喬木不可休息漢有游女不可求思此之謂也

哀公問孔子曰有智壽乎孔子曰然人有三死而非命也者自取之也居處不理飲食不節勞過者病共殺之

《韓詩外傳》(詩外傳) 四庫全書(文淵閣) 經部(3) 詩類 附錄

韓詩外傳

漢燕人韓嬰著(據趙本補)　新安周廷寀校注

曾子仕於莒得粟三秉方是之時曾子重其祿而輕其身親沒之後齊迎以相楚迎以令尹晉迎以上卿方是之時曾子重其身而輕其祿懷其寶而迷其國者不可與語仁窘其身而約其親者不可與語孝任重道遠者不擇地而息家貧親老者不擇官而仕故君子矯褐趨時(寀案矯字疑誤當為蹻蹻擔簦之蹻蹻草履也趙本作橋校語橋本或作蹻古通用今從毛本通津草堂本)當務為急傳云不逢時而仕任事而敦其慮為之使而不入其謀貧焉故也詩曰夙夜在公實命不同

傳曰夫行露之人許嫁矣(列女傳以為申人之女許嫁于酆也)然而未往也見一物不具一禮不備守節貞理(列女傳作持義)守死不往(守死之守疑當從傳作必)君子以為得婦道之宜故舉而傳之揚而歌之以絕無道之求(此道字傳作禮)防汙道之行乎詩曰雖速我訟亦不爾從

孔子南遊適楚至於阿谷之隧有處子佩璜而浣者孔子曰彼婦人其可與言矣乎(趙校語列女辯通傳亦載之婦人作浣者下婦人俱作處女)抽觴以(趙校語俗本此下脫三百六字從毛本補)授子貢曰善為之辭以觀其語子貢曰吾北鄙之人也將南之楚逢天之暑思心潭潭(列女傳作譚譚)願乞一飲以表我心(表傳作伏)婦人對曰阿谷之隧隱曲之汜(汜傳作沘)其水載清載濁流而趨海欲飲則飲何問婢人乎(傳作何問乎婢子趙校語御覽七十四引作何問於婢子列女傳同)受子貢觴迎流而挹之奐然而棄之(奐然字傳作投)促流而挹之(促傳作從趙本作從校語舊作促案上文云迎是逆也此云從乃順也作從為是據御覽列女傳改正)奐然而溢之(此奐然傳作滿)坐置之沙上曰禮固不親授子貢以告孔子曰丘知之矣抽琴去其軫以授子貢曰善為之辭以觀其語子貢曰嚮子之言穆如清風不悖我語和暢我心(傳云不拂不寤私復我心)於此有琴而無軫願借子以調其音婦人對曰吾野鄙之人也僻陋而無心五音不知安能調琴子貢以告孔子曰丘知之矣(此下傳有過賢則賓四字過字亦誤疑當為遇趙校語同)抽絺紘(趙本作綌下同)五兩

以授子貢曰善為之辭以觀其語子貢曰吾北鄙之人也將南之楚於此有絺紘五兩吾不敢以當子身敢置之水浦(傳云願注之水旁)婦人對曰客之行差遲乖人(傳云行客之人嗟然永久趙校語句有譌御覽八百十九作行客之人嗟然永久列女傳同)分其資財棄之野鄙吾年甚少何敢受子子不早去(去傳作命)今竊有狂夫守之者矣(守傳作名此下傳尚有子貢以告孔子孔子曰丘已知之矣斯婦人達於人情而知禮廿四字趙校語列女傳作子不早命切有狂夫名之者矣)詩曰南有喬木不可休思(趙校語毛本作息乃後人所改今從詩攷)漢有游女不可求思此之謂也(孔叢子儒服篇平原君問子高曰吾聞子之先君南遊過乎阿谷而交辭於漂女信有之乎答曰阿谷之言起於近世是殆假其類以行其心者之所為也趙校語同)

《韓詩外傳》周廷寀(校注) 趙懷玉(校語) 清 光緒 25년(1899) 畿輔叢書

한시외전

詩外傳卷第一
韓嬰

曾子仕於莒得粟三秉方是之時曾子重其祿而輕其身親沒之後齊迎以相楚迎以令尹晉迎以上卿方是之時曾子重其身而輕其祿懷其寶而迷其國者不可與語仁窘其身而約其親者不可與語孝任重道遠者不擇地而息家貧親老者不擇官而仕故君子橋褐趨時當務爲急傳云不逢時而仕任事

而敦其慮爲之使而不入其謀貧焉故也詩曰夙夜在公實命不同

傳曰夫行露之人許嫁矣然而未往也見一物不具一禮不備守節貞理守死不往君子以爲得婦道之宜故舉而傳之揚而歌之以絕無道之求防汙道之行乎詩曰雖速我訟亦不爾從

孔子南遊適楚至於阿谷之隧有處子佩瑱而浣者孔子曰彼婦人其可與言矣乎抽觴

《韓詩外傳》四部叢刊 初編 經部「書同文」電子版(북경)

破字之理故知從哀之義毛旣以哀爲義則以下義勢皆異於鄭思賢才謂思賢才之善女也無傷善之心言其能使善道全也庸人好賢則志有懈倦中道而廢則善心傷后妃能寤寐而思之反側而憂之不得不已未嘗懈倦是其善道必全無傷缺之心然則毛意無傷善之心當謂三章是也王肅云哀窈窕之不得思賢才之良質無傷善之心焉若苟慕其色則善心傷也

關關雎鳩在河之洲 興也關關和聲也雎鳩王雎也鳥摯而有別水中可居者曰洲后妃說樂君子之德無不和諧又不淫其色愼固幽深若關雎之有別焉然後可以風化天下夫婦有別則父子親父子親則君臣敬君臣敬則朝廷正朝廷正則王化成箋云摯之言至也謂王雎之鳥雌雄情意至然而有別。雎七胥反鳩九尤反鳥之有至別者洲音州興虛應反沈許甑反衆興是譬諭之名意有不盡故題曰興他皆放此摯本亦作鷙音至別彼竭反下同說音悅樂音洛諧戶皆反朝直遙反廷徒佞反

窈窕淑女君子好逑 窈窕幽閒也淑善逑匹也言后妃有關雎之德是幽閒貞專之善女宜爲君子之好匹箋云怨耦曰仇言后妃之德和諧則幽閒處深宮貞專之善女能爲君子和好衆妾之怨者言皆化后妃之德不嫉妬謂三夫人以下。好毛如字鄭呼報反兎罝詩放此逑音求毛云匹也本亦作仇音同鄭云怨耦曰仇閒音閑下同耦五口反能爲于僞反嫉音疾徐音自後皆同妬丁路反以色曰妬

疏 關關至好逑。正義曰毛以爲關關然聲音和美者是雎鳩也此雎鳩之鳥雖雌雄情至猶能自別退在河中之洲不乘匹而相隨也以興情至性行和諧者是后妃也后妃雖說樂君子猶能不淫其色退在深宮之中不褻瀆而相慢也后妃旣有是德又不妬忌思得淑女以配君子故窈窕然處幽閒貞專之善女宜爲君子之好匹也以后妃不妬忌可共以事夫故言宜也。鄭唯下二句爲異言幽閒之善女謂三夫人九嬪旣化后妃亦不妬忌故爲君子文王和好衆妾之怨耦者使皆說樂也。傳關關至王化成。正義曰釋詁云關關雍雍音聲和也是關關爲和聲也雎鳩王雎也釋鳥文郭璞曰鵰類也今江東呼之爲鶚好在江邊沚中亦食魚陸機疏云雎鳩大小如鴟深目目上骨露幽州人謂之鷲而揚雄許愼皆曰白鷢似鷹尾上白定本云鳥摯而有別謂鳥中雌雄情意至厚而猶能有別故以興后妃說樂君子情深猶能不淫其色傳爲摯字實取至義故箋云摯之言至王雎之鳥雄雌情意至然而有別所以申成毛傳也俗本云雎鳩王雎之鳥者誤也水中可居者曰洲釋水文也李巡曰四方皆有水中央獨可居釋水又曰小洲曰渚小渚曰沚小沚曰坻江有渚傳曰渚小洲也蒹葭傳亦云小渚曰沚皆依爾雅爲說也采蘩傳曰沚渚鳧鷖傳曰渚沚互言以曉人也蒹葭傳文云坻小渚也不言小沚者沚渚大小異名耳坻亦小於渚故舉渚以言之和諧者心中和悅志意諧適每事皆然故云無不和諧又解以在河之洲爲喩之意言后妃雖悅樂君子不淫其色能謹愼貞固居在幽閒深宮之內不妄淫褻君子若雎鳩之有別故以興焉后妃之德能如是然後可以風化天下使夫婦有別夫婦有別則性純子孝故能父子親也孝子爲臣必忠故父子親則君臣敬君臣旣敬則朝廷自然嚴正朝廷旣正則天下無犯非禮故王化得成也。傳窈窕至好匹正義曰窈窕者謂淑女所居之宮形狀窈窕然故箋言幽閒深宮是也傳知然者以其淑女已爲善稱則窈窕宜爲居處故云幽閒言其幽深而閒靜也揚雄云善心爲窈善容爲窕者非也逑匹釋詁文孫炎云相求之匹詩本作逑爾雅多作仇字異音義同也又曰后妃有關雎之德是幽閒貞專之善女宜爲君子之好匹者美后妃有思賢之心故說賢女宜求之狀摠言宜求爲君子好匹則摠謂百二十人矣。箋不嫉至以下。正義曰下箋三夫人九嬪以下此直云三夫人以下然則九嬪以下摠謂衆妾三夫人以下唯兼九嬪耳以其淑女和好衆妾據尊者故唯指九嬪以上也求荇論皆樂后妃之事故兼言九嬪以下摠百二十人也若然此衆妾謂世婦女御也周禮註云世婦女御不言數者君子不苟於色有婦德者充之無則闕所以得有怨者以其職卑德小不能無怨故淑女和好之見后妃和諧能化羣下雖有小怨和好從化亦所以明后妃之德也此言百二十人者周南王者之風以天子之數擬之非其時卽然也何者文王爲諸侯早矣豈先無嬪妾一人皆須后妃求之且百二十人之數周禮始置鄭於檀弓差之帝嚳立四妃帝堯因焉舜不告而娶不立正妃夏增以九女爲十二人殷則增以二十七人爲三十九人至周增以八十一人爲百二十人當殷之時唯三十九人況文王爲諸侯世子豈有百二十人也。

參差荇菜左右流之 荇接余也流求也后妃有關雎之德乃能共荇菜備庶物以事宗廟也箋云左右助也言后妃將共荇菜之葅必有助而求之者言三夫人九嬪以下皆樂后妃之事。參初金反差初宜反又初佳反荇衡猛反本亦作莕沇有並反左右王申毛如字鄭上音佐下音佑接余音餘本或作菨菨非共音恭本或作供下共荇菜並同葅阻魚反字又作菹嬪鼻申反內官名樂音洛又音岳

窈窕淑女寤寐求之 寤覺

《毛詩》(詩經) 十三經注疏本

차 례

韓詩外傳 3

卷八

卷九

卷十

◎ 부록

⒄ 余嘉錫《四庫提要辨證》經部 一

⒅ 朱彝尊《經義考》卷一

⒆ 皮日休《皮子文藪讀韓詩外傳》(《皮日休文集》卷八,《全唐文》799)

⒇ 歐陽修《崇文總目叙釋》詩類(《文忠集》124)

(21) 洪邁《容齋續筆》卷八 韓嬰詩

(22) 洪邁《容齋三筆》卷十二「曾皙待子不慈」

(23) 王應麟《困學紀聞》卷三

(24) 王應麟《困學紀聞》卷三

(25) 王應麟《困學紀聞》卷三

(26) 王應麟《玉海》卷三十八

(27) 兪文豹《吹劍錄》

(28) 趙彦衛《雲麓漫鈔》卷十

(29) 尤袤《遂初堂書目》詩類

(30) 高儒《百川書志》經志 詩(卷一)

(31) 鄭曉《學古瑣言》卷下

(32) 王世貞《弇州山人四部稿》卷百十二「讀韓詩外傳」

(33)《焦氏筆乘續集》卷三「韓詩外傳」

(34) 董斯張《吹景集》卷十二「世傳韓詩, 汲冢周書, 國策諸書非全書」

(35) 錢謙益《絳雲樓書目》卷一 詩類

(36) 錢遵王《述古堂藏書目》卷一 詩

(37)《天祿琳琅書目》卷七「明版經部」

(38)《天祿琳琅書目》卷七「明版經部」

(39)《孫氏祠堂書目》內篇 卷一 經學 第一 詩

(40) 丁丙《善本室藏書志》卷二 經部 三

(41) 季滄葦《藏書目宋元雜版書雜部》

(42)《皕宋樓藏書志》卷五 經部 詩類 附錄

(43) 臧琳《經義雜記》「韓子知命說」

(44) 陳澧《東塾讀書記》卷六「論韓詩外傳兩條」

(45) 廉石居《藏書記》內篇 卷上 經學

(46)《結日廬書目》卷一 經部

(47) 嚴可均《鐵橋漫錄》卷三「荀子當從祀議」

(48) 汪中《述學補遺》「荀卿子通論」

(49) 莫友《芝郘亭知見傳本書目》卷二 經部 詩類 附錄

(50) 日本 森立之《經籍訪古志》卷一 經部上 詩類

(51) 楊守敬《日本訪書志》卷一

(52) 葉德輝《郋園讀書志》卷一 經部

(53) 沈家本《世說注所引書目》經部

(54) 劉咸炘《舊書別錄》卷一

韓詩外傳 1

卷一

卷二

卷三

韓詩外傳 2

卷四

卷五

卷六

卷七

卷八

〈道人圖〉

223(8-1) 越王勾踐使廉稽獻民於荊王
나라마다 다른 풍습

월왕越王 구천勾踐이 염계廉稽라는 자를 시켜 형왕荊王에게 포로를 갖다 바치도록 하였다. 형왕의 신하가 왕에게 이렇게 말하였다.

"월나라는 미개한 나라입니다. 청컨대 제가 그 사신을 골탕먹이겠습니다."

형왕이 말렸다.

"월나라 임금은 어진 사람이니 그 사신도 역시 어진 이일 것입니다. 그대는 삼가시오!"

그 신하는 나와서 염계를 보자 이렇게 요구하였다.

"관冠을 쓰면 예禮에 맞추어 우리 임금을 만날 수 있으려니와 관을 쓰지 않으면 만나볼 수 없소."

이 말에 염계는 이렇게 반박하였다.

"우리 월나라도 역시 주실周室로부터 봉을 받은 열국列國입니다. 대국들이 있는 중원에 처하지 못하고, 이 강해江海의 구석에 처하여 자라나 물고기와 짝을 지어 살고 있기 때문에 그에 맞게 문신文身과 전발翦髮을 한 후 습속대로 살고 있는 것입니다. 그런데 지금 귀국에 와서 반드시 관을 써야 예로 만나 주고 관을 쓰지 않으면 만나 주지 않겠다고 하시는데 그렇다면 귀국이 우리 월나라에 사신을 보냈을 때, 우리 역시 코를 뚫고 문신, 전발을 해야 예로 만나 주겠다고 한다면 어떻게 하시겠습니까?"

형왕이 이 소식을 듣자 옷을 여미며 나가 사죄하였다. 공자는 이렇게 말하였다.

"사방 남의 나라에 사신으로 가서 임금의 명령을 욕되게 하지 않아야 가히 선비라 할 수 있다."

越王勾踐使廉稽獻民於荊王.

荊王使者曰:「越, 夷狄之國也. 臣請欺其使者.」

荊王曰:「越王, 賢人也. 其使者亦賢, 子其愼之!」

使者出, 見廉稽曰:「冠則得以俗見, 不冠不得見.」

廉稽曰:「夫越, 亦周室之列封也. 不得處於大國, 而處江海之陂, 與魭鱣魚鼈爲伍, 文身翦髮, 而後處焉. 今來至上國, 必曰:『冠得俗見, 不冠不得見.』如此則上國使適越, 亦將劓墨文身翦髮, 而後得以俗見, 可乎?」

荊王聞之, 披衣出謝.

孔子曰:「使於四方, 不辱君命, 可謂士矣.」

【越王勾踐】春秋 말기 越나라 君主.《史記》越王勾踐世家 참조

【廉稽】人名.

【荊王】楚나라 임금. 楚는 史書에서 흔히 '荊'이라고도 불린다.

【孔子曰】《論語》子路篇의 구절.

참고 및 관련 자료

1.《論語》子路篇

子曰:「誦詩三百, 授之以政, 不達; 使於四方, 不能專對; 雖多, 亦奚以爲?」

2.《論語》子路篇

子貢問曰:「何如斯可謂之士矣?」子曰:「行己有恥, 使於四方, 不辱君命, 可謂士矣.」

曰:「敢問其次.」曰:「宗族稱孝焉, 鄕黨稱弟焉.」曰:「敢問其次.」曰:「言必信, 行必果, 硜硜然小人哉! 抑亦可以爲次矣.」曰:「今之從政者何如?」子曰:「噫! 斗筲之人, 何足算也?」

3.《說苑》奉使篇

越使諸發執一枝梅遺梁王, 梁王之臣曰「韓子」, 顧謂左右曰:「惡有以一枝梅, 以遺列國之君者乎? 請爲二三日慙之.」出謂諸發曰:「大王有命, 客冠則以禮見, 不冠則否.」諸發曰:「彼越亦天子之封也. 不得冀, 之州, 乃處海垂之際, 屛外蕃以爲居, 而蛟龍又與我爭焉. 是以剪髮文身, 爛然成章以像龍子者, 將避水神也. 今大國其命冠則見以禮, 不冠則否. 假令大國之使, 時過弊邑, 弊邑之君亦有命矣. 曰:『客必翦髮文身, 然後見之.』於大國何如 ? 意而安之, 願假冠以見, 意如不安, 願無變國俗.」梁王聞之, 披衣出, 以見諸發. 令逐韓子. 詩曰:「維君子使, 媚于天子.」若此之謂也.

4. 기타 참고자료

《北堂書鈔》(40)·《太平御覽》(779)

224(8-2) 人之所以好富貴安樂
사람에게 있어서 가장 귀중한 것

사람마다 부귀와 안락을 누리고 살면서 남으로부터 칭찬까지 받고 싶어하는 까닭은 자기 자신을 위해서이다. 또 빈천과 위욕危辱을 당하거나 남으로부터 비방과 훼멸을 받는 것을 싫어하는 이유는 역시 자기 자신을 위해서이다. 그렇다면 자기 자신에게서 가장 귀한 것은 무엇인가? 바로 기氣보다 더 귀한 것은 없을 것이다. 사람은 기를 얻으면 살고 기를 잃으면 죽는다.

그 기라는 것은 금백金帛이나 주옥도 아니며, 남으로부터 요구할 수 있는 것도 아니다. 게다가 비단이나 오곡五穀도 아니며 이를 사서 얻을 수 있는 것도 아니다. 오직 내 자신에게 있을 뿐이니 삼가지 않을 수 없도다.

《시詩》에는 이렇게 말하였다.

"밝고 또 분명하게	旣明且哲
그 몸을 소중히 보전하였네."	以保其身

人之所以好富貴安樂, 爲人所稱譽者, 爲身也; 惡貧賤危辱, 爲人所謗毁者, 亦爲身也. 然身何貴也? 莫貴於氣. 人得氣則生; 失氣則死. 其氣非金帛珠玉也, 不可求於人也; 非繒布五穀也,

不可羅買而得也. 在吾身耳, 不可不愼也.

詩曰:『旣明且哲, 以保其身.』

【詩曰】《詩經》大雅 烝民의 구절.

참고 및 관련 자료

1. 《詩經》大雅 烝民(162)

225(8-3) 吳人伐楚
나의 생업은 푸줏간 일

오吳나라가 초楚나라에 쳐들어오자 초 소왕昭王은 이를 피해 나라를 떠나야 하였다. 그 나라에 백정을 업으로 하는 도양설屠羊說이라는 자가 있었는데 왕을 따라 함께 나섰다. 소왕이 나라를 회복하여 돌아와서는 자신을 따른 자들에게 상을 내리게 되자 당연히 설에게도 상이 미치게 되었다. 그러나 도양설은 이렇게 사양하였다.

"임금이 잃었던 것은 나라지만 제가 잃었던 것은 내 생업의 터전인 푸줏간이었습니다. 임금이 나라를 찾아 되돌아옴에 저 역시 그 푸줏간을 찾아 되돌아왔습니다. 저는 이것으로 충분히 먹고 살 수 있는데 무슨 상을 받는다는 것입니까?"

이렇게 사양하며 그 명령을 듣지 않자 왕은 억지로라도 그에게 상을 주려고 하였다. 이에 도양설은 이렇게 말하였다.

"임금이 나라를 잃게 된 것은 저의 죄가 아니었습니다. 그래서 저도 주벌을 당하지 아니 한 것입니다. 임금이 나라를 찾고 되돌아올 수 있었던 것 역시 저의 공로가 아닙니다. 그래서 상을 받을 수 없는 것입니다. 오나라 군대가 우리 영郢까지 들어왔을 때 저는 두려워서 그 환난을 피하고자 따라갔던 것입니다. 그런데 임금께서 되돌아오셨으니 제가 할 일이 무엇이겠습니까?"

이에 임금은 이렇게 제의하였다.

"좋소. 그럼 한 번 만나보기라도 합시다."

그러자 도양설은 이렇게 거절하였다.

"이 초나라의 법에 천한 상인商人이 임금을 뵙고자 하면 반드시 큰 선물을 갖춘 연후에야 뵐 수 있게 되어 있습니다. 지금 저는 이 나라를 안존安存시킬 만한 지혜도 없으며, 임금을 위해 죽을 만한 절의節義도 없고, 게다가 외적을 물리칠 만한 용기도 없습니다. 이런 제가 임금을 뵙는다는 것은 나라의 법에 어긋나는 것입니다."

이렇게 명령을 거부한 채 그는 그만 계곡으로 숨어 버렸다. 소왕은 사마자기司馬子期에게 이렇게 부탁하였다.

"여기에 사람이 하나 있는데 생활이 심히 검약하고 의론이 심히 높소. 내 그를 찾아 형제를 맺고 그에게 삼공三公의 벼슬을 주고 싶소."

사마자기는 수레에서 내려, 걸어서 그를 찾아 나서서는 닷새 밤낮을 헤맨 끝에야 겨우 만날 수 있었다.

"나라가 위험할 때 나서서 구하지 않는 것은 인仁이 아니며, 임금의 명령을 따르지 않는 것은 충忠이 아니요. 임금이 내리는 부귀를 마다하고 아래에서 빈고貧苦를 달게 여긴다는 것은 생각건대 지나친 행동이오. 임금께서 지금 그대와 형제를 맺고 삼공이 되어 달라고 청하고 있는데 이를 듣지 않으니 무슨 까닭이오?"

사마자기의 말에 도양설은 이렇게 말하였다.

"삼공의 자리는 내가 알기로는 푸줏간의 일보다 귀한 것입니다. 또 만종萬鍾의 녹은 양을 잡는 이익보다 많겠지요. 그러나 지금 눈앞에 나타난 작록爵祿의 이익 때문에 사양의 예를 잊어야 한다는 소리는 듣지 못하였습니다."

이렇게 삼공의 자리도 사양하고, 다시 자신의 푸줏간으로 되돌아가 버렸다. 군자들이 이런 소문을 듣고 이렇게 말하였다.

"심하도다! 도양자의 하는 일이여. 스스로를 묶어 가난을 지키면서 이 나라에 살고 있다니."

그러자 도양설은 이렇게 말하였다.

"무엇을 두고 가난이라 하는가? 내가 예로서 사양하고 그리고 종신토록 이 나라에 살면 됐지."

그를 평하였던 사람들이 이렇게 말하였다.

"깊은 골짜기에 묻혀 살면서 남의 위급함에는 나서지 않다가 소왕이 오나라에게 패배하자 그 때는 보물을 싸들고 자취를 감추었지. 그리하여 나라가 병들자 자신만 온전하겠다고 하니 이는 자신에게는 후하고 임금에게는 야박한 짓이다. 못됐도다. 세상을 구원할 자는 아니로다."

"그렇다면 어떻게 하는 것이 구세救世인가?"

이에 이렇게 대답하였다.

"이를테면 신백申伯이나 중산보仲山甫같은 이의 행동을 가히 구세라 할 수 있다. 옛날 주周나라의 덕이 쇠하여 그 도道가 여왕厲王에 이르러 잔폐해지자 신백과 중산보는 선왕宣王을 보필하여 난세를 돌려 바르게 고쳤으며, 천하에 위세를 떨쳐 종묘를 부흥시켰다. 이처럼 신백과 중산보는 천하를 순리대로 아우르고, 사악함과 잘못된 것을 바로잡아 덕교德敎로써 깨우치고, 빠뜨린 선비들을 다시 찾아 거용하자 해내海內가 흡연히 바람에 휩쓸리듯 하였다. 그래서 백성들은 모두 일어나 선왕의 덕을 노래하였으니, 《시詩》에

'주나라 사람들 모두 신났네.	周邦咸喜
임금에겐 훌륭한 보필도 많네'	有戎良翰

라 하였고, 또

'나라의 정사가 옳지 못하면	邦國若否
중산보가 이를 밝혀내었고,	仲山甫明之
밝고 또 분명하게	旣明且哲
그 몸을 소중히 보전하였네.	以保其身
이른 새벽부터 밤늦도록 힘써	夙夜匪解
오로지 한 분만을 섬기었다네'	以事一人

라 하였으니 이와 같이 하면 가히 구세라고 할 수 있다."

吳人伐楚, 昭王去國, 國有屠羊說從行. 昭王反國, 賞從者, 及說.

說辭曰:「君失國, 臣所失者屠; 君反國, 臣亦反其屠. 臣之祿旣厚, 又何賞之?」

辭不受命. 君强之, 說曰:「君失國, 非臣之罪, 故不伏誅; 君反國, 非臣之功, 故不受其賞. 吳師入郢, 臣畏寇避患. 君反國, 說何事焉?」

君曰:「不受, 則見之.」

說對曰:「楚國之法, 商人欲見於君者, 必有大獻重質, 然後得見. 今臣智不能存國, 節不能死君, 勇不能待寇. 然見之, 非國法也.」

遂不受命, 入于澗中.

昭王謂司馬子期曰:「有人於此, 居處甚約, 論議甚高, 爲我求之. 願爲兄弟, 請爲三公.」

司馬子期舍車徒求之, 五日五夜, 見之. 謂曰:「國危不救, 非仁也; 君命不從, 非忠也; 惡富貴於上, 甘貧苦於下, 意者過也. 今君願爲兄弟, 請爲三公, 不聽君, 何也?」

說曰:「三公之位, 我知其貴於刀俎之肆矣; 萬鍾之祿, 我知其富於屠羊之利矣. 今見爵祿之利, 而忘辭受之禮, 非所聞也.」

遂辭三公之位, 而反乎屠羊之肆.

君子聞之曰:「甚矣哉! 屠羊子之爲也. 約己持窮, 而處人之國矣.」

說曰:「何謂窮? 吾讓之以禮, 而終其國也.」

曰:「在深淵之中, 而不援彼之危, 見昭王德衰於吳, 而懷寶絶迹, 以病其國, 欲獨全己者也. 是厚於己而薄於君, 狷乎! 非救世者也.」

「何如則可謂救世矣?」

曰:「若申伯·仲山甫可謂救世矣! 昔者, 周德大衰, 道廢於厲, 申伯·仲山甫, 輔相宣王, 撥亂世, 反之正, 天下略振, 宗廟復興, 申伯·仲山甫乃並順天下, 匡救邪失, 喩德教, 擧遺士, 海內翕然向風. 故百姓勃然, 詠宣王之德. 詩曰:『周邦咸喜, 戎有良翰.』又曰:『邦國若否, 仲山甫明之. 旣明且哲, 以保其身. 夙夜匪懈, 以事一人.』如是可謂救世矣.」

【吳人伐楚】周敬王 14年(B.C.506), 吳나라가 齊나라와 연합하여 楚를 친 사건이다.

【昭王】春秋時代의 楚나라 君主. 平王의 아들로 이름은 珍. 재위 27년(B.C.515~489)

【屠羊說】屠羊은 羊을 잡아 파는 직업을 말하며 직업이 성씨가 된 듯하다. 說은 그의 이름이며 '열'로도 읽는다.

【郢】楚나라의 首都.

【司馬子期】楚나라 公子 結. 昭王의 兄. 司馬는 官職名.

【三公】司馬·司徒·司空.

【申伯】周나라 宣王의 외삼촌. 申나라의 임금이 되었다.

【仲山甫】魯나라 獻公의 次子로 周 宣王 때 큰 업적을 남겼다.

【厲王】西周 후기의 혼암한 君主.

【詩曰】《詩經》大雅 崧高의 구절.

【詩曰】《詩經》大雅 烝民의 구절.

참고 및 관련 자료

1. 《詩經》大雅 崧高(158)

2. 《詩經》大雅 烝民(162)

3. 《莊子》讓王篇

楚昭王失國, 屠羊說走而從於昭王. 昭王反國, 將賞從者, 及屠羊說. 屠羊說曰:「大王失國, 說失屠羊; 大王反國, 說亦反屠羊. 臣之爵祿已復矣, 又何賞之有哉!」王曰:

「見之!」屠羊說曰:「楚國之法, 必有重賞大功而後得見, 今臣之知不足以存國而勇不足以死寇. 吳軍入郢, 說畏難而避寇, 非故隨大王也. 今大王欲廢法毁約而見說, 此非臣之所以聞於天下也.」王謂司馬子綦曰:「屠羊說居處卑賤而陳義甚高, 子其爲我延之以三旌之位.」屠羊說曰:「失三旌之位, 吾知其貴於屠羊之肆也; 萬鍾之祿, 吾知其富於屠羊之利也; 然豈可以貪爵祿而使吾君有妄施之名乎! 說不敢當, 願復反吾屠羊之肆.」遂不受也.

4. 기타 참고자료

《太平御覽》(509, 嵇康《高士傳》을 인용한 것)·《渚宮舊事》(2)

226(8-4) 齊崔杼弑莊公
임금을 위해 죽는다는 것

제齊나라 최저崔杼가 장공莊公을 죽였을 때 형괴예荊蒯芮는 마침 진晉나라에 사신으로 갔다가 돌아오고 있었다. 그 마부가 이렇게 말하였다.

"그 임금의 무도함은 사방 이웃나라 제후들도 다 알고 있습니다. 선생께서 그런 임금을 위해서 죽는다는 것은 역시 잘못된 일이 아닐까요?"

그러자 형괴예는 이렇게 말하였다.

"훌륭하다, 너의 말이여! 진작 나에게 말해 주었더라면 내 임금에게 간언을 하였을 텐데. 그렇게 하여 간언을 하였는데도 그가 듣지 않았다면 내 떠났을 것이다. 그러나 지금 간언을 하지 않은 상태이므로 나는 떠날 수 없는 것이다. 내 듣기로 그에게 밥을 얻어먹었으면 그를 섬기다가 죽는 것이라 하였다. 내 이미 난군亂君의 밥을 얻어먹었으니 어찌 훌륭한 임금이라야 따라 죽을 수 있다고 하겠느냐?"

그리는 드디어 수레를 몰아 들어가서는 그 일로 죽어 버렸다. 그러자 그 마부는 이렇게 말하였다.

"난군인데도 오히려 그를 위해 죽거늘 나는 훌륭한 어른을 모셨으면서도 어찌 그를 위해 죽지 않을 수 있겠는가?"

그리고는 고삐를 묶고 그 수레 안에서 스스로 목을 찔러 죽어 버렸다. 군자가 이를 듣고 이렇게 말하였다.

"형괴예는 가히 절의를 지켜 의롭게 죽었다고 할 수 있으나 그 마부는 죽을 일까지는 아니었으니 마치 음식에 독약을 만난 것과 같다."

《시詩》에는

"이른 새벽부터 밤늦도록 힘써	夙夜匪懈
오로지 한 분만을 섬기었다네"	以事一人

라 하였으니 이는 형 선생 같은 경우를 두고 이른 것이요, 역易에는 "그 덕에 항심을 갖지 못하면 혹 수치를 당할 수도 있다"라 하였으니 이는 그 마부 같은 경우를 두고 한 말이다.

崔杼弑莊公. 荊蒯芮使晉而反.

其僕曰:「君之無道也, 四鄰諸侯莫不聞也. 以夫子而死之, 不亦難乎?」

荊蒯芮曰:「善哉! 而言也. 早言我, 能諫; 諫而不用, 我能去; 今旣不諫, 又不去. 吾聞之; 食其食, 死其事. 吾旣食亂君之食, 又安得治君而死之?」

遂驅車而入, 死其事.

僕曰:「有亂君, 猶必死之; 我有治長, 可無死乎?」

乃結轡自刎于車上.

君之聞之, 曰:「荊蒯芮可謂守節死義矣. 僕夫則無爲死也. 猶飮食而遇毒也.」

詩曰:『夙夜匪懈, 以事一人.』

荊先生之謂也.

易曰:『不恒其德, 或承之羞.』

僕夫之謂也.

【崔杼】齊 莊公을 죽인 人物.
【荊蒯芮】人名.《說苑》에는 '邢蒯聵'로 되어 있다.
【詩曰】《詩經》大雅 烝民의 구절.

참고 및 관련 자료

1.《詩經》大雅 烝民(162)

2.《說苑》立節篇

齊崔杼弑莊公, 邢蒯聵使晉而反, 其僕曰:「崔杼弑莊公, 子將奚如?」邢蒯聵曰:「驅之, 將入死而報君.」其僕曰:「君之無道也, 四鄰諸侯莫不聞也, 以夫子而死之不亦難乎?」邢蒯聵曰:「善能言也, 然亦晚矣, 子早言我, 我能諫之. 諫不聽我能去, 今旣不諫又不去; 吾聞食其祿者死其事, 吾旣食亂君之祿矣, 又安得治君而死之?」遂驅車入死. 其僕曰:「人有亂君, 人猶死之; 我有治長, 可毋死乎?」乃結轡自刎於車上. 君子聞之曰:「邢蒯聵可謂守節死義矣; 死者人之所難也, 僕夫之死也, 雖未能合義, 然亦有志士之意矣.」詩云:『夙夜匪懈, 以事一人.』邢生之謂也. 孟子曰:『勇士不忘喪其元.』僕夫之謂也.

3. 기타 참고자료

《左傳》襄公 25년·《冊府元龜》(746)

227(8-5) 遜而直
간언의 방법

겸손히 하면서 정직하게 하는 것이 가장 훌륭한 것이요, 간절하게 하는 것은 그 다음이며, 비방하면서 간언하는 것이 가장 낮은 것이고, 겁만 내는 자는 죽어야 한다.

《시詩》에는 이렇게 말하였다.

"부드럽다고 삼키지 말라." 柔亦不茹

遜而直, 上也. 切次之, 謗諫爲下, 懦爲死.
詩曰:『柔亦不茹.』

【詩曰】《詩經》大雅 烝民의 구절.

참고 및 관련 자료

1. 《詩經》 大雅 烝民(162)
2. 《說苑》 正諫篇

是故諫有五: 一曰正諫, 二曰降諫, 三曰忠諫, 四曰戇諫, 五曰諷諫. 孔子曰:「吾其從諷諫矣乎.」夫不諫則危君, 故諫則危身; 與其危君 寧危身; 危身而從不用, 則諫亦無功矣.

3.《白虎通》諫爭篇

一曰諷諫，二曰直諫，三曰闚諫，四曰指諫，五曰陷諫.

4.《後漢書》李雲傳 論注(《大戴禮記》에서 인용하였으나 금본에는 없으며《白虎通》과 같은 문장임)

5.《公羊傳》莊公 24年 傳 解詁

一曰諷諫，二曰順諫，三曰直諫，四曰爭諫，五曰戇諫.

6.《孔子家語》辨政解

一曰譎諫，二曰戇諫，三曰降諫，四曰直諫，五曰諷諫.

7.《風俗通義》過譽篇

禮諫有五：風爲上，狷爲下.

228(8-6) 宋萬與莊公戰
횡포와 용기

송만宋萬이 장공莊公과 싸우다가 장공에게 포로가 되었다. 장공은 그를 아무렇게나 궁중에 가두어 두었다가 몇 달 만에 돌려보내 주었다. 그는 송나라에 돌아와서 다시 대부가 되었다. 그러던 어느 날 민공閔公과 함께 바둑을 두게 되었다. 부인들이 옆에 있는데 송만은 이런 말을 하였다.

"대단하도다! 노魯나라 임금이여. 아름답기도 하여라. 천하 제후들 중에 임금다운 자는 오직 노나라 임금밖에 없을진저."

민공은 부인들로 인해 어쩌지는 못하고 그의 말에 질투를 느껴 송만을 돌아보며 이렇게 빈정댔다.

"너는 한갓 포로로 잡혀 있었을 뿐인데 어찌 노나라 임금이 잘생겼는지 못생겼는지를 그렇게 잘 아는가?"

그러자 송만은 노하여 민공을 후려갈겨 버렸다. 민공은 그만 목이 꺾여 죽고 말았다. 이 때 구목仇牧이란 자가 임금이 죽었다는 소식을 듣고 달려왔다. 궁문 앞에서 그와 마주치자 칼을 쥔 채 그를 꾸짖었다. 이에 송만은 팔로 구목도 쳐서 죽여 버렸다. 얼마나 힘이 세었던지 그의 머리가 부서졌고 입에서 튀어나온 이빨이 궁문 위에 떨어질 정도였다. 구목은 가히 강포함을 두려워하지 아니 한 사람이라 말할 수 있다.

《시詩》에는 이렇게 말하였다.

"오직 중산보 같은 이는	惟仲山甫
부드럽다고 삼키지도 않았으며	柔亦不茹
딱딱하다고 뱉는 법도 없었네."	剛亦不吐

宋萬與莊公戰, 獲乎莊公戰. 莊公散舍諸宮中. 數月, 然後歸之. 反爲大夫于宋. 宋萬與閔公博, 婦人皆在側.

萬曰:「甚矣! 魯侯之淑, 魯侯之美也. 天下諸侯宜爲君者, 惟魯侯耳.」

閔公矜此婦人, 妬其言, 顧曰:「爾虜, 焉知魯侯之美惡乎?」

宋萬怒, 博閔公, 絶脰. 仇牧聞君弑, 趨而至, 遇之于門中. 手劍而叱之. 萬臂摋仇牧, 碎其首, 齒著乎門闔. 仇牧可謂不畏强禦矣.

詩曰:『惟仲山甫, 柔亦不茹, 剛亦不吐.』

【宋萬】南宮萬을 가리킨다. '長萬'이라고도 한다. 春秋時代의 宋나라 大夫. 그 때문에 '宋萬'으로 부른 것이다.

【莊公】春秋時代 魯나라 君主. 이름은 同. 재위 32년(B.C.693~662)

【閔公】春秋時代 宋나라 君主. 宋 莊公의 아들로 이름은 捷(接). 湣公으로도 쓰며 재위 10년(B.C.691~682)

【仇牧】人名. 宋나라 大夫.

【詩曰】《詩經》大雅 烝民의 구절.

참고 및 관련 자료

1. 《詩經》 大雅 烝民(162)

2. 《公羊傳》 莊公 12년

夏, 四月. 秋, 八月, 甲午, 宋萬弑其君接, 及其大夫仇牧, 及者何? 累也. 弑君多矣, 舍此無累者乎, 孔父·荀息, 皆累也. 舍孔父荀息, 無累者乎, 曰有. 有則此何以書, 賢也, 何賢乎仇牧. 仇牧可謂不畏彊禦矣. 其不畏彊禦奈何? 萬嘗與莊公戰. 獲乎莊公, 莊公歸, 散舍諸宮中. 數月, 然後歸之, 歸反爲大夫於宋, 與閔公博. 婦人皆在側, 萬曰:「甚矣, 魯侯之淑. 魯侯之美也. 天下諸侯宜爲君者, 唯魯侯爾.」閔公矜此婦人. 妒其言, 顧曰:「此虜也. 爾虜焉故. 魯侯之美惡乎至?」萬怒, 搏閔公, 絶其脰. 仇牧聞君弑, 趨而至, 遇之于門, 手劍而叱之. 萬臂摋仇牧, 碎其首. 齒著乎門闔. 仇牧可謂不畏彊禦矣. 冬, 十月, 宋萬出奔陳.

3. 《新序》 義勇篇

宋閔公臣長萬以勇力聞, 萬與魯戰, 師敗, 爲魯所獲, 囚之宮中, 數月歸之宋. 與閔公博, 婦人皆在側, 公謂萬曰:「魯君孰與寡人美?」萬曰:「魯君美. 天下諸侯, 唯魯君耳. 宜其爲君也.」閔公矜, 婦人妬, 因言曰:「爾魯之囚虜爾, 何知?」萬怒, 遂搏閔公頰, 齒落於口, 絶吭而死. 仇牧聞君死, 趨而至, 遇萬於門, 携劍而叱之, 萬臂擊仇牧而殺之, 齒著於門闔. 仇牧可謂不畏彊禦矣, 趨君之難, 顧不旋踵.

4. 기타 참고자료

《史記》 宋微子世家

229(8-7) 可於君
충과 효의 차이

임금에게는 잘 하면서 아버지에게 잘 못한다면 이는 효자로서 할 일이 아니요, 아버지에게는 잘 하면서 임금에게는 잘 하지 못한다면 이는 군자로서 할 일이 아니다.

그러므로 군자는 임금 때문에 효를 빼앗기는 일도, 어버이 때문에 충을 빼앗기는 일도 없어야 한다.

《시詩》에는 이렇게 말하였다.

"훌륭한 저 군자여 愷悌君子
사방이 다 본을 받네." 四方爲則

可於君, 不可於父, 孝子弗爲也; 可於父, 不可於君, 君子亦弗爲也. 故君不可奪, 親亦不可奪也.

詩曰:『愷悌君子, 四方爲則.』

【詩曰】《詩經》大雅 卷阿의 구절.

참고 및 관련 자료

1.《詩經》大雅 卷阿(188)

230(8-8) 黃帝卽位
황제와 봉황새

황제黃帝가 즉위하여 하늘의 뜻을 받들어 은혜를 베풀며, 한결같이 덕을 닦아 오로지 인仁만을 행하자 천하가 태평을 누렸다.

그러나 봉황鳳凰을 아직 보지 못하여 오직 그 봉황의 형상만을 생각하며 이른 새벽부터 밤늦도록 열심을 다하였다. 이에 천로天老를 불러 이렇게 물었다.

"봉황새는 어떻게 생겼습니까?"

그러자 천로는 이렇게 설명하였다.

"무릇 봉황의 형상이란 앞은 고니의 모습, 뒤는 기린의 모습이며, 목은 뱀과 같고 꼬리는 물고기 같으며, 용의 무늬에 거북의 몸체, 제비턱에 닭 부리 같은 형상을 하고 있지요. 머리에는 덕德을 이고 등에는 인仁을 짊어지고 있으며, 중中을 껴안고 의義를 끼고 있습니다. 작은 소리를 낼 때는 쇳소리가 나고, 크게 울면 북소리가 나며 목을 빼고 홰를 치며, 다섯 가지 색깔이 다 갖추어져 있습니다. 그가 움직이면 여덟 가지 바람이 나며, 기氣가 응하면 비가 내립니다. 먹을 때도 법이 있으며 마실 때도 풍모가 있습니다. 그가 떠나면 문文이 시작되고 그가 돌아오면 훌륭한 성취가 있지요. 이처럼 오직 봉황만이 능히 하늘의 신지神祉에 통할 수 있고, 땅의 영험靈驗에 응할 수 있으며, 오음五音을 맞추고 구덕九德을 찾을 수 있습니다.

천하에 도道가 있어서 봉황이 자기의 형상을 하나만 보여 주려고 할 때는 그가 지나가면서 자신을 보도록 하고, 두 가지 형상을 보여 주려고 하면 와서 날며, 세 가지를 보여 주고자 하면 모여들고, 네 가지를 보여 주고자 하면 봄 가을로 한 번씩 내려앉으며, 다섯 가지를 보여 주고자 하면 죽을 때까지 붙박이로 붙어사는 것입니다."

鳳凰(畵像磚) 河南 鄧縣 출토. 墓室壁 浮彫像

이 설명에 황제는 이렇게 말하였다.

"아하! 훌륭하도다. 나는 어찌하면 그 봉황과 함께 할 수 있을꼬?"

이에 황제는 노란 색의 옷을 입고 노란 면류관을 쓴 채 궁중에 반듯한 자세로 섰다. 그러자 봉황이 하늘 가득 해를 가리고 나타나는 것이었다. 황제는 동편 계단을 내려 서쪽을 향하여 재배하고 머리를 조아리며 이렇게 말하였다.

"하늘이 복을 내리시니 그 명을 받지 않을 수 없습니다!"

봉황새는 황제의 나라 동쪽에 머물러 오동나무에 모여 앉아서는 황제의 대나무 열매를 먹으면서 죽을 때까지 그 곳을 떠나지 않는 것이었다.

《시詩》에는 이렇게 노래하였다.

"봉황새가 날도다. 鳳凰于飛
그 깃으로 훨훨 홰를 치도다. 翽翽其羽
이곳에 모여서 날개를 접네." 亦集爰止

黃帝卽位, 施惠承天. 一道修德, 惟仁是行. 宇內和平, 未見鳳凰.

惟思其象, 夙寐晨興, 乃召天老而問之, 曰:「鳳象何如?」

天老對曰:「夫鳳象, 鴻前麟後, 蛇頸而魚尾, 龍文而龜身, 燕頷而鷄喙; 戴德負仁, 抱中挾義; 小音金, 大音鼓; 延頸奮翼, 五彩備明; 擧動八風, 氣應時雨; 食有質, 飮有儀; 往卽文始, 來卽嘉成; 惟鳳爲能通天祉, 應地靈. 律五音, 覽九德. 天下有道, 得鳳象之一, 則鳳過之. 得鳳象之二, 則鳳翔之. 得鳳象之三, 則鳳集之, 得鳳象之四. 則鳳春秋下之. 得鳳象之五, 則鳳沒新居之.」

黃帝曰:「於戲! 允哉! 朕何敢與焉?」

於是黃帝乃服黃衣, 戴黃冕, 致齋于宮, 鳳乃蔽日而至.

黃帝降于東階, 西面再拜稽首, 曰:「黃天降祉, 不敢不承命!」

鳳乃止帝東國, 集帝桐樹, 食帝竹實, 沒身不去.

詩曰:『鳳凰于飛, 翽翽其羽, 亦集爰止.』

【黃帝】軒轅氏. 少典의 아들로 公孫氏. 姬水 가에 자라 姬氏로 姓을 삼음. 뒤에 다시 有熊에 터를 잡아 有熊氏로도 불리며 土德으로 王이 되어 '黃帝'라 칭하였다.

【天老】黃帝의 臣下.

【八風】《呂氏春秋》有始覽에 八方의 바람을 "炎風(東北方)·滔風(東方)·薰風(東南方)·巨風(南方)·凄風(西南方)·飂風(西方)·厲風(西北方)·寒風(北方)"이라 하였고《說文解字》에는 "明庶風(東)·淸明風(東南)·景風(南)·涼風(西南)·閶闔風(西)·不周風(西北)·廣莫風(北)·融風(東北)"이라 하였다.

【五音】宮·商·角·徵·羽.

【九德】《周書常訓解》에 忠·信·敬·剛·柔·和·固·貞·順이라 하였다.

【東國】'東園'의 誤記로 보인다.

【詩曰】《詩經》大雅 烝民의 구절.

참고 및 관련 자료

1. 《詩經》 大雅 烝民(162)

2. 《說苑》 辨物篇

凡六經帝王之所著, 莫不致四靈焉; 德盛則以爲畜, 治平則時氣至矣. 故麒麟麕身牛尾, 圓頂一角, 含仁懷義, 音中律呂, 行步中規, 折旋中矩. 擇土而踐, 位平然後處, 不群居, 不旅行, 紛兮其有質文也, 幽閒則循循如也, 動則有容儀. 黃帝卽位, 惟聖恩承天, 明道一脩, 惟仁是行, 宇內和平, 未見鳳凰, 維思影像, 夙夜晨興, 於是乃問天老曰:「鳳儀何如?」天老曰:「夫鳳, 鴻前麟後, 蛇頸魚尾, 鶴植鴛鴦, 思麗化枯折所志, 龍文龜身, 燕喙雞噣, 駢翼而中注, 首戴德, 頂揭義, 背負仁, 心信智, 食則有質, 飮則有儀, 往則有文, 來則有嘉. 晨鳴曰發明, 晝鳴曰保長, 飛鳴曰上翔, 集鳴曰歸昌. 翼挾義, 衷抱忠, 足履正, 尾繫武, 小聲合金, 大音合鼓; 延頸奮翼, 五光備擧, 光興八風, 氣降時雨, 此謂鳳像. 夫惟鳳爲能究萬物, 通天祉, 象百狀, 達于道. 去則有災, 見則有福, 覽九州, 觀八極, 備文武, 正王國, 嚴照四方, 仁聖皆伏. 故得鳳之像一者鳳過之, 得二者鳳下之, 得三者則春秋下之, 得四者則四時下之, 得五者則終身居之.」黃帝曰:「於戲盛哉!」於是乃備黃冕, 帶黃紳, 齋于中宮, 鳳乃蔽日而降. 黃帝降自東階, 西面啓首曰:「皇天降玆, 敢不承命?」於是鳳乃遂集東囿, 食帝竹實, 棲帝梧樹, 終身不去. 詩云:「鳳凰鳴矣, 于彼高岡; 梧桐生矣, 于彼朝陽. 菶菶萋萋, 雍雍喈喈.」此之謂也. 靈龜文五色, 似玉似金, 背陰向陽, 上隆象天, 下平法之, 槃衍象山, 四趾轉運應四時, 文著象二十八宿. 蛇頭龍翅, 左精象日, 右精象月, 千歲之化, 下氣上通, 能知吉凶存亡之變. 寧則信信如也, 動則著矣. 神龍能爲高, 能爲下, 能爲大, 能爲小, 能爲幽, 能爲明, 能爲短, 能爲長. 昭乎其高也, 淵乎其下也, 薄乎天光, 高乎其著也. 一有一亡忽微哉, 斐然成章, 虛無則精以和, 動作則靈以化. 於戲允哉! 君子辟神也, 觀彼威儀, 遊燕幽間, 有似鳳也. 書曰:「鳥獸鶬鶬, 鳳凰來儀.」 此之謂也.

3. 《藝文類聚》(89)

韓詩外傳曰: 黃帝時, 鳳皇栖帝梧桐, 食帝竹實.

4. 기타 참고자료

《藝文類聚》(99)·《史記》〈屈原賈生列傳〉正義, 〈司馬相如列傳〉正義·《太平御覽》(719, 915)·《事類賦注》(18)·《初學記》(30)·《天中記》(14)

231(8-9) 魏文侯有子曰擊
위 문후의 두 아들

위魏 문후文侯에게 두 아들이 있었다. 첫째는 격擊, 둘째는 소訴라 하였다. 그런데 소가 어린데도 후사로 책봉되고 격은 중산中山의 제후로 봉해지고 말았다. 이러한 일로 격은 삼 년이 넘도록 아버지와 왕래를 않게 되었다. 그러자 격의 스승 조창당趙蒼唐이 격에게 이렇게 말하였다.

"아버지가 아들을 잊는 것은 어쩔 수 없다 해도 아들로서 아버지를 잊고 살 수는 없는 것입니다. 어찌하여 사신을 파견하지 않는 것입니까?"

이에 격은 이렇게 말하였다.

"보내고 싶지만 마땅한 심부름꾼이 없습니다."

그러자 창당이 나섰다.

"제가 가겠습니다."

이에 격이 허락하였다.

"좋습니다."

조창당은 우선 왕이 좋아하는 것과 즐겨 잡숫는 것이 무엇인가를 물었다.

"우리 임금께서는 북견北犬을 좋아하시며 신안晨鴈을 즐겨 드시지요."

드디어 북견과 신안을 구하여 선물로 삼아 떠나게 되었다. 창당은 문후에게 이르러 이렇게 전하였다.

"북쪽의 번방 중산의 임금이 북견과 신안으로 이 창당을 사신으로 보내어 재배하고 드리라 합니다."

문후가 이 말을 듣고 그를 만났다.
"격은 내가 북견과 신안을 좋아하는 것을 알고 있구나. 그렇다면 만나야지."
그리고 조창당에게 물었다.
"격은 아무 탈 없이 잘 지내는가?"
그러자 창당은 우물거릴 뿐 대답을 아니 하는 것이었다. 세 번을 물어도 대답을 하지 않자 문후가 물었다.
"대답을 하지 않는 이유가 무엇인가?"
그제야 창당은 이렇게 이유를 댔다.
"제가 듣기로 제후는 그 이름을 부르지 않는다고 하였습니다. 임금께서 이미 그에게 그 읍을 주어 작은 나라지만 제후가 되도록 해 주셨으면서도 그의 이름을 부르시니 감히 대답을 할 수 없습니다."
이에 문후는 다시 말을 고쳐 다른 질문을 하였다.
"중산의 임금은 아무 탈이 없는가?"
이에 창당은 이렇게 설명하였다.
"지금 제가 떠날 때 교외에까지 나오셔서 저를 보내 주셨습니다."
문후가 다시 물었다.
"중산의 임금은 키는 어느 정도 컸는가?"
창당이 대답하였다.
"제후를 물으시니 제후에 비교하여 대답을 해야 할 것입니다. 그러나 제후의 조정에는 곁에 있는 자들이 모두 신하들뿐이오니 비교할 곳이 없군요. 그러나 보내 주신 털외투는 거의 맞는 듯하더이다."
문후가 다시 물었다.
"그래 중산의 임금은 무엇을 좋아하는가?"
"《시詩》 공부를 좋아합니다."
"시에서 어느 편을?"
"서리黍離편과 신풍晨風편을 좋아합니다."
"서리는 어떤 시인가?"

이 질문에 창당은 이렇게 읊어 주었다.

"'거기에 기장 이삭 고개 숙이고	彼黍離離
피도 자라 새싹이 돋아났구나.	彼稷之苗
걸음걸음 내 발길은 마냥 무겁고	行邁靡靡
하늘하늘 내 마음 둘 곳 없어라.	中心搖搖
나를 아는 사람은	知我者
내 근심 깊은 줄을 알고 있지만	謂我心憂
내 속도 모르시는 딴 사람이야	不知我者
더 바랄 게 무어냐고 핀잔만 주네.	謂我何求
아득히 푸른 저 하늘이여	悠悠蒼天
이것이 누구의 탓이겠느뇨?'"	此何人哉

이를 듣고 문후가 물었다.
"원망하는 것인가?"
"감히 원망하는 것이 아니라 때때로 그리워하는 것이지요."
"그러면 신풍은 어떤 시인가?"
창당은 다시 그 시를 읊어 주었다.

"'쏜살같은 저 새매여	鴥彼晨風
북쪽 숲으로 사라지네.	鬱彼北林
그리운 님 못 뵈오니	未見君子
이 내 마음 답답하여라.	憂心欽欽
어찌할꼬, 어찌할꼬.	如何如何
나를 아주 잊으셨나?'"	忘我實多

이 시를 듣고 나자 문후는 크게 기뻐하며 이렇게 말하였다.
"그 아들을 알고자 하면 그 어미를 볼 것이요, 그 임금을 알고자

하면 그 사신을 보라고 하였다. 중산의 임금이 어질지 못하였다면 어찌 이리도 어진 신하를 얻었겠는가?"

그리고는 태자 소를 폐하고 중산의 임금을 불러다가 후사로 삼았다. 이에 중산군은 이러한 시를 읊었다.

"봉황새가 날도다.	鳳凰于飛
훨훨 날개를 치더니	翽翽其羽
여기에 날아와 모여 앉네.	亦集爰止
가득가득 모여드는 훌륭한 선비들	藹藹王多吉士
임금이 보내는 뛰어난 사신	惟君子使
천자의 사랑을 듬뿍 받네."	媚于天子

군자들은 이렇게 말하였다.

"사신의 임무를 맡았으면 상대 나라의 거마가 더 이상 자기 나라를 괴롭히지 못하게 해야 할 뿐만 아니라, 역시 비유로써 진실한 믿음을 심고, 기지를 통하여 호오好惡를 분명히 밝혀야 한다. 그런 연후라야 가히 사신이 될 수 있다."

魏文侯有子曰擊, 次曰訴, 訴少而立以爲嗣. 封擊中山.

三年莫往來, 其傅趙蒼唐曰: 「不忘子, 子不可忘父. 何不遣使乎?」

擊曰: 「願之, 而未有所使也.」

蒼唐曰: 「臣請使.」

擊曰: 「諾!」

於是乃問君所好與所嗜.

曰: 「君好北犬, 嗜晨鴈.」

遂求北犬晨鴈賫行.

蒼唐至, 曰:「北蕃中山之君, 有北犬晨鴈, 使蒼唐再拜獻之.」

文侯曰:「擊知吾好北犬晨鴈也.」

則見使者.

文侯曰:「擊無恙乎?」

蒼唐唯唯而不對. 三問而三不對.

文侯曰:「不對何也?」

蒼唐曰:「臣聞: 諸侯不名. 君旣已賜弊邑, 使得小國侯. 君問以名, 不敢對也.」

文侯曰:「中山之君無恙乎?」

蒼唐曰:「今者, 臣之來, 拜送於郊.」

文侯曰:「中山之君, 長短若何矣?」

蒼唐曰:「問諸侯, 比諸侯; 諸侯之朝, 則側者皆人臣, 無所比之. 然則所賜衣裘, 幾能勝之矣.」

文侯曰:「中山之君, 亦何好乎?」

對曰:「好詩.」

文侯曰:「於詩何好?」

曰:「好黍離與晨風.」

文侯曰:「黍離何哉?」

對曰:「『彼黍離離, 彼稷之苗. 行邁靡靡, 中心搖搖. 知我者, 謂我心憂. 不知我者, 謂我何求. 悠悠蒼天, 此何人哉!』」

文侯曰:「怨乎?」

曰:「非敢怨也, 時思也.」

文侯曰:「晨風謂何?」

對曰:「『鴥彼晨風, 鬱彼北林. 未見君子, 憂心欽欽. 如何如何, 忘我實多! 此忘我者.』」

於是文侯大悅, 曰:「欲知其子, 視其母; 欲知其君, 視其所使. 中山君不賢, 惡能得賢?」

遂廢太子訢, 召中山君以爲嗣.

中山君稱詩曰:『鳳凰于飛, 翽翽其羽, 亦集爰止. 藹藹王多吉士, 惟君子使, 媚于天子.』」

君子曰:「夫使, 非直敝車罷馬而已, 亦將喻誠信, 通氣志, 明好惡, 然後可使也.」

【魏文侯】戰國 초기 魏나라의 영명한 君主. 魏桓子의 孫子로 이름은 斯.《史記》에는 '都'로 되어 있다. 三晉에서 분리되어 諸侯가 되었다.

【擊】魏文侯의 첫째 아들. 뒤에 魏武侯가 되었다. 재위 26년(B.C.395~370).

【訢】魏文侯의 둘째 아들.《說苑》에는 '摯'로 되어 있다.

【中山】春秋時代 白狄의 별종인 鮮卑가 세웠던 나라. 지금의 河北省 중부지역이다.《戰國策》中山策 참조.

【趙蒼唐】『趙蒼堂』. '趙倉唐'으로도 쓰며 太子 擊의 스승이었으며 使臣.

【晨雁】새 이름. 기러기의 일종인 듯하다.

【詩曰】《詩經》王風 黍離篇을 가리킨다. 이 詩는 '行役者가 시대를 슬퍼함을 노래한 것'이라 한다.

【詩曰】《詩經》秦風 晨鴈篇을 가리킨다. 이 詩는 '부인이 남편을 그리워하는 내용'이라 한다.(朱子)

【詩曰】《詩經》大雅 卷阿의 구절.

참고 및 관련 자료

1.《詩經》王風 黍離

彼黍離離, 彼稷之苗. 行邁靡靡, 中心搖搖. 知我者, 謂我心憂. 不知我者, 謂我何求. 悠悠蒼天, 此何人哉. 彼黍離離, 彼稷之穗. 行邁靡靡, 中心如醉. 知我者, 謂我心憂. 不知我者, 謂我何求. 悠悠蒼天, 此何人哉. 彼黍離離, 彼稷之實. 行邁靡靡, 中心如噎. 知我者, 謂我心憂. 不知我者, 謂我何求. 悠悠蒼天, 此何人哉.

2.《詩經》秦風 晨風

鴥彼晨風, 鬱彼北林. 未見君子, 憂心欽欽. 如何如何, 忘我實多. 山有苞櫟, 隰有六駁. 未見君子, 憂心靡樂. 如何如何, 忘我實多. 山有苞棣, 隰有樹檖. 未見君子, 憂心如醉. 如何如何, 忘我實多.

3.《詩經》大雅 卷阿(188)

4.《說苑》奉使篇

魏文侯封太子擊於中山, 三年, 使不往來, 舍人趙倉唐進稱曰:「爲人子, 三年不聞父問, 不可謂孝. 爲人父, 三年不問子, 不可謂慈. 君何不遣人使大國乎?」太子曰:「願之久矣. 未得可使者.」倉唐曰:「臣願奉使, 侯何嗜好?」太子曰:「侯嗜晨鳧, 好北犬.」於是乃遣倉唐緤北犬, 奉晨鳧, 獻於文侯. 倉唐至, 上謁曰:「孽子擊之使者, 不敢當大夫之朝, 請以燕閒, 奉晨鳧, 敬獻庖廚, 緤北犬, 敬上涓人.」文侯悅曰:「擊愛我, 知吾所嗜, 知吾所好.」召倉唐而見之, 曰:「擊無恙乎?」倉唐曰:「唯唯.」如是者三, 乃曰:「君出太子而封之國君, 名之, 非禮也.」文侯怵然爲之變容. 問曰:「子之君無恙乎?」倉唐曰:「臣來時, 拜送書於庭.」文侯顧指左右曰:「子之君, 長孰與是?」倉唐曰:「禮, 擬人必於其倫, 諸侯毋偶, 無所擬之.」曰:「長大孰與寡人.」倉唐曰:「君賜之外府之裘, 則能勝之, 賜之斥帶, 則不更其造.」文侯曰:「子之君何業?」倉唐曰:「業詩.」文侯曰:「於詩何好?」倉唐曰:「好晨風, 黍離.」文侯自讀晨風曰:「鴥彼晨風, 鬱彼北林, 未見君子, 憂心欽欽, 如何如何, 忘我實多.」文侯曰:「子之君以我忘之乎?」倉唐曰:「不敢, 時思耳.」文侯復讀黍離曰:「彼黍離離, 彼稷之苗, 行邁靡靡, 中心搖搖, 知我者謂我心憂, 不知我者謂我何求? 悠悠蒼天, 此何人哉?」文侯曰:「子之君怨乎?」倉唐曰:「不敢, 時思耳.」文侯於是遣倉唐賜太子衣一襲, 勑倉唐以雞鳴時至. 太子起拜, 受賜發篋, 視衣盡顚倒. 太子曰:「趣早駕, 君侯召擊也.」倉唐曰:「臣來時不受命.」太子曰:「君侯賜擊衣, 不以爲寒也, 欲召擊, 無誰與謀, 故勑子以雞鳴時至, 詩曰:『東方未明, 顚倒衣裳, 顚之倒之, 自公召之.』」遂西至謁. 文侯大喜, 乃置酒而稱曰:「夫遠賢而近所愛, 非社稷之長策也.」乃出少子摯, 封中山, 而復太子擊. 故曰:「欲知其子, 視其友; 欲知其君, 視其所使.」趙倉唐一使而文侯爲慈父, 而擊爲孝子. 太子乃稱:「詩曰:『鳳凰于飛, 翽翽其羽, 亦集爰止, 藹藹王多吉士, 維君子使, 媚于天子.』舍人之謂也.」

5.《說苑》雜言篇

孔子曰:「不知其子, 視其所友; 不知其君, 視其所使.」又曰:「與善人居, 如入蘭芷之室, 久而不聞其香, 則與之化矣; 與惡人居, 如入鮑魚之肆, 久而不聞其臭, 亦與之化矣.」故曰:「丹之所藏者赤, 烏之所藏者黑. 君子愼所藏.」

6.《孔子家語》六本篇

孔子曰:「吾死之後, 則商也日益, 賜也日損.」曾子曰:「何謂也?」子曰:「商也好與賢己者處, 賜也好說不若己者. 不知其子, 視其父; 不知其人, 視其友; 不知其君, 視其所使; 不知其地, 視其草木. 故曰: 與善人居, 如入芝蘭之室, 久而不聞其香, 卽與之化矣. 與不善人居, 如入鮑魚之肆, 久而不聞其臭, 亦與之化矣. 丹之所藏者亦, 漆之所藏者黑, 是以君子必愼其所與處者焉.」

7. 기타 참고자료

《文選》〈四子講德論〉注·《太平御覽》(146, 779)

232(8-10) 子賤治單父
복자천의 행정

자천子賤이 선보單父 땅을 다스리자 그 백성들이 그를 잘 따랐다. 공자孔子가 물었다.

"어떻게 다스렸기에 그러한지 나에게 말해 주렴."

자천이 이렇게 대답하였다.

"어려운 때에는 수시로 곡식 창고를 열어 곤궁한 자를 진휼하고 부족한 자에게 보충해 주었습니다."

그러자 공자는 이렇게 말하였다.

"그런 정책에는 소인이나 따른다. 그게 아닌 것 같은데."

이에 자천이 다시 이렇게 설명하였다.

"능력 있는 자에게 상을 주고 어진 이를 불러들이며 불초한 자는 물리칩니다."

공자는 그래도 만족하지 못하였다.

"그러면 선비나 따른다. 그로써는 부족하다."

자천이 다시 설명하였다.

"제가 아버지처럼 모시는 분이 세 명, 형처럼 받드는 분이 다섯 명, 친구로 대하는 자가 열두 명, 그리고 스승으로 모시는 분이 한 명 있습니다."

이 말에 공자는 이렇게 말하였다.

"아버지처럼 모시는 분이 셋, 형처럼 받드는 분이 다섯이면 족히 효제孝悌가 무엇인지를 가르칠 수 있고, 친구로 지내는 자가 열둘이라면

옹폐壅蔽를 없앨 수 있으며, 스승으로 모시는 분이 하나라면 정치에 실책이 없고, 행동에 실패가 없을 것이다. 그러나 아깝도다! 이곳이 성인들의 땅만큼 크지 않음이. 그렇게만 되었더라면 그 공이 요堯 순舜처럼 되었을 텐데."

《시詩》에

"화목한 저 우리 군자는	愷悌君子
우리들 백성의 어버이로다"	民之父母

라 하였으니 자천이 그와 비슷하다 할 수 있을 것이다.

子賤治單父, 其民附.

孔子曰:「告丘之所以治之者.」

對曰:「不齊時發倉廩, 振困窮, 補不足.」

孔子曰:「是小人附耳, 未也.」

對曰:「賞有能, 招賢才, 退不肖.」

孔子曰:「是士附耳, 未也.」

對曰:「所父事者三人, 所兄事者五人, 所友者十有二人, 所師者一人.」

孔子曰:「所父事者三人, 所兄事者五人, 足以教弟矣. 所友者十有二人, 足以袪壅蔽矣. 所師者一人, 足以慮無失策, 擧無敗功矣. 惜乎! 不齊爲之大, 功乃與堯舜參矣.」

詩曰:『愷悌君子, 民之父母.』

子賤其似之矣.

【子賤】宓不齊. 孔子의 弟子로 魯나라 출신.
【單父】春秋時代 魯나라의 邑. 지금의 山東省 單縣. '선부'로도 읽는다.
【詩曰】《詩經》大雅 泂酌의 구절.

참고 및 관련 자료

1. 《詩經》大雅 泂酌(189)

2. 《說苑》政理篇

孔子謂宓子賤曰:「子治單父而衆說, 語丘所以爲之者.」曰:「不齊父其父, 子其子, 恤諸孤而哀喪紀.」孔子曰:「善小節也小民附矣, 猶未足也.」曰:「不齊也, 所父事者三人, 所兄事者五人, 所友者十一人.」孔子曰:「父事三人, 可以教孝矣; 兄事五人, 可以教弟矣; 友十一人, 可以教學矣. 中節也, 中民附矣, 猶未足也.」曰:「此地民有賢於不齊者五人, 不齊事之, 皆教不齊所以治之術.」孔子曰:「欲其大者, 乃於此在矣. 昔者堯舜清微其身, 以聽觀天下, 務來賢人, 夫擧賢者, 百福之宗也, 而神明之主也, 不齊之所治者小也, 不齊所治者大, 其與堯舜繼矣.」

3. 《孔子家語》辨政篇

孔子謂宓子賤曰:「子治單父, 衆悅子何施而得之也? 子語丘所以爲之者.」對曰:「不齊之治也, 父恤其子, 其子恤諸孤而哀喪紀.」孔子曰:「善! 小節也, 小民附矣, 猶未足也.」曰:「不齊所父事者三人, 所兄事者五人, 所友事者十一人.」孔子曰:「父事三人, 可以教孝矣; 兄事五人, 可以教悌矣; 友事十一人, 可以擧善矣. 中節也, 中人附矣, 猶未足也.」曰:「此地民有賢於不齊者五人, 不齊事之而稟度焉, 皆教不齊之道.」孔子歎曰:「其大者乃於此乎有矣. 昔堯·舜聽天下, 務求賢以自輔. 夫賢者, 百福之宗也, 神明之主也, 惜乎! 不齊之以所治者小也.」

4. 《史記》仲尼弟子列傳

子賤爲單父宰, 反命於孔子, 曰:「此國有賢不齊者五人, 教不齊所以治者.」孔子曰:「惜哉! 不齊所治者小, 所治者大則庶幾矣.」

5. 《孔子集語》論政篇

韓詩外傳八: 子賤治單父, 其民附. 孔子曰:「告丘之所以治之者.」對曰:「不齊時發倉廩, 振困窮, 補不足.」孔子曰:「是小人附耳, 未也.」對曰:「賞有能, 招賢才,退不肖.」孔子曰:「是士附耳, 未也.」對曰:「所父事者三人, 所兄事者五人, 所友者十有二人, 所師者一人.」孔子曰:「所父事者三人, 所兄事者五人, 足以教弟矣. 所友者十有二人, 足以祛壅蔽矣; 所師者一人, 足以慮無失策, 擧無敗功矣. 惜乎! 不齊爲之大, 功乃與堯舜參矣.」

6. 기타 참고자료

《冊府元龜》(702)

233(8-11) 度地圖居以立國
나라의 기틀 세우기

땅을 측량하고 살 곳을 정하여 나라를 세운 다음에는 은혜를 숭상하고 이익을 널리 펴 백성을 모으며, 호오好惡를 밝혀 법도를 바르게 하고, 백성을 이끌어 열심히 농사짓도록 한다. 학교상서學校庠序를 지어 교육을 세우고, 늙은이를 모시고 고아를 양육하여 백성을 교화시키고, 어진 이는 올리고 공 있는 자에게는 상을 주어 선을 권장한다. 간악한 이를 징벌하고 잘못이 있는 자는 축출하여 악을 추한 것으로 알게 시킨다. 그리고 방어를 일러 주고 활쏘기를 익히게 하여 환난을 막으며, 간악한 것을 금하고 사악한 것을 그치게 하여 해악을 제거한다. 어진 이를 맞아들이고 친구를 모아 지혜를 넓히며, 종족을 친부親附하게 하여 더욱 강해지도록 해야 한다.

《시詩》에는 이렇게 말하였다.

"화목하고 정이 많은 우리 님이여." 愷悌君子

度地圖居以立國, 崇恩博利以懷衆, 明正好惡以正法度, 率民力稼, 學校庠序以立教, 事老養孤以化民, 升賢賞功以勸善, 懲奸絀失以醜惡, 講御習射以防患, 禁奸止邪以除害, 接賢連友以廣智, 宗親族附以益强.

詩曰:『愷悌君子.』

【學校庠序】 옛날의 鄕學. 殷代에는 序. 周代에는 庠이라 하였다.《孟子》滕文公（上）참조.
【詩曰】《詩經》大雅 泂酌의 구절.

참고 및 관련 자료

1.《詩經》大雅 泂酌(189)

234(8-12) 齊景公使人於楚
높은 누각은 없지만

제齊 경공景公이 초楚나라에 사신을 보내자 초왕楚王이 그를 데리고 구 층의 누대에 올라 돌아보며 이렇게 물었다.

"제나라에도 이와 같은 누대가 있습니까?"

사신은 이렇게 대답하였다.

"우리 임금이 다스리는 자리는 흙으로 만든 세 계단이며, 이엉 끝은 가지런히 자르지도 않은 모습에 서까래는 투박한 통나무 그대로입니다. 그런데도 오히려 그를 짓느라 백성이 노고롭지 않았나 말씀하시며 그 안에 사는 것을 태평이라 여깁니다. 그러니 우리 임금에게 어찌 이런 높은 누대가 있겠습니까?"

이 말에 초왕은 불안한 기색을 감추지 못하였다. 이런 사신이라면 가히 "그 임금을 욕되지 않게 하였으며 능히 전대專對하였다"라고 할 수 있다.

景公使人於楚, 楚王與之上九重之臺, 顧使者曰:「齊有臺若此乎?」

使者曰:「吾君有治位之坐, 土階三等, 茅茨不翦, 樸椽不斲者, 猶以謂爲之者勞, 居之者泰. 吾君惡有臺若此者?」

於是楚王盖悒如也. 使者可謂『不辱君命, 其能專對』矣.

【齊景公】春秋 후기의 齊나라 君主. 莊公의 아우로 이름은 杵臼. 재위 58년(B.C.547～490).
【不辱君命】《論語》子路篇에 "子貢問曰: 何如斯可謂之士矣? 子曰: 行己有恥; 使於四方, 不辱君命, 可謂士矣"라 하였다.
【專對】使臣의 임무 중에 가장 중요한 임무. 專決하여 응대함을 말한다.《論語》子路篇을 볼 것.

참고 및 관련 자료

1.《論語》子路篇

子貢問曰:「何如斯可謂之士矣?」子曰:「行己有恥, 使於四方, 不辱君命, 可謂士矣.」曰:「敢問其次.」曰:「宗族稱孝焉, 鄉黨稱弟焉.」曰:「敢問其次.」曰:「言必信, 行必果, 硜硜然小人哉! 抑亦可以爲次矣.」曰:「今之從政者何如?」子曰:「噫! 斗筲之人, 何足算也?」

2.《論語》子路篇

子曰:「誦詩三百, 授之以政, 不達; 使於四方, 不能專對; 雖多, 亦奚以爲?」

3.《新書》(賈誼) 退讓篇

翟王使使至楚, 楚王欲夸之, 故饗客於章華之臺上. 上者三休而乃至其上. 楚王曰:「翟國亦有此臺乎?」使者曰:「否! 翟窶國也, 惡見此臺也? 翟王之自爲室也, 堂高三尺, 壤陛三絫, 茆茨弗翦, 采椽弗刮. 且翟王猶以作之者大苦, 居之者大佚. 翟國惡見此臺也?」楚王媿.

4.《愼子》外篇

翟王使使至於楚, 楚王誇使者以章華之臺, 高廣美麗無匹也. 楚王曰:「翟國亦有此臺乎?」對曰:「翟王茅茨不翦, 綵椽不刻, 猶以爲作之者勞, 居之者佚.」楚王對怍.

5. 기타 참고자료

《群書治要》(3)

235(8-13) 傳曰予小子使爾繼邵公之後
아홉 가지 상품

이렇게 전해오고 있다.

"내 너로 하여금 소공邵公의 뒤를 계승하게 하노라."

이처럼 천자의 명을 받는 자는 반드시 그 조상을 거론하게 되는 것이다. 공자孔子가 노魯나라 사구司寇가 될 때 노魯 정공定公도 이렇게 말하였다.

"송공宋公의 아들 필보弗甫의 후손인 노나라 공구孔丘를 사구로 임명하노라."

이에 공자는 이렇게 답하였다.

"필보는 그 임금에게 돈독하게 하였습니다. 저는 장차 그에 미치지 못할까 합니다."

그러자 정공은 이렇게 말하였다.

"그대는 능히 해 낼 것입니다."

이렇게 전해오고 있다. 제후에게 덕이 있으면 천자는 상을 내린다. 처음의 상은 거마車馬이고, 두 번째 상은 의복衣服이며, 세 번째는 호분虎賁, 네 번째는 악기樂器, 다섯 번째는 납폐納陛, 여섯 번째는 주호朱戶, 일곱 번째는 궁시弓矢, 여덟 번째는 부월鈇鉞, 아홉 번째는 거창秬鬯이다.

《시詩》에는 이렇게 말하였다.

"그대에게 내리는 상, 옥으로 만든 주기　　釐爾圭瓚
그리고 향내 높은 기장 술 한 통."　　秬鬯一卣

召公(姬奭)《三才圖會》

傳曰: 予小子使爾繼邵公之後. 受命者必以其祖命之.

孔子爲魯司寇, 命之曰:「宋公之子弗甫有孫魯孔丘, 命爾爲司寇.」

孔子曰:「弗甫敦及厥辟, 將不堪.」

公曰:「不妄.」

傳曰: 諸侯之有德, 天子錫之: 一錫車馬, 再錫衣服, 三錫虎賁, 四錫樂器, 五錫納陛, 六錫朱戶, 七錫弓矢, 八錫鈇鉞, 九錫秬鬯.

詩曰:『釐爾圭瓚, 秬鬯一卣.』

【邵公】康公의 後孫인 穆公 虎를 가리킨다고 한다. 召公으로도 쓴다.

【魯司寇】孔子가 일찍이 魯나라 司寇를 지냈다. 司寇는 刑罰을 집행하는 직책이다. 魯 定公(재위 15년:B.C.509~495) 때의 일이다.

【弗甫】宋나라 閔公 아들. 이름은 何. 왕위를 宋厲公에게 물려주었으며, 孔子의 先代이다. 필보(弗父)로도 쓴다.
【厥辟】'厥'은 '其'와 같으며 '辟'은 임금을 뜻한다. '그 임금'이라는 뜻이다.
【錫】'賜'와 같다.
【虎賁】勇士. 大力士. 夏育과 더불어 이름난 力士. 여기서는 일반 명칭의 力士.
【納陛】집 안에 계단을 만들 수 있도록 허락하는 것.
【朱戶】붉은 색칠의 대문을 설치할 수 있도록 허락하는 것.
【鈇鉞】斧鉞. 권위와 지위를 나타내는 상징적인 물건이다.
【秬鬯】향기 나는 좋은 술.
【詩曰】《詩經》大雅 江漢의 구절.

참고 및 관련 자료

1. 《詩經》大雅 江漢(158)

2. 《藝文類聚》(53)

韓詩外傳曰: 諸侯之有德, 天子錫之: 一錫車馬, 再錫衣服, 三錫虎賁, 四錫樂器, 五錫納陛, 六錫朱戶, 七錫弓矢, 八錫鈇鉞, 九錫秬鬯, 謂之曰九錫.

3. 《孔子集語》

韓詩外傳九: 傳曰: 予小子使爾繼邵公之後. 受命者必以其祖命之. 孔子爲魯司寇, 命之曰:「宋公之子弗甫有孫魯孔丘, 命爾爲司寇.」孔子曰:「弗甫敦及厥辟, 將不堪.」公曰:「不妄.」

4. 기타 참고자료

《太平御覽》(208)·《困學紀聞》(6)·《史記》孔子世家

236(8-14) 齊景公謂子貢曰
태산과 같은 공자

제齊 경공景公이 자공子貢에게 물었다.

"선생께서는 누구를 스승으로 삼고 계십니까?"

"노魯나라 중니仲尼입니다."

경공이 다시 물었다.

"중니는 어진 사람입니까?"

이에 자공은 이렇게 대답하였다.

"성인이십니다. 어찌 어진 정도에 그치겠습니까?"

그러자 경공은 희연嘻然히 웃으면서 이렇게 되물었다.

"그의 성스러움이란 어떤 것입니까?"

그런데 자공이 잘라 말하였다.

"모릅니다."

경공은 이 말에 발연히 얼굴색을 바꾸었다.

"처음에는 성인이라 해놓고 지금 와서 모른다고 하니 어찌 된 것입니까?"

이에 자공은 이렇게 설명하였다.

"저는 종신토록 하늘을 이고 살지만 하늘이 얼마나 높은지 알지 못합니다. 또 종신토록 땅을 밟고 살지만 땅이 얼마나 두터운지를 알지 못합니다. 제가 중니를 모시는 것은 비유컨대 마치 목마를 때 작은 주전자나 국자를 들고 강해江海에 가서 이를 떠 마시되 배가 차면 떠나는 것과 같으니 어찌 그 강해의 깊이를 알 수 있겠습니까?"

그래도 경공은 이렇게 빈정댔다.

"선생의 자랑은 너무 심한 것 아니오?"

이에 자공은 다시 이렇게 설명하였다.

"저 사賜가 어찌 감히 심한 말을 할 수 있겠습니까? 오히려 그에 미치지 못한다고 염려할 뿐입니다. 제가 중니를 자랑하는 것은 비유컨대 두 손으로 흙을 퍼서 태산泰山에 보탠다고 해서 태산이 더 높아지지 않는 것과 같습니다. 또 저로 하여금 중니를 칭찬하지 말라고 하는 것은 역시 비유컨대 두 손으로 태산의 흙을 퍼낸다고 해서 그 태산이 낮아지지 않는 것처럼 분명합니다."

그제야 경공은 이렇게 말하였다.

"훌륭하오! 어찌 그럴 수가. 훌륭하오! 어찌 그럴 수가."

《시詩》에는 이렇게 말하였다.

"끊임도 뒤틀림도 하나 없으니	綿綿翼翼
아무리 생각해도 이길 수 없네."	不測不克

齊景公謂子貢曰:「先生何師?」

對曰:「魯仲尼.」

曰:「仲尼賢乎?」

曰:「聖人也, 豈直賢哉?」

景公嘻然而笑曰:「其聖何如?」

子貢曰:「不知也.」

景公勃然作色曰:「始言聖人, 今言不知, 何也?」

子貢曰:「臣終身戴天, 不知天之高也; 終身踐地, 不知地之厚也. 若臣之事仲尼, 譬猶渴操壺杓, 就江海而飮之, 腹滿而去, 又安知江海之深乎?」

景公曰:「先生之譽, 得無太甚乎?」

子貢曰:「臣賜何敢甚言? 尙慮不及耳. 臣譽仲尼, 譬猶兩手捧土而附泰山, 其無益亦明矣. 使臣不譽仲尼, 譬猶兩手把泰山, 無損亦明矣.」

景公曰:「善. 豈其然! 善. 豈其然!」

詩曰:『綿綿翼翼, 不測不克.』

【齊景公】春秋 후기 齊나라 君主.
【子貢】孔子의 弟子 端木賜.
【仲尼】孔子의 字. 이름은 丘.
【詩曰】《詩經》大雅 常武의 구절.

참고 및 관련 자료

1. 《詩經》大雅 常武(190)

2. 《說苑》善說篇

齊景公謂子貢曰:「子誰師?」曰:「臣師仲尼.」公曰:「仲尼賢乎?」對曰:「賢.」公曰:「其賢何若?」對曰:「不知也.」公曰:「子知其賢而不知其奚若, 可乎?」對曰:「今謂天高, 無少長愚智皆知高, 高幾何? 皆曰不知也, 是以知仲尼之賢而不知其奚若.」

3. 《說苑》善說篇

子貢見太宰嚭, 太宰嚭問曰:「孔子何如?」對曰:「臣不足以知之.」太宰曰:「子不知, 何以事之?」對曰:「惟不知, 故事之, 夫子其猶大山林也, 百姓各足其材焉.」太宰嚭曰:「子增夫子乎?」對曰:「夫子不可增也. 夫賜其猶一累壤也, 以一累壤增大山, 不益其高, 且爲不知.」太宰嚭曰:「然則子有所酌也.」對曰:「天下有大樽而子獨不酌焉, 不識誰之罪也.」

4. 《說苑》善說篇

趙簡子問子貢曰:「孔子爲人何如?」子貢對曰:「賜不能識也.」簡子不說曰:「夫子

事孔子數十年, 終業而去之, 寡人問子, 子曰不能識, 何也?」子貢曰:「賜譬渴者之飮江海, 知足而已, 孔子猶江海也, 賜則奚足以識之.」簡子曰:「善哉! 子貢之言也.」

5. 기타 참고자료

《新論》(桓譚, 《前後漢文》 권14)·《類說》(38)·《永樂大典》(922)·《文選》〈頭陀寺碑文〉注

237(8-14) 一穀不升謂之鎌
흉년의 임금 밥상

그 해에 한 종류의 곡식이 익지 않는 것을 겸鎌이라 하고, 두 종류의 곡식이 흉년이 드는 것을 기饑라 하며, 세 가지 곡식이 흉년이 드는 것을 근饉, 네 가지 곡식이 여물지 않는 것을 황荒이라 하며, 오곡이 모두 여물지 않아 흉년이 드는 것을 대침大侵이라 한다.

대침이 든 해에 임금이 할 수 있는 예禮는 임금의 밥상에는 두 가지 이상의 반찬을 올리지 않고, 누대가 낡아도 수식을 하지 않으며, 도로도 고치려 하지 말아야 하고, 백관의 빈자리가 생기면 보충만 하되 새로운 자리를 신설하지 않으며, 귀신에게 기도만 하지 따로 제사를 차리지 않는다. 이것이 대침 때의 예이다.

《시詩》에

"일상의 예절을 모두 지킬 수는 없네" 我居御卒荒

라 하였으니 이를 두고 이른 말이다.

一穀不升謂之鎌, 二穀不升謂之饑, 三穀不升謂之饉, 四穀不升謂之荒, 五穀不升謂之大侵. 大侵之禮, 君食不兼味, 臺榭不飾, 道路不除, 百官補而不制, 鬼神禱而不祠. 此大侵之禮也.

詩曰:『我居御卒荒.』
此之謂也.

【詩曰】《詩經》大雅 召旻의 구절.

참고 및 관련 자료

1. 《詩經》大雅 召旻(163)
2. 기타 참고자료

《後漢書》〈光武紀〉注·《類說》(38)

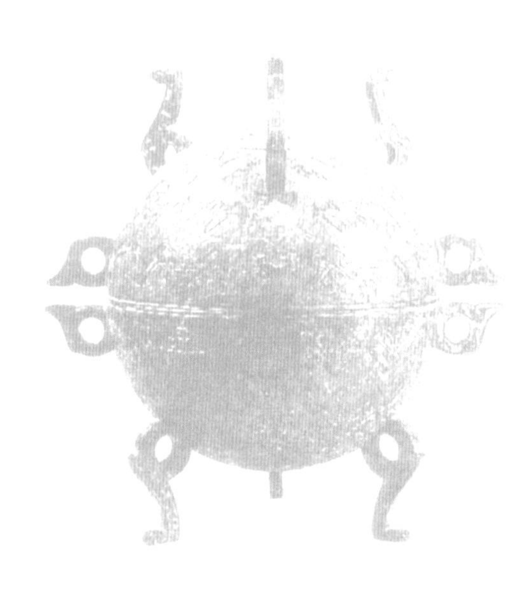

238(8-16) 古者天子爲諸侯受封
제후의 봉지

옛날에 천자가 제후에게 땅을 봉하는 것을 채지采地라 한다. 백 리 땅을 가진 제후에게 있어서의 삼십 리, 칠십 리 땅을 가진 제후에게 있어서의 이십 리, 그리고 오십 리 땅을 가진 제후에게 있어서의 십 리의 땅은 그 후의 자손 중에 비록 죄를 지어 축출당하는 경우가 있다 할지라도 그 자손 중에 어진 이를 골라 그 채지를 지키게 하여 세세토록 그 처음 봉을 받은 선조를 제사 지내도록 한다. 이를 일컬어 '망할 나라를 부흥시키고, 끊어질 세대를 이어 준다' 라고 하는 것이다.

《서書》에는 이렇게 말하였다.

"내 지금 융성하게 우리 조상에게 제사를 올리도다. 너희들 조상들도 역시 이를 따라 흠향하게 될 것이다."

古者, 天子爲諸侯受封, 謂之采地. 百里諸侯以三十里; 七十里諸侯以二十里; 五十諸侯以十里. 其後子孫雖有罪而絀, 使子孫賢者守其地, 世世以祠其始受封之君. 此之謂興滅國, 繼絶世也.

書曰:『玆予享于先王, 爾祖其從享之.』

【采地】 采邑. '食邑'이라고도 하며 그 곳의 세금을 받을 수 있다.
【絀】 '黜'과 같다. 잘못을 저질러 축출당함을 말한다.
【書曰】《尙書》 盤庚의 구절.

참고 및 관련 자료

1. 《尙書》 盤庚篇

遲任有言曰:「人惟求舊, 器非求舊, 惟新.」古我先王曁乃祖乃父胥及逸勤, 予敢動用非罰? 世選爾勞, 予不掩爾善. 玆予大享于先王, 而祖其從與享之. 作福作災, 予亦不敢動用非德.

2. 《尙書大傳》 補遺篇

古者, 諸侯始受封則有采地. 百里諸侯以三十里, 七十里諸侯以二十里, 五十里諸侯以十五里. 其後子孫雖有罪黜, 其采地不黜. 使其子孫賢者守之. 世世以祀其始受封之人. 此之謂興滅國, 繼絶世. 書曰:「玆予大享于先王, 爾祖其從與享之.」此之謂也.

3. 기타 참고자료

《路史》 國名紀(4)

239(8-17) 梁山崩
양산이 무너지다

양산梁山이 붕괴되자 진晉나라 임금이 대부大夫인 백종伯宗을 불렀다. 그가 가는 길에 마침 길가에서 마차를 모는 자를 만났는데 그 마부의 수레가 엎어져 길을 막고 있는 것이었다. 백종은 자기 오른쪽에 타고 있던 신하로 하여금 내리게 하여 그 마부를 채찍으로 때리려고 하였다. 이에 그 마부는 이렇게 말하는 것이었다.

"그대는 지금 갈 길이 멀지 않습니까? 지금 이렇게 여기서 시간을 보내다가 제때에 갈 수 있겠습니까?"

이에 백종은 그 말을 듣고 기뻐하면서 그가 어디 살고 있는지를 물었다.

"강絳 땅에 살고 있습니다."

백종이 다시 물었다.

"그대도 역시 소문을 들었는가?"

그러자 그는 이렇게 대답하였다.

"지금 양산이 무너져서 하수河水가 막힌 채 사흘째 그 물이 흐르지 못하고 있습니다. 그 일로 임금이 그대를 부르는 것이 아닙니까?"

이에 백종이 그의 의견을 물었다.

"어찌하면 좋겠소? 남들은 다들 하늘이 만든 산을 하늘이 무너뜨렸고, 하늘이 만든 황하를 하늘이 막았다고들 하는데 나 백종인들 어찌 할 수 있겠소?"

그는 이렇게 일러 주었다.

"임금이 그 여러 신하들을 이끌고 흰옷을 입은 채로 곡哭을 하고 그 일이 끝난 다음 제사를 올리면 황하가 다시 흐를 것입니다."

백종이 그의 성명을 물었으나 그는 대답을 하지 않는 것이었다. 백종이 임금에게 도착하자 임금이 물었다. 이에 백종은 그 사람이 일러 준 대로 방법을 대답해 주었다. 이에 임금이 흰옷을 입고 군신을 이끌고 곡을 한 다음 제사를 올렸더니 과연 황하가 다시 소통되어 흐르는 것이었다. 임금이 어떻게 그러한 방법을 알았느냐고 묻자 백종은 그 마부에게 들었던 것을 숨기고 자신이 스스로 알았다고 하였다. 이를 듣고 공자孔子가 이렇게 말하였다.

"백종에게는 후사가 없을진저. 남의 선함을 가로채다니."

《시詩》에는 이렇게 말하였다.

"하늘이 세상에 상란을 내려	天降喪亂
우리 임금까지 없애려는가?"	滅我立王
"하늘의 크신 위엄 두려워하면	畏天之威
언제나 잊지 않고 보호받으리."	于時保之

梁山崩, 晉君召大夫伯宗, 道逢輦者, 以其輦服其道. 伯宗使其右下, 欲鞭之.

輦者曰:「君趨道豈不遠矣? 不知事而行, 可乎?」

伯宗喜, 問其居. 曰:「絳人也.」

伯宗曰:「子亦有聞乎?」

曰:「梁山崩, 壅河, 顧三日不流. 是以召子.」

伯宗曰:「如之何?」

曰:「天有山, 天崩之; 天有河, 天壅之. 伯宗將如之何?」

伯宗私問之. 曰:「君其率羣臣, 素服而哭之, 旣而祠焉, 河斯流矣.」

伯宗問其姓名, 弗告. 伯宗到, 君問, 伯宗以其言對. 於是君素服, 率羣臣而哭之, 旣而祠焉, 河斯流矣. 君問伯宗何以知之, 伯宗不言受輦者, 詐以自知.

孔子聞之, 曰:「伯宗其無後, 攘人之善.」

詩曰:『天降喪亂, 滅我立王.』

又曰:『畏天之威, 于時保之.』

【梁山】山 이름. 지금의 陝西省 韓城縣.
【晉君】晉나라 景公을 가리킨다. 재위 19년(B.C.599~581).
【伯宗】春秋時代 晉나라 大夫.《穀梁傳》에는 '伯尊'으로 되어 있다.
【其輦服其道】다른 기록을 비추어 보면 수레가 엎어져 미처 치우지 못하고 길을 가로막고 있는 상황이었음을 알 수 있다.
【絳】춘추시대 진나라의 도읍. 지금의 山西省 翼城縣.
【詩曰】《詩經》大雅 桑柔의 구절.
【又曰】《詩經》周頌 我將의 구절.

참고 및 관련 자료

1.《詩經》大雅 桑柔(114)

2.《詩經》周頌 我將(064)

3.《穀梁傳》成公 5년

梁山崩, 壅遏河三日不流, 晉君召伯尊而問焉, 伯尊來遇輦者, 輦者不辟, 使車右下而鞭之, 輦者曰:「所以鞭我者, 其取道遠矣.」伯尊下車而問焉, 曰:「子有聞乎?」對曰:「梁山崩, 壅遏河三日不流.」伯尊曰:「君爲此召我也, 爲之奈何?」輦者曰:「天有山, 天崩之, 天有河, 天壅之, 雖召伯尊, 如之何?」伯尊由忠問焉, 輦者曰:

「君親素縞, 帥羣臣而哭之, 旣而祠焉, 斯流矣.」伯尊至, 君問之曰:「梁山崩, 壅遏河三日不流, 爲之奈何?」伯尊曰:「君親素縞帥羣臣而哭之, 旣而祠焉, 斯流矣.」孔子聞之曰:「伯尊其無績乎, 攘善也.」

4.《左傳》成公 5년

梁山崩, 晉侯以傳召伯宗. 伯宗辟重, 曰:「辟傳!」重人曰:「待我, 不如捷之速也.」問其所. 曰:「絳人也.」問絳事焉. 曰:「梁山崩, 將召伯宗謀之.」問將若之何. 曰:「山有朽壞而崩, 可若何? 國主山川, 故山崩川竭, 君爲之不擧, 降服, 乘縵, 徹樂, 出次, 祝幣, 史辭以禮焉. 其如此而已. 雖伯宗, 其若之何?」伯宗請見之. 不可. 遂以告, 而從之.

5.《國語》晉語(五)

梁山崩, 以傳召伯宗, 遇大車當道而覆, 立而辟之, 曰:「避傳.」對曰:「傳爲速也, 若俟吾避, 則加遲矣, 不如捷而行.」伯宗喜, 問其居, 曰:「絳人也.」伯宗曰:「何聞?」曰:「梁山崩而以傳召伯宗.」伯宗問曰:「乃將若何?」對曰:「山有朽壤而崩, 將若何? 夫國主山川, 故川涸山崩, 君爲之降服・出次・乘縵・不擧, 策於上帝, 國三日哭, 以禮焉. 雖伯宗亦如是而已, 其若之何?」問其名, 不告; 請以見, 不許. 伯宗及絳, 以告, 而從之.

6.《論衡》感虛篇

傳書言:「梁山崩, 壅河, 三日不流, 晉君憂之. 晉伯宗以輦者之言, 令景公素縞而哭之, 河水爲之流通.」此虛言也. 夫山崩壅河, 猶人之有癰腫, 血脉不通也. 治癰腫者, 可復以素服哭泣之聲治乎? 堯之時, 洪水滔天, 懷山襄陵, 帝堯吁嗟, 博求賢者. 水變甚於河壅, 堯憂深於景公, 不聞以素縞哭泣之聲能厭勝之. 堯無賢人若輦者之術乎? 將洪水變大, 不可以聲服除也? 如「素縞而哭」, 悔過自責也, 堯・禹之治水, 以力役, 不自責. 梁山, 堯時山也; 所壅之河, 堯時河也. 山崩河壅, 天雨水踊, 二者之變, 無以殊也. 堯・禹治洪水以力役, 輦者治壅河用自責, 變同而治異, 人鈞而應殊, 殆非賢聖變復之實也. 凡變復之道, 所以能相感動者, 以物類也. 有寒則復之以溫, 溫復解之以寒. 故以龍致雨, 以刑逐暑, 皆緣五行之氣, 用相感勝之. 山崩壅河, 素縞哭之, 於道何意乎? 此或時河壅之時, 山初崩, 土積聚, 水未盛. 三日之後, 水盛土散, 稍壞沮矣. 壞沮水流, 竟注東去. 遭伯宗得輦者之言, 因素縞而哭, 哭之因流, 流時(則)謂之河變起此而復. 其實非也. 何以驗之? 使山恒自崩乎? 素縞哭無益也. 使其天變應之, 宜改政治. 素縞而哭, 何政所改, 而天變復乎?

7.《孔子集語》論人篇

韓詩外傳八: 梁山崩, 晉君召大夫伯宗, 道逢輦者, 以其輦服其道. 伯宗使其右下, 欲鞭之. 輦者曰:「君趨道豈不遠矣? 不知事而行, 可乎?」伯宗喜, 問其居. 曰:「絳人也.」伯宗曰:「子亦有聞乎?」曰:「梁山崩, 壅河, 顧三日不流, 是以召子.」伯宗曰:「如之何?」曰:「天有山, 天崩之; 天有河, 天壅之. 伯宗將如之何?」伯宗私問之. 曰:「君其率羣臣, 素服而哭之, 旣而祠焉, 河斯流矣.」伯宗問其姓名, 弗告. 伯宗到, 君問, 伯宗以其言對. 於是君素服, 率羣臣而哭之, 旣而祠焉, 河斯流矣. 君問伯宗何以知之, 伯宗不言受輦者, 詐以自知. 孔子聞之, 曰:「伯宗其無後, 攘人之善.」

240(8-18) 晉平公使范昭觀齊國之政
임금을 시험하다니

진晉 평공平公이 범소范昭를 시켜 제齊나라에 가서 그들의 정치를 살펴보고 오도록 하였다. 제나라 경공景公은 그를 맞아 잔치를 베풀어주었는데 안자晏子도 그 자리에 참가하여 앞에 앉아 있었다. 범소가 앞으로 나오며 이런 요구를 하였다.

"원컨대 임금의 잔을 가지고 임금께 축수드리고자 합니다."

이에 경공이 좌우를 돌아보며 명하였다.

"내 잔에 술을 부어 손님에게 드려라."

그러자 안자가 나섰다.

"그 잔을 치우시오."

범소는 불쾌히 여겨 이번에는 일어나 춤을 추며 태사太師에게 이렇게 요구하였다.

"나를 위해 성주成周의 음악을 연주해 주시오. 춤을 추고 싶습니다."

그러자 태사 역시 이렇게 거절하였다.

"장님인 저는 그런 음악을 익히지 못하였습니다."

그러자 범소는 일어나 나가 버렸다. 경공이 안자에게 물었다.

"무릇 진나라는 천하의 강대국입니다. 범소를 시켜 우리 제나라의 정치를 보려고 하는데 지금 그대는 대국의 사신을 화나게 하였으니 장차 어쩔 셈입니까?"

안자는 이렇게 대답하였다.

"범소는 그 사람됨이 비루하거나 예를 모르는 그러한 자가 아닙니다.

이는 고의로 우리 임금을 시험해 보고자 하는 짓입니다. 그래서 저 영嬰이 거절한 것입니다."

이에 경공이 다시 태사를 불러 물어 보았다.

"범소가 그대에게 성주의 음악을 연주해 달라고 요구하였는데 무슨 이유로 연주하지 않았습니까?"

그러자 태사도 역시 안자와 같은 대답을 하는 것이었다. 범소는 귀국하여 평공에게 이렇게 보고하였다.

"제나라는 아직 겸병할 수가 없습니다. 내가 그 임금을 시험해 보려고 하였더니 안자가 이를 미리 알아차렸고, 그 음악으로 범犯해 보려고 하였더니 태사가 알아차립디다."

공자孔子가 이를 듣고 이렇게 평하였다.

"훌륭하도다. 안자 같은 이는 밥상머리를 떠나지 않고도 천 리 밖의 적을 꺾어 버리는구나."

《시詩》에는 이렇게 말하였다.

"우리 주를 이렇게 보우하시니	實于序有周
엳은 말인데도 떨침은 크네,	薄言震之
누군들 두려움에 떨지 않으랴."	莫不震疊

晉平公使范昭觀齊國之政, 景公錫之宴.

晏子在前, 范昭趨曰:「願君之倅樽以爲壽.」

景公顧左右曰:「酌寡人樽, 獻之客.」

晏子對曰:「徹去樽.」

范昭不悅, 起舞, 顧太師曰:「子爲我奏成周之樂, 願舞.」

太師對曰:「盲臣不習.」

范昭起, 出門.

景公謂晏子曰:「夫晉, 天下之大國也. 使范昭來觀齊國之政, 今子怒大國之使者, 將奈何?」

晏子曰:「范昭之爲人也, 非陋而不知禮也. 是欲試吾君, 嬰故不從.」

於是景公召太師而問之, 曰:「范昭使子奏成周之樂, 何故不調?」

對如晏子.

於是范昭歸, 報平公曰:「齊未可幷也. 吾試其君, 晏子知之; 吾犯其樂, 太師知之.」

孔子聞之, 曰:「善乎! 晏子不出俎豆之間, 折衝千里.」

詩曰:『實右序有周, 薄言震之. 莫不震疊.』

【晉平公】春秋時代 晉나라 君主. 師曠·叔向 등을 거용하여 부흥하였다. 이름은 彪. 悼公의 아들이며 재위 26년(B.C.557~532)

【范昭】人名. 晉나라 大夫.

【景公】春秋時代 齊나라 君主. 晏子를 宰相으로 삼았다. 재위 58년(B.C.547~490).

【晏子】齊나라 景公 때의 傑出한 宰相. 이름은 嬰. 平仲으로도 불렸다.

【倅樽】구체적인 고증이 되어 있지 않은 어휘이다. 다른 기록을 참고하여 그냥 '술잔'으로 잠정 풀이하였다.

【太師】樂官의 우두머리.

【成周之樂】天子의 音樂을 말한다. 成周는 洛陽을 가리키며 周公이 건설하여 東都, 成周라 불렀다. 뒤에 東周 平王이 이곳으로 遷都하였다.

【俎豆之間】飮食이나 祭需를 차려 놓은 곳. 음식상. 여기서는 집안에서 먼 곳의 일을 처리하다의 뜻이다.

【折衝】'꺾다'의 뜻.

【詩曰】《詩經》周頌 時邁의 구절.

참고 및 관련 자료

1. 《詩經》 周頌 時邁(066)

2. 《晏子春秋》 內篇 雜上

晉平公欲伐齊, 使范昭往觀焉. 景公觴之. 飮酒酣. 范昭起曰: 「請君之棄罇.」公曰: 「酌寡人之罇. 進之于客.」范昭已飮. 晏子曰: 「徹罇! 更之.」罇觶具矣. 范昭佯醉, 不說而起舞, 謂太師曰: 「能爲我調成周之樂乎? 吾爲子舞之.」太師曰: 「冥臣不習.」范昭趨而出. 景公謂晏子曰: 「晉大國也. 使人來將觀吾政. 今子怒大國之使者, 將奈何?」晏子曰: 「夫范昭之爲人也. 非陋而不知禮也. 且欲試吾君臣. 故絶之也.」景公謂太師曰: 「子何以不爲客調成周之樂乎?」太師對曰: 「夫成周之樂, 天子之樂也. 調之, 必人主舞之. 今范昭人臣, 欲舞天子之樂, 臣故不爲也.」范昭歸, 以報平公曰: 「齊未可伐也. 臣欲試其君, 而晏子識之. 臣欲犯其樂, 而太師知之.」于是輟伐齊謀. 仲尼聞之曰: 「善哉! 不出尊俎之間, 而折衝于千里之外, 晏子之謂也. 而太師其與焉.」

3. 《新序》 雜事(一)

晉平公欲伐齊, 使范昭往觀焉. 景公賜之酒, 酣, 范昭曰: 「願請君之樽酌.」公曰: 「酌寡人之樽, 進之於客.」范昭已飮, 晏子曰: 「徹樽更之, 樽觶傁具矣.」范昭佯醉, 不悅而起舞, 謂太師曰: 「能爲我調成周之樂乎? 吾爲子舞之.」太師曰: 「冥臣不習.」范昭趨而出. 景公謂晏子曰: 「晉大國也, 使人來, 將觀吾政也. 今子怒大國之使者, 將奈何?」晏子曰: 「夫范昭之爲人, 非陋而不識禮也, 且欲試吾君臣, 故絶之也.」景公謂太師曰: 「子何不爲客調成周之樂乎?」太師對曰: 「夫成周之樂, 天子之樂也, 若調之, 必人主舞之. 今范昭人臣也, 而欲舞天子之樂, 臣故不爲也.」范昭歸以告平公曰: 「齊未可伐也. 臣欲試其君, 而晏子識之; 臣欲犯其禮, 而太師知之.」仲尼聞之曰: 「夫不出於樽俎之間, 而知千里之外.」其晏子之謂也. 可謂折衝矣, 而太師其與焉.

4. 《孔子集語》 論人篇

韓詩外傳八: 晉平公使范昭觀齊國之政, 景公錫之宴, 晏子在前, 范昭趨曰: 「願君之倅樽以爲壽.」景公顧左右曰: 「酌寡人樽, 獻之客.」范昭飮, 晏子對曰: 「徹去樽.」范昭不悅, 起舞, 顧太師曰: 「子爲我奏成周之樂, 願舞.」太師對曰: 「盲臣不習.」范昭起, 出門. 景公謂晏子曰: 「夫晉, 天下之大國也, 使范昭來觀齊國之政, 今子怒大國之使者, 將奈何?」晏子曰: 「范昭之爲人也, 非陋而不知禮也, 是欲試吾君, 嬰故不從.」於是景公召太師而問之曰: 「范昭使子奏成周之樂, 何故不調?」對如晏子.

於是范昭歸, 報平公曰:「齊未可幷也. 吾試其君, 晏子知之; 吾犯其樂, 太師知之.」孔子聞之, 曰:「善乎! 晏子不出俎豆之間, 折衝千里.」

5. 기타 참고자료

《文選》〈甘泉賦〉注, 〈七命〉注, 〈吳都賦〉注·《後漢書》〈馬融傳〉注

241(8-19) 三公者何
삼공이 하는 일

삼공三公이란 무엇인가?

사공司空, 사마司馬, 사도司徒를 말한다. 사마는 하늘을 관장하고, 사공은 땅을 관장하며, 사도는 사람을 관장한다.

따라서 음양陰陽이 고르지 못하여 사시四時가 조절되지 않거나 별들이 그 위치를 잃는다든지 재변과 이상이 생기게 되면 사마에게 그 책임을 묻는다. 그리고 산이 무너지고 냇물이 흐르지 못하거나 오곡이 자라지 못하고 초목이 마르는 경우가 생기면 이를 사공이 책임지며, 임금과 신하가 바르지 못하고 인도人道가 불화하며, 나라에 도적이 발생하거나 아랫사람이 윗사람을 원망하는 일이 일어나면 그 책임을 사도에게 묻는다.

이처럼 삼공은 그 직무를 책임지고 그 직분을 근심하여 그 사실을 들어내며 그 숨은 원인을 밝혀내어야 하는 것이다. 이것이 삼공의 임무이다.

《시詩》에

"뛰어나고 훌륭한 많은 선비들	濟濟多士
문왕은 이로서 안녕을 얻었네."	文王以寧

"해처럼 밝은 주나라 정치	明昭有周
덕대로 그 임무에 충실하였네"	式序在位

라 하였으니 이는 각각 그 직무에 맞음을 말한 것이다.

司徒 설(契)《三才圖會》

公者何? 曰: 司空·司馬·司徒也. 司馬主天, 司空主土, 司徒主人. 故陰陽不和, 四時不節, 星辰失度, 災變非常, 則責之司馬. 山陵崩竭, 川谷不流, 五穀不植, 草木不茂, 則責之司空. 君臣不正, 人道不和, 國多盜賊, 下怨其上, 則責之司徒. 故三公典其職, 憂其分, 擧其辯, 明其隱, 此三公之任也.

詩曰: 『濟濟多士, 文王以寧.』

又曰: 『明昭有周, 式序在位.』

言各稱職也.

【詩曰】《詩經》大雅 文王의 구절.

【又曰】《詩經》周頌 時邁의 구절.

참고 및 관련 자료

1. 《詩經》 大雅 文王(139)

2. 《詩經》 周頌 時邁(066)

3. 《尙書大傳》 甘誓篇

天子三公: 一曰司徒公, 二曰司馬公, 三曰司空公. 各兼二卿.

4. 기타 참고자료

《續漢書》〈百官志〉注·《北堂書鈔》(50)·《後漢書》〈郎顗傳〉注·《白虎通》 封公侯篇

242(8-20) 夫賢君之治也
태평시대는 천재지변도 없다

무릇 어진 임금의 다스림에는 온량溫良하게 하여 화목하고, 관용을 베풀어 사랑하며, 형벌은 맑게 하여 줄여 주고, 상을 주는 것은 즐기고 벌을 내리는 것은 싫어한다. 그리고 풍속을 바로잡고 교화를 숭상하며, 태어나서는 죽음을 당하는 일이 없고, 은혜를 널리 베풀며, 인仁을 치우치게 행하는 법이 없고, 백성의 힘을 빼앗지 않는다.

또 때를 넘겨가면서까지 사람을 부리는 일이 없다. 이로서 백성은 농사지어 집에는 거두어들일 것이 있으며, 굶주려 죽는 자가 없고 음식은 헛되이 썩어 나는 일이 없으며, 공인工人은 쓸데없는 물건을 만드는 일이 없고, 화려한 겉치레의 물건은 시장에서 팔리지 않는다.

그리고 때맞추어 도끼를 들고 숲 속에 갈 수 있으며, 나라에는 일 없이 노는 선비가 없이 누구나 다 그 세상에 쓰이도록 한다. 서민도 기쁨이라는 것이 무엇인지를 누리게 하며, 밖에까지 그 소문이 퍼져나가서 먼데 사람은 그 의를 사모하여 몰려들되 여러 번 통역을 거쳐 선물을 진상해 오게 한다. 그렇게 하면 풍우도 매서움이 없게 되는 것이다.

〈소아小雅〉에

"넓은 하늘 가득히	有渰萋萋
비구름 펼쳐오네"	興雨祈祈

라 하였으니 이로서 태평시대에는 분명히 무서운 바람도 폭우도 없었음을 알 수 있다.

夫賢君之治也: 溫良而和, 寬容而愛, 刑清而省, 喜賞而惡罰, 移風崇敎, 生而不殺, 布惠施恩, 仁不偏與, 不奪民力, 役不踰時, 百姓得耕, 家有收聚, 民無凍餒, 食無腐敗, 士不造無用, 雕文不粥于肆, 斧斤以時入山林, 國無佚士, 皆用於世, 黎庶歡樂, 衍盈方外. 遠人歸義, 重譯執贄. 故得風雨不烈.

小雅曰:『有渰萋萋, 興雨祈祈.』

以是知太平無飄風暴雨明矣.

【小雅曰】《詩經》小雅 大田의 구절.

참고 및 관련 자료

1. 《詩經》小雅 大田(115)

2. 기타 참고자료

《淮南子》主術訓·《鹽鐵論》散不足篇·《漢書》王吉傳·《太平御覽》(872)

243(8-21) 昨日何生
하루하루의 다짐

어제는 어떻게 살았나? 오늘은 무엇을 이룰 수 있나? 반드시 후덕을 베풀 생각을 하고 반드시 이 삶을 잘 다스리도록 하라.

날마다 그 날을 조심해 살면 금성金城과 같이 완전하리라.

《시詩》에는 이렇게 말하였다.

"날마다 힘써 매진하고	我日斯邁
달마다 어김없이 노력하며,	而月斯征
일찍 일어나 늦게 자며	夙興夜寐
부모에게 욕됨이 없게 하여라."	無忝爾所生

昨日何生? 今日何成? 必念歸厚, 必念治生; 日愼一日, 完如金城.

詩曰:『我日斯邁, 而月斯征. 夙興夜寐, 無忝爾所生.』

【金城】金城湯池와 같은 표현. '튼튼하고 안전하다'는 뜻.
【詩曰】《詩經》小雅 小宛의 구절.

참고 및 관련 자료

1. 《詩經》 小雅 小宛(206)

2. 《淮南子》 人間訓

戰戰慄慄, 日愼一日.

3. 기타 참고자료

《說苑》 談叢篇

244(8-22) 官怠於有成
병은 나아갈 때가 위험하다

관직을 얻고 나서는 태만함이 시작되며 병은 조금 나았을 때부터 더 깊어진다. 화禍는 게으름에서 생겨나고, 효성은 아내와 자식 때문에 쇠해진다. 이 네 가지를 잘 살펴 끝도 처음처럼 삼가야 한다.

《역易》에는 이렇게 말하였다.

"작은 여우가 물을 건너면서 거의 다 건너 놓고 꼬리를 적신다."

그리고 《시詩》에는 이렇게 말하였다.

"처음을 잘하지 않은 것은 아니나　　靡不有初
끝을 잘 마무리함이 적었네."　　鮮克有終

官怠於有成, 病加於小愈, 禍生於懈惰, 孝衰於妻子, 察此四者, 愼終如始.

易曰:『小狐汔濟, 濡其尾.』

詩曰:『靡不有初, 鮮克有終.』

【官怠於有成】 바라던 관직을 얻고 나면 이미 희망하던 것을 이루었으므로 그때부터는 긴장감이 사라지고 태만해짐을 말함.

【易曰】《周易》 未濟卦의 구절.

【詩曰】《詩經》 大雅 蕩의 구절.

참고 및 관련 자료

1.《詩經》大雅 蕩(151)

2.《周易》未濟卦

未濟: 亨; 小狐汔濟, 濡其尾, 无攸利. 象曰:「未濟, 亨」, 柔得中也.「小狐汔濟」, 未出中也;「濡其尾, 无攸利」, 不續終也. 雖不當位, 剛柔應也. 象曰: 火在水上, 未濟; 君子以愼辨物居方.

3.《文子》符言篇

宦敗於官茂, 孝衰於妻子, 患生於憂解, 病甚於且瘉. 故愼終如始, 則無敗事.

4.《說苑》敬愼篇

曾子有疾, 曾元抱首, 曾華抱足, 曾子曰:「吾無顔氏之才, 何以告汝? 雖無能, 君子務益. 夫華多實少者, 天也; 言多行少者, 人也. 夫飛鳥以山爲卑, 而層巢其巓; 魚鱉以淵爲淺, 而穿穴其中; 然所以得者餌也. 君子苟能無以利害身, 則辱安從至乎? 官怠於宦成, 病加於少愈, 禍生於懈惰, 孝衰於妻子; 察此四者, 愼終如始.」詩曰:『靡不有初, 鮮克有終.』」

5. 기타 참고자료

《管子》樞言篇 ·《文子》符言篇

245(8-23) 孔子燕居
군자의 휴식

공자孔子가 한가히 있을 때 자공子貢이 옷깃을 여며 가지런히 하고 나서서 이렇게 말하였다.

"제가 선생님을 모신 지 몇 년이 되었습니다. 이제 재주도 고갈되고 지혜도 피폐해졌습니다. 학문에 힘을 쏟아도 더 이상 진보가 없습니다. 청컨대 쉬고 싶습니다."

그러자 공자가 물었다.

"사賜야. 그래 어떤 일을 쉬고 싶으냐?"

"임금을 섬기는 일을 쉬고 싶습니다."

자공의 이 대답에 공자는 이렇게 설명하였다.

"《시詩》에

'이른 새벽부터 밤늦도록 힘써 　夙夜匪懈
오로지 한 분만을 섬기었다네' 　以事一人

라 하여 임금을 섬긴다는 것이 이처럼 쉽지 않은 일인데 어찌 쉴 수가 있겠느냐?"

그러자 자공이 다시 말하였다.

"그럼 어버이 섬기는 일을 쉬고 싶습니다."

공자는 이렇게 설명하였다.

"《시》에

'좋은 효자 계속이어 孝子不匱
길이 큰 복 누리리라' 永錫爾類

라 하여 그 일을 함이 이와 같이 어려운데 어찌 쉰다는 말이냐?"

자공이 이번에는 이렇게 말하였다.

"형제를 잘 받드는 일을 쉬고 싶습니다."

공자가 다시 이렇게 설명하였다.

"《시》에

'아내도 자식도 한 마음 한 뜻 妻子好合
슬과 금이 어울리듯 하려고 하면 如鼓瑟琴
형제들이 먼저 모여 앉아서 兄弟旣翕
화목과 기쁨이 앞서야 하지' 和樂且耽

라 하였다. 이런 일을 하기가 이처럼 어려운데 어찌 쉴 수 있다는 말이냐?"

이번에는 자공이 다시 이렇게 말하였다.

"그럼 농사짓는 일을 쉬고 싶습니다."

역시 공자는 이렇게 말하였다.

"《시》에

'낮에는 띠를 베고 晝爾于茅
밤에는 새끼 꼬기, 宵爾索綯
어서 빨리 지붕 잇자, 亟其乘屋
씨 뿌릴 때 다가온다' 其始播百穀

라고 하여 그 일이 이처럼 어려운데 어찌 쉴 수 있다는 말이냐?"

이에 자공은 이렇게 물었다.

"군자도 역시 쉴 때가 있습니까?"

그러자 공자는 이렇게 말하였다.

"관 뚜껑을 닫고 나야 씨뿌리기를 쉬지. 이는 그 때가 어떻게 바뀌는지를 모르기 때문이다. 이를 일컬어 군자가 쉬는 것이라 하는 것이다. 그러므로 학문이란 끝이 없는 것으로 관뚜껑을 닫아야 그치는 것이란다."

《시》에

"날로 달로 나아가네." 日就月將

라 하였으니 이는 학문을 두고 이른 말이다.

孔子燕居, 子貢攝齊而前曰:「弟子事夫子有年矣. 才竭而智罷, 振於學問, 不能復進, 請一休焉.」

子曰:「賜也, 欲焉休乎?」

曰:「賜欲休於事君.」

孔子曰:「詩云:『夙夜匪懈, 以事一人.』爲之若此其不易也, 若之何其休也?」

曰:「賜欲休於事父.」

孔子曰:「詩云:『孝子不匱, 永錫爾類.』爲之若此其不易也, 如之何其休也?」

曰:「賜欲休於事兄弟.」

孔子曰:「詩云:『妻子好合, 如鼓瑟琴. 兄弟旣翕, 和樂且耽.』爲之若此其不易也, 如之何其休也?」

曰:「賜欲休於耕田.」

孔子曰:「詩云:『晝爾于茅, 宵爾索綯. 亟其乘屋, 其始播百穀.』爲之若此其不易也, 若之何其休也?」
子貢曰:「君子亦有休乎?」
孔子曰:「闔棺兮乃止播耳. 不知其時之易遷兮, 此之謂君子所休也. 故學而不已, 闔棺乃止.」
詩曰:『日就月將.』
言學者也.

【子貢】端木賜. 孔子의 弟子.
【詩曰】《詩經》大雅 烝民의 구절.
【詩曰】《詩經》大雅 旣醉의 구절. '父兄 사이 和答의 詩'라 한다.(朱子)
【詩曰】《詩經》大雅 常棣의 구절. '兄弟간의 즐거움을 노래한 시'라 한다.(朱子)
【詩曰】《詩經》豳風 七月의 구절. '豳 땅 사람들이 故鄉을 그리워하여 지은 詩'라 한다.
【詩曰】《詩經》周頌 敬之의 구절.

참고 및 관련 자료

1.《詩經》大雅 烝民(162)

2.《詩經》大雅 旣醉

旣醉以酒, 旣飽以德. 君子萬年, 介爾景福. 旣醉以酒, 爾殽旣將. 君子萬年, 介爾昭明. 昭明有融, 高朗令終. 令終有俶, 公尸嘉告. 其告維何, 籩豆靜嘉. 朋友攸攝, 攝以威儀. 威儀孔時, 君子有孝子. 孝子不匱, 永錫爾類. 其類維何, 室家之壼. 君子萬年, 永錫祚胤. 其胤維何, 天被爾祿. 君子萬年, 景命有僕. 其僕維何, 釐爾女士. 釐爾女士, 從以孫子.

3.《詩經》小雅 常棣

常棣之華, 鄂不韡韡. 凡今之人, 莫如兄弟. 死喪之威, 兄弟孔懷. 原隰裒矣, 兄弟求矣. 脊令在原, 兄弟急難. 每有良朋, 況也永歎. 兄弟鬩于牆, 外禦其務. 每有良朋, 烝也無戎. 喪亂旣平, 旣安且寧. 雖有兄弟, 不如友生. 儐爾籩豆, 飮酒之飫. 兄弟旣具, 和樂且孺. 妻子好合, 如鼓瑟琴. 兄弟旣翕, 和樂且湛. 宜爾室家, 樂爾妻帑. 是究是圖, 亶其然乎.

4.《詩經》豳風　七月

七月流火, 九月授衣. 一之日觱發, 二之日栗烈. 無衣無褐, 何以卒歲. 三之日于耜, 四之日擧趾. 同我婦子, 饁彼南畝. 田畯至喜. 七月流火, 九月授衣. 春日載陽, 有鳴倉庚. 女執懿筐, 遵彼微行. 爰求桑柔. 春日遲遲, 采蘩祁祁. 女心傷悲, 殆及公子同歸. 七月流火, 八月萑葦. 蠶月條桑, 取彼斧斨, 以伐遠揚, 猗彼女桑. 七月鳴鵙, 八月載績. 載玄載黃, 我朱孔陽, 爲公子裳. 四月秀葽, 五月鳴蜩. 八月其穫, 十月隕蘀. 一之日于貉, 取彼狐狸, 爲公子裘. 二之日其同, 載纘武功, 言私其豵, 獻豜于公. 五月斯螽動股, 六月莎雞振羽. 七月在野, 八月在宇. 九月在戶, 十月蟋蟀入我床下. 穹窒熏鼠, 塞向墐戶. 嗟我婦子, 曰爲改歲, 入此室處. 六月食鬱及薁, 七月亨葵及菽. 八月剝棗, 十月穫稻. 爲此春酒, 以介眉壽. 七月食瓜, 八月斷壺. 九月叔苴, 采荼薪樗, 食我農夫. 九月築場圃, 十月納禾稼. 黍稷重穋, 禾麻菽麥. 嗟我農夫, 我稼旣同, 上入執公宮功. 晝爾于茅, 宵爾索綯. 亟其乘屋, 其始播百穀. 二之日鑿冰沖沖, 三之日納于凌陰. 四之日其蚤, 獻羔祭韭. 九月肅霜, 十月滌場. 朋酒斯饗, 曰殺羔羊. 躋彼公堂, 稱彼兕觥, 萬壽無疆.

5.《詩經》周頌　敬之(077)

6.《荀子》大略篇

子貢問於孔子曰:「賜倦於學矣, 願息事君.」孔子曰:「詩云:『溫恭朝夕, 執事有恪.』事君難, 事君焉可息哉?」「然則, 賜願息事親.」孔子曰:「詩云:『孝子不匱, 永錫爾類.』事親難, 事親焉可息哉?」「然則, 賜願息於妻子.」孔子曰:「詩云:『刑于寡妻, 至于兄弟, 以御於家邦』. 妻子難, 妻子焉可息哉?」「然則, 賜願息於朋友.」孔子曰:「詩云:『朋友攸攝, 攝以威儀.』朋友難, 朋友焉可息哉?」「然則, 賜願息耕.」孔子曰:「詩云:『晝爾於茅, 宵爾索綯, 亟其乘屋, 其始播百穀.』耕難, 耕焉可息哉?」「然則, 賜無息者乎?」孔子曰:「望其壙, 皐如也, 塡如也, 鬲如也, 此則知所息矣.」子貢曰:「大哉, 死乎! 君子息焉, 小人休焉.」

7.《列子》天瑞篇

子貢倦於學, 告仲尼曰:「願有所息.」仲尼曰:「生無所息.」子貢曰:「然則賜息無所乎?」仲尼曰:「有焉耳. 望其壙, 睪如也, 宰如也, 墳如也, 鬲如也, 則知所息矣.」子貢曰:「大哉死乎! 君子息焉, 小人伏焉.」仲尼曰:「賜! 汝知之矣. 人胥知生之樂, 未知生之苦; 知老之憊, 未知老之佚; 知死之惡, 未知死之息也. 晏子曰:『善哉, 古之有死也! 仁者息焉, 不仁者伏焉.』死也者, 德之徼也. 古者, 謂死人爲歸人. 夫言死人爲歸人, 則生人爲行人矣. 行而不知歸, 失家者也. 一人失家, 一世非之; 天下失家,莫知非焉. 有人去鄕土, 離六親, 廢家業, 遊於四方而不歸者, 何人哉? 世必謂之爲狂蕩之人矣. 又有人鐘賢世, 矜巧能, 修名譽, 誇張於世而不知已者, 亦何人哉? 世必以爲智謀之士. 此二者, 胥失者也. 而世與一不與一, 唯聖人知所與, 知所去.」

8.《孔子家語》困誓篇

子貢問於孔子曰:「賜倦於學, 困於道矣, 願息於事君可乎?」孔子曰:「詩云:『溫恭朝夕, 執事有恪.』事君之難也, 焉可息哉?」曰:「然則賜願息而事親.」孔子曰:「詩云:『孝子不匱, 永錫爾類.』事親之難也, 焉可以息哉?」曰:「然, 賜請願息於妻子.」孔子曰:「詩云:『刑于寡妻, 至于兄弟, 以御于家邦.』妻子之難也, 焉可以息哉?」曰:「然! 賜願息於朋友.」孔子曰:「詩云;『朋友攸攝, 攝以威儀.』朋友之難也, 焉可以息哉?」曰:「然則賜願息於耕矣.」孔子曰:「詩云:『晝爾于茅, 宵爾索綯, 亟其乘屋, 其始播百穀.』耕之難也, 焉可以息哉.」曰:「然則賜將無所息者也.」孔子曰:「有焉, 自望其廣, 則睪如也; 視其高, 則塡如也; 察其從, 則隔如也, 此其所以息也矣.」子貢曰:「大哉乎死也, 君子息焉, 小人休焉, 大哉乎死也!」

9.《孔子集語》勸學篇

韓詩外傳八: 孔孔子燕居, 子貢攝齊而前曰:「弟子事夫子有年矣. 才竭而智罷, 振於學問, 不能復進, 請一休焉.」子曰:「賜也, 欲焉休乎?」曰:「賜欲休於事君.」孔子曰:「詩云:『夙夜匪懈, 以事一人.』爲之若此其不易也, 若之何其休也?」曰:「賜欲休於事父.」孔子曰:「詩云:『孝子不匱, 永錫爾類.』爲之若此其不易也, 如之何其休也?」曰:「賜欲休於事兄弟.」孔子曰:「詩云:『妻子好合, 如鼓瑟琴. 兄弟旣翕, 和樂且耽.』爲之若此其不易也, 如之何其休也?」曰:「賜欲休於耕田.」孔子曰:「詩云:『晝爾于茅, 宵爾索綯; 亟其乘屋, 其始播百穀.』爲之若此其不易也, 若之何其休也?」子貢曰:「君子亦有休乎?」孔子曰:「闔棺兮乃止播耳, 不知其時之易遷兮, 此之謂君子所休也.

246(8-24) 魯哀公問冉有曰
배워야만 됩니까

노魯 애공哀公이 염유冉有에게 물었다.

"보통 사람은 본래 타고난 바탕만 있으면 됐지 반드시 배운 연후에야 군자가 되는 것입니까?"

염유는 이렇게 대답하였다.

"제가 듣기로 아무리 훌륭한 옥이 있다 할지라도 이를 잘 다듬지 않으면 그릇이 될 수가 없고, 사람이 비록 아름다운 바탕을 타고났다 할지라도 배우지 않으면 군자가 될 수 없다고 하였습니다."

"어떻게 그렇다고 알 수가 있소?"

이 질문에 염유는 이렇게 설명하였다.

"무릇 자로子路는 변卞 땅의 무식한 사람이었고, 자공子貢은 위衛나라의 장사꾼이었으나 모두가 공자孔子로부터 학문을 배워 드디어 천하의 이름난 선비가 되었습니다. 그리하여 제후들이 그들의 이름을 듣고 존경하지 않는 이가 없고, 경대부들이 듣고 그들을 친히 아끼지 않는 이가 없습니다. 이는 바로 학문을 하였기 때문입니다.

옛날 오吳 초楚 연燕 대代 네 나라가 함께 모의하여 진秦나라를 치고자 하였습니다. 그 때 조가姚賈라는 사람은 감문監門의 낮은 벼슬아치의 아들로 진나라를 위해 그들 나라에 사신으로 가서 그들의 모의를 끊고 군대도 움직이지 못하게 하였습니다. 그가 돌아오자 진왕秦王은 크게 기뻐하며 그를 상경上卿으로 삼았습니다.

그런가 하면 백리해百里奚가 제齊나라에서 쫓겨났을 때 서쪽의 누구

하나 그를 추천해 주는 자가 없었지만 스스로 다섯 마리 양피羊皮에 팔려 소가 끄는 수레 하나 사서 진秦 목공繆公을 찾아가자 목공은 그를 재상으로 임명하였습니다. 이리하여 진나라는 서융西戎을 쳐서 패자가 될 수 있었습니다.

또 태공망太公望은 젊을 때 남의 머슴이 되었으나 그나마 늙어서는 쫓겨나고 말았습니다. 그래서 그는 조가朝歌에서 소를 잡는 백정노릇을 하였고 극진棘津에서는 품팔이를 하였지요. 그러나 반계磻溪에서 낚시질을 할 때 문왕文王이 이를 거용하여 쓴 다음 끝내 제齊나라에 봉해졌습니다.

한편 관중管仲은 환공桓公을 활로 쏘는 일을 범하였지만 드디어 복수의 마음을 없애고 재상으로 들어서서는 망할 나라는 존속시키고, 끊어질 나라는 이어 주며 아홉 번이나 제후를 모아 회합을 갖고, 천하를 크게 한 번 바로잡았습니다.

이 네 사람은 모두가 일찍이 비천卑賤함과 궁욕窮辱을 당하였지만 그 명성이 후세에까지 내닫는 것은 어찌 배웠기 때문에 이루어진 일이 아니겠습니까? 이로 말미암아 보건대 선비는 반드시 배운 연후라야 군자가 될 수 있는 것입니다.

그래서 시詩에

'날로 달로 나아가네' 日就月將

라 한 것입니다."

애공은 비로소 즐거워하며 웃음을 띤 채 이렇게 말하였다.

"과인이 비록 불민하나 청컨대 선생의 가르침을 잘 받들겠습니다."

魯哀公問冉有曰:「凡人之質而已, 將必學而後爲君子乎?」

冉有對曰:「臣聞之: 雖有良玉, 不刻鏤, 則不成器; 雖有美質, 不學, 則不成君子.」

曰:「何以知其然也?」

「夫子路, 卞之野人也; 子貢, 衛之賈人也. 皆學問於孔子, 遂爲天下顯士. 諸侯問之, 莫不尊敬; 卿大夫聞之, 莫不親愛; 學之故也. 昔吳楚燕代謀爲一擧而欲伐秦, 祧賈, 監門之子也. 爲秦往使之, 遂絶其謀, 止其兵. 及其反國, 秦王大悅, 立爲上卿. 夫百里奚, 齊之乞者也. 逐於齊, 西無以進, 自賣五羊皮, 爲一軛車, 見秦繆公, 立爲相, 遂霸西戎. 太公望少爲人壻, 老而見去, 屠牛朝歌, 賃於棘津, 釣於磻溪. 文王擧而用之, 封於齊. 管仲親射桓公, 遂除報讎之心, 立以爲相, 存亡繼絶, 九合諸侯, 一匡天下. 此四子者, 皆嘗卑賤窮辱矣. 然其名聲馳於後世, 豈非學問之所致乎? 由此觀之, 士必學問然後成君子. 詩曰:『日就月將.』」

於是哀公嘻然而笑曰:「寡人雖不敏, 請奉先生之教矣.」

【魯哀公】春秋 말기의 魯나라 君主. 이름은 將. 재위 27년(B.C.494~468).

【冉有】孔子의 弟子. 冉求. 字는 子有.

【子路】仲由. 孔子의 弟子.

【卞】地名. 春秋時代 魯나라의 邑 이름. 지금의 山東省 泗水縣.

【子貢】端木賜. 孔子의 弟子.

【祧賈】人名.《戰國策》秦策에 실린『姚賈』이며〈四庫全書〉본에는 '桃賈'로 되어 있다.

【百里奚】人名. 五羖(五羖)大夫.

【秦繆公】春秋五霸의 하나. 秦나라 君主. '穆公'으로도 쓴다. 재위 39년(B.C.659~621).

【西戎】晉나라 서쪽의 異民族.

【朝歌】地名. 商나라 帝乙이 都城으로 삼았던 곳. 지금의 河南省 淇縣.

【棘津】지금의 河南省 延津縣.
【磻溪】지금의 陝西省 寶鷄縣.
【詩曰】《詩經》周頌 敬之의 구절.

참고 및 관련 자료

1. 《詩經》周頌 敬之(077)

247(8-25) 曾子有過
증자 아버지의 매질

증자曾子가 잘못을 저지르자 그 아버지 증석曾晳이 지팡이로 후려쳐서 땅에 고꾸라지고 말았다. 그러나 잠시 후 증자는 깨어나자 일어서서 아무렇지도 않다는 태도로 이렇게 말하였다.

"아버지께서는 괜찮으십니까?"

노魯나라 사람들은 이를 두고 증자를 어진 이로 여겨 선생님인 공자孔子에게 알렸다. 그러자 공자는 그 문인에게 이렇게 말하는 것이었다.

"증삼曾參을 불러 오너라!"

"너는 듣지 못하였느냐? 옛날 순舜임금이 아들로서 어떻게 행동하였는지를. 그는 작은 매는 기다려 맞았지만 몽둥이를 들고 때리려 할 때는 도망쳤다. 그를 찾아 일을 시키고자 할 때는 곁에 없었던 적이 없었지만 그를 찾아 죽이려고 할 때는 어디 있는지 찾아 낼 수가 없게 하였다. 그런데 너는 온몸을 맡겨 그 포악한 노기怒氣를 기다리며 똑바로 서서 도망가지 않았으니 너는 이 나라 왕의 백성이 아니냐? 그 죄를 어찌하려고 그랬느냐?"

《시詩》에는 이렇게 말하였다.

"아! 편하고 유유한 저 발걸음	優哉游哉
드디어 이곳까지 다다르셨네."	亦是戾矣

또 이렇게 노래하였다.

"얼굴에 환한 웃음 가득 띠시고	載色載笑
화내는 기색 없이 가르쳐 주시네."	匪怒伊敎

曾子有過, 曾皙引杖擊之, 仆地, 有間, 乃蘇.

起曰:「先生得無病乎?」

魯人賢曾子, 以告夫子.

夫子告門人:「參來!」

「汝不聞: 昔者, 舜爲人子乎? 小箠則待笞, 大杖則逃. 索而使之, 未嘗不在側; 索而殺之, 未嘗可得. 今汝委身以待暴怒, 拱立不去, 非王者之民, 其罪何如?」

詩曰:『優哉柔哉, 亦是戾矣.』

又曰:『載色載笑, 匪怒伊敎.』

【曾子】曾參. 孔子의 弟子. 孝로써 이름이 났다.

【曾皙】曾點. 曾參의 아버지. 역시 孔子의 弟子로《論語》先進篇의 '沂浴'의 故事를 남긴 인물이다.

【詩曰】《詩經》小雅 采薇의 구절.

【又曰】《詩經》魯頌 泮水의 구절.

참고 및 관련 자료

1. 《詩經》 小雅 采菽(117)

2. 《詩經》 魯頌 泮水(085)

3. 《說苑》 建本篇

曾子芸瓜而誤斬其根, 曾晳怒, 援大杖擊之, 曾子仆地; 有頃蘇, 蹶然而起, 進曰: 「曩者參得罪於大人, 大人用力敎參, 得無疾乎?」 退屛鼓琴而歌, 欲令曾晳聽其歌聲, 令知其平也. 孔子聞之, 告門人曰: 「參來勿內也!」 曾子自以無罪, 使人謝孔子, 孔子曰: 「汝聞瞽叟有子名曰舜, 舜之事父也, 索而使之, 未嘗不在側, 求而殺之, 未嘗可得; 小箠則待, 大箠則走, 以逃暴怒也. 今子委身以待暴怒, 立體而不去, 殺身以陷父, 不義不孝, 孰是大乎? 汝非天子之民邪? 殺天子之民罪奚如?」 以曾子之材, 又居孔子之門, 有罪不自知處義, 難乎!

4. 《孔子家語》 六本篇

曾子耘瓜, 誤斬其根, 曾晳怒, 建大杖以擊其背, 曾子仆地而不知人久之. 有頃乃蘇, 欣然而起, 進於曾晳曰: 「嚮也參得罪於大人, 大人用力敎參, 得無疾乎?」 退而就房, 援琴而歌, 欲令曾晳而聞之, 知其體康也. 孔子聞之而怒, 告門弟子曰: 「參來勿內.」 曾參自以爲無罪, 使人請於孔子.」 子曰: 「汝不聞乎? 昔瞽瞍有子曰舜, 舜之事瞽瞍, 欲使之未嘗不在於側; 索而殺之, 未嘗可得. 小棰則待過, 大杖則逃走, 故瞽瞍不犯不父之罪, 而舜不失烝烝之孝. 今參事父, 委身以待暴怒, 殪而不避, 旣身死而陷父於不義, 其不孝孰大焉? 汝非天子之民也, 殺天子之民, 其罪奚若?」 曾參聞之曰: 「參罪大矣!」 遂造孔子而謝過.

5. 《孔子集語》 孝本篇

韓詩外傳八: 曾子有過, 曾晳引杖擊之, 仆地, 有間, 乃蘇. 起曰: 「先生得無病乎?」 魯人賢曾子, 以告夫子. 夫子告門人: 「參來!」 「汝不聞: 昔者, 舜爲人子乎? 小箠則待笞, 大杖則逃. 索而使之, 未嘗不在側; 索而殺之, 未嘗可得. 今汝委身以待暴怒, 拱立不去, 非王者之民, 其罪何如?」

248(8-26) 齊景公使人爲弓
삼년을 걸쳐 만든 활

제齊 경공景公이 궁인弓人을 시켜 활을 만들도록 하여 3년 만에 완성을 보았다. 경공이 이를 가지고 쏘아 보았더니 삼찰三札도 뚫지 못하는 것이었다. 환공은 화를 내며 그 궁인을 죽이려고 하였다. 그러자 그 궁인의 처가 경공을 찾아와서 이렇게 말하였다.

"채인蔡人의 딸이며 궁인의 아내 되는 사람입니다. 이 활은 태산太山의 남쪽에 있는 오호烏號의 나무, 성우騂牛의 뿔, 그리고 형미荊麋의 힘줄, 하어河魚의 부레로 만든 것입니다. 이 네 가지 물건은 천하의 훌륭한 재료로서 이렇게 얇은 것만 겨우 뚫는다는 것은 말도 안 됩니다. 또 제가 듣기로 해공奚公의 수레는 제 홀로 달릴 수 없고, 막야莫邪란 칼은 비록 날카롭다 하나 사람의 손을 빌리지 않으면 아무 것도 자를 수 없다고 하더이다. 즉 이를 잘 아는 사람이 용도에 맞게 써 주어야 하는 것이지요.

무릇 활을 쏘는 도道는 왼손은 마치 가지를 잡듯이 하고 손바닥은 마치 달걀을 잡듯이 하며, 네 손가락은 단장短仗을 부러뜨리듯이 하여, 오른손이 쏠 때 왼손이 모르게 해야 하는 것입니다. 이것이 바로 활을 쏘는 도입니다."

이 말에 경공은 그것이 맞는 의儀라고 여기고 다시 쏘아 보았다. 그랬더니 칠찰七札을 뚫는 것이었다. 이로서 그 채녀蔡女의 남편은 즉시 풀려나게 되었다.

《시詩》에는 이렇게 말하였다.

"바르고 곧음을 좋아하도다." 好是正直

齊景公使人爲弓, 三年乃成. 景公得弓而射, 不穿三札. 景公怒, 將殺弓人.

弓人之妻往見景公, 曰:「蔡人之子, 弓人之妻也. 此弓者, 泰山之南, 烏號之柘, 騂牛之角, 荊麋之筋, 河魚之膠也. 四物者, 天下之練材也. 不宜穿札之少如此. 且妾聞: 奚公之車, 不能獨走; 莫邪雖利, 不能獨斷; 必有以動之. 夫射之道: 在手若附枝, 掌若握卵, 四指如斷短杖, 右手發之, 左手不知, 如此蓋射之道.」

景公以爲儀而射之, 穿七札.

蔡人之夫立出矣.

詩曰:『好是正直.』

【齊景公】春秋時代의 齊나라 君主. 재위 58년(B.C.547~490).

【三札】甲冑의 두께를 재는 단위. 3札은 비교적 얇은 두께. 다른 기록에는'一札'로도 실려 있다.

【烏號】원래 烏號之弓은 활 이름.《說苑》建本篇 10(3-10),《史記》封禪書·《淮南子》原道訓의 注 및《說苑》佚文 끝 부분을 참조할 것.

【騂牛】붉은 색의 소.《論語》雍也篇 참조.

【荊麋】楚나라에서 나는 사슴. 그 힘줄로 활을 만드는 데에 씀.

【奚公】고대 수레를 잘 만들었다는 人物. 奚仲.

【莫邪】干將과 함께 널리 알려진 天下의 名劍.

【詩曰】《詩經》小雅 小明의 구절.

참고 및 관련 자료

1. 《詩經》 小雅 小明(109)

2. 《列女傳》 辨通篇

弓工妻者, 晉繁人之女也. 當平公之時, 使其夫爲弓, 三年乃成, 平公引弓而射, 不穿一札. 平公怒, 將殺弓人. 弓人之妻請見曰:「繁人之子, 弓人之妻也, 願有謁於君.」平公見之. 妻曰:「君聞昔者公劉之行乎? 羊牛踐葭葦, 惻然爲民痛之, 恩及草木, 豈欲殺不辜者乎? 秦穆公有盜食其駿馬之肉, 反飮之以酒. 楚莊王臣授其夫人之衣, 而絶纓與飮大樂. 此三君者, 仁著於天下, 卒享其報, 名垂至今. 昔帝堯茅茨不翦, 采椽不斲, 土階三等, 猶以爲爲之者勞, 居之者逸也. 今妾之夫治造此弓, 其爲之亦勞矣: 其幹生於太山之阿, 一日三睹陰三睹陽, 傅以燕牛之角, 纏以荊麋之筋, 餬以河魚之膠: 此四者皆天下之妙選也. 而君不能穿一札, 是君之不能射也. 而反欲殺妾之夫, 不亦謬乎? 妾聞射之道: 左手如拒石, 右手如附枝, 右手發之, 左手不知, 此蓋射之道也.」平公以其言爲儀而射, 穿七札, 繁人之夫立得出, 而賜金三鎰. 君子謂弓工妻, 可以處難, 詩曰:『敦弓既堅, 舍矢既鈞.』言射有法也. 頌曰:『晉平作弓, 三年乃成. 公怒弓工, 將加以刑. 妻往說公, 陳其幹材. 列其勞苦, 公遂釋之.』

3. 기타 참고자료

《北堂書鈔》(135)·《初學記》(22)·《太平御覽》(347)

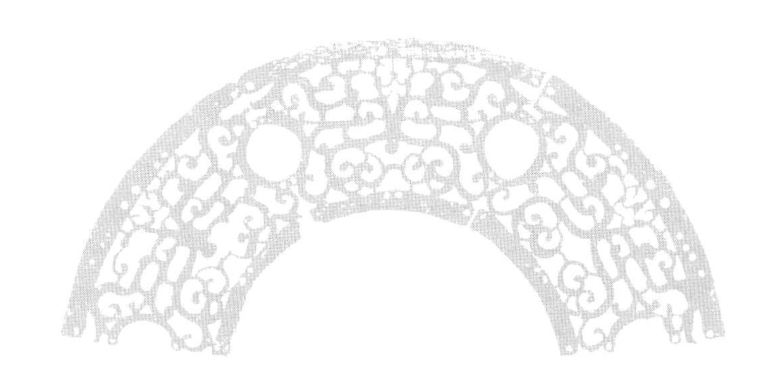

249(8-27) 齊有得罪於景公者
끔찍한 선례를 남길 수 없다

경공景公에게 죄를 지은 자가 있었다. 경공이 크게 노하여 그를 궁전 계단 아래 묶어 놓고 좌우 신하를 불러 사지를 찢도록 하였다. 그러면서 감히 간언하는 자는 죽여 버리겠다고 명을 내렸다. 이에 안자晏子가 왼손으로는 그의 머리를 잡고 오른손에는 간 칼을 쥔 채 쳐다보며 이렇게 물었다.

"옛날 명왕明王 성주聖主들이 사지를 찢을 때 어느 부분부터 하였습니까?"

이 말에 경공은 자리를 뜨면서 이렇게 말하였다.

"풀어 주시오. 그랬다가는 그러한 끔찍한 죄를 처음 범하는 사람이 바로 내가 되겠소."

《시詩》에는 이렇게 말하였다.

"바르고 곧음을 좋아하도다." 好是正直

齊有得罪於景公者, 景公大怒, 縛置之殿下, 召左右肢解之, 敢諫者誅.

晏子左手持頭, 右手磨刀, 仰而問曰:「古者, 明王聖主, 其肢解人, 不審從何肢解始也?」

景公離席曰:「縱之. 罪在寡人.」

詩曰:『好是正直.』

【景公】齊 景公.(前出)
【晏子】景公의 宰相.(前出)
【罪在寡人】《晏子春秋》에 의해 意譯하였다.
【詩曰】《詩經》小雅 小明의 구절.

참고 및 관련 자료

1. 《詩經》小雅 小明(109)

2. 《晏子春秋》內篇 諫上

景公使圉人養所愛馬, 暴病死. 公怒, 令人操刀, 解養馬者. 是時晏子侍前, 左右執刀而進. 晏子止之, 而問于公, 曰:「古時堯舜支解人, 從何軀始?」公懼然曰:「從寡人始.」遂不支解. 公曰:「以屬獄.」晏子曰:「此不知其罪而死, 臣請爲君數之, 使自知其罪, 然後屬之獄.」公曰:「可!」晏子數之曰:「爾罪有三. 公使汝養馬而殺之, 當死罪一也. 又殺公之所最善馬, 當死罪二也. 使公以一馬之故而殺人, 百姓聞之, 必怨吾君, 諸侯聞之, 必輕吾國, 汝一殺公馬, 使公怨積于百姓, 兵弱于鄰國, 當死罪三也. 今以屬獄.」公喟然歎曰:「夫子釋之! 夫子釋之! 勿傷吾仁也.」

3. 《說苑》正諫篇

景公有馬, 其圉人殺之, 公怒, 援戈將自擊之, 晏子曰:「此不知其罪而死, 臣請爲君數之, 令知其罪而殺之.」公曰:「諾.」晏子舉戈而臨之曰:「汝爲吾君養馬而殺之, 而罪當死; 汝使吾君以馬之故殺圉人, 而罪又當死; 汝使吾君以馬故殺人, 聞於四鄰諸侯, 汝罪又當死.」公曰:「夫子釋之! 夫子釋之! 勿傷吾仁也.」

4. 《藝文類聚》24

韓詩外傳曰: 齊景公之時, 民有得罪者. 公怒縛置殿下, 召左右, 支解之. 晏子左手持頭, 右手磨刀而問曰:「古明王聖主, 支解人從何支始?」景公離席曰:「縱之! 罪在寡人.」

5. 기타 참고자료

《類說》(38)·《太平御覽》(641)·《通鑑外紀》(8)

250(8-28) 傳曰居處齊
모든 것이 조화를 이루면

이렇게 전해오고 있다.

거처가 편안하면 얼굴빛이 온화하고, 음식이 고르면 기氣가 아름다우며, 언어가 고르면 믿음이 있게 된다. 또 생각이 고르면 이룸이 있고, 뜻이 고르면 채움이 있게 된다.

이상의 다섯 가지가 고르면 이에 훌륭한 정신이 함께 깃들게 된다.

《시詩》에는 이렇게 말하였다.

"화락하고 평화로운 저 음악소리,	旣和且平
나의 경소리와 잘도 어울리네."	依我磬聲

傳曰: 居處齊則色姝, 食飮齊則氣珍, 言語齊則信聽, 思齊則成, 志齊則盈. 五者齊, 斯神居之.

詩曰: 『旣和且平, 依我磬聲.』

【詩曰】《詩經》商頌 那의 구절. 이는 '成湯에게 제사 지낼 때 쓰는 음악'이라 한다.(詩序)

참고 및 관련 자료

1.《詩經》商頌 那

猗與那與, 置我鞉鼓. 奏鼓簡簡, 衎我烈祖. 湯孫奏假, 綏我思成. 鞉鼓淵淵, 嘒嘒管聲. 旣和且平, 依我磬聲. 於赫湯孫, 穆穆厥聲. 庸鼓有斁, 萬舞有奕. 我有嘉客, 亦不夷懌. 自古在昔, 先民有作. 溫恭朝夕, 執事有恪. 顧予烝嘗, 湯孫之將.

251(8-29) 魏文侯問狐卷子曰
사람의 도움이란 한계가 있는 것

위魏 문후文侯가 호권자狐卷子와 이렇게 말을 주고받았다.

"아버지가 어질다면 그것으로 믿을 만합니까?"

"부족합니다."

"그럼 아들이 어질다면 믿을 만합니까?"

"역시 부족합니다."

"그럼 형이 어질다면요?"

"부족합니다."

"동생이 어질다면요?"

"부족합니다."

"신하가 어질다면?"

"그것도 부족합니다."

이쯤 되자 문후는 발연히 얼굴빛이 변하여 화를 내며 물었다.

"과인이 이 다섯 가지를 그대에게 물었는데 하나같이 모두 부족하다 하니 이 무슨 이유요?"

그제야 그는 이렇게 대답하였다.

"아버지로서 어질기로 요堯만한 분이 없건만 그 아들 단주丹朱는 쫓겨났고, 아들로서 어질기는 순舜만한 이가 없건만 그 아버지 고수瞽瞍는 완악하였으며, 형으로서 어질기는 역시 순舜만한 이가 없건만 그 동생 상象은 오만하였으며, 아우로서 어질기는 주공周公만한 이가 없건만 관숙管叔은 주벌을 당하였고, 신하로서 어질기는 탕왕湯王, 무왕武王 같은 이가 없었건만 걸桀과 주紂는 그에게 망하였습니다. 남의 도움을 기다리는 자에게는 그것이 오지 않고 남의 힘만을 믿는 자는 오래가지 못합니다. 임금께서 잘 다스리고자 하신다면 먼저 스스로부터 시작하십시오. 사람을 어찌 믿을 수 있다는 말씀입니까?”

《시詩》에는 이렇게 말하였다.

“네 스스로 너의 복을 구할지어다.” 自求伊祜

魏文侯問狐卷子曰:「父賢足恃乎?」

對曰:「不足.」

「子賢足恃乎?」

對曰:「不足.」

「兄賢足恃乎?」

對曰:「不足.」

「弟賢足恃乎?」

對曰:「不足.」

「臣賢足恃乎?」

對曰:「不足.」

文侯勃然作色而怒曰:「寡人問此五者於子, 一一皆以爲不足者, 何也?」

對曰:「父賢不過堯, 而丹朱放; 子賢不過舜, 而瞽瞍頑; 兄賢不過舜, 而象傲; 弟賢不過周公, 而管叔誅; 臣賢不過湯武, 而桀紂伐. 望人者不至, 恃人者不久. 君欲治, 從身始, 人何可恃乎?」

詩曰:『自求伊祜.』

堯임금 宋 馬麟(畫)

【魏文侯】 戰國 초기 魏나라의 영명한 君主. 재위 50년(B.C.475~396).
【狐卷子】 文侯의 臣下.
【丹朱】 堯의 아들. 丹淵에 봉해졌으나 불초하여 쫓겨났다.
【瞽瞍】 舜임금의 아버지. '瞽叟'로도 쓴다. 《新序》 001 및 《史記》 五帝本紀 참조.
【象】 瞽瞍의 後妻에게서 난 아들. 舜임금의 異腹 동생.
【管叔】 蔡叔과 함께 周公의 두 아우. 亂을 일으켰다가 周公에게 죽임을 당하였다.
【湯王】 殷의 開國主.
【武王】 周 文王의 아들. 紂를 벌하였다.
【桀】 夏의 末王. 폭군. 商湯에게 망하였다.
【紂】 殷의 末王. 폭군. 周武王에게 망하였다.
【詩曰】《詩經》 魯頌 泮水의 구절.

참고 및 관련 자료

1. 《詩經》 魯頌 泮水(085)

2. 《晏子春秋》 外篇

景公問晏子曰: 「有臣而彊, 足恃乎?」 晏子對曰: 「不足恃.」 「有兄弟而彊, 足恃乎?」 晏子對曰: 「不足恃.」 公忿然作色曰: 「吾今有恃乎?」 晏子對曰: 「有臣而彊, 無甚如湯. 有兄弟而彊, 無甚如桀. 湯有弑其君. 桀有亡其兄. 豈以人爲足恃, 可以無亡也?」

3. 《藝文類聚》(21)

魏文侯問狐卷子曰: 「父子兄弟臣賢, 足恃乎?」 對曰: 「父賢不過堯, 而丹朱放; 子賢不過舜, 而瞽瞍拘; 兄賢不過舜, 而象傲; 弟賢不過周公, 而管叔誅; 臣賢不過湯武, 而桀紂伐. 君欲治, 亦從身始. 人何可恃?」

4. 기타 참고자료

《說郛》(7) · 《元和姓氏纂》(3) · 《類說》(38) · 《群書治要》 · 《太平御覽》(402) · 《冊府元龜》(743)

252(8-30) 湯作濩
탕 임금의 음악

탕湯 임금이 호濩라는 음악을 지었다. 그 음악의 궁성宮聲을 들으면 사람의 온량溫良한 마음을 일으켜 관대寬大하게 하고, 상성商聲을 들으면 사람의 방렴方廉한 마음을 일으켜 의義를 좋아하게 한다. 그리고 각성角聲을 들으면 사람의 측은惻隱한 마음을 일으켜 인仁을 사랑하게 하며 그의 치성徵聲을 들으면 즐겁게 수양하여 베풀기를 즐기게 하고, 우성羽聲을 들으면 공경하는 마음을 일으켜 예禮를 좋아하게 한다.

《시詩》에는 이렇게 말하였다.

"탕임금 태어나심 늦지 않아서	湯降不遲
성스러운 그 덕이 해 돋듯했네."	聖敬日躋

湯作濩. 聞其宮聲, 使人溫良而寬大; 聞其商聲, 使人方廉而好義; 聞其角聲, 使人惻隱而愛仁; 聞其徵聲, 使人樂養而好施; 聞其羽聲, 使人恭敬而好禮.

詩曰:『湯降不遲, 聖敬日躋.』

【濩】湯임금이 만들었다는 音樂. 다른 기록에는 '護'·'頀' 등으로 되어 있다.
【詩曰】《詩經》商頌 長發의 구절.

참고 및 관련 자료

1. 《詩經》 商頌 長發(090)

2. 《白虎通》 禮樂篇

湯樂曰大濩, 濩者, 言湯承衰, 能護民之急也.

3. 《春秋繁露》 楚莊王篇

湯之時, 民樂其救之於患害也. 故護, 護者, 救也.

4. 《初學記》(15)

殷曰大濩: 湯承衰而起, 濩先王之道, 故曰大濩.

5. 기타 참고자료

《玉海》(103)·《太平御覽》(565)·《漢書》 禮樂志

253(8-31) 孔子曰易先同人
겸손의 도

공자孔子가 이렇게 말하였다.

"《역易》은 먼저 동인同人 괘卦가 있고 그 뒤에 대유大有 괘가 있으며 이를 겸謙 괘가 이어받고 있으니 이 얼마나 훌륭한가?"

그러므로 천도天道는 어그러진 다음에야 더욱 겸손해지고, 지도地道는 가득 찼던 것이 변한 다음에야 그 겸손을 유통시키며, 귀신은 가득 찬 것을 해친 후라야 겸손의 복을 받으며. 인도人道는 가득 찬 것을 싫어한 후라야 그 겸손을 좋아하게 된다. 겸謙이라는 것은 일을 덜어 줄여 준다는 뜻이다. 가득 찬 것을 그대로 쥐고 있을 수 있는 방법은 억누르고 덜어 버리는 것이니 이것이 곧 행동으로 보일 수 있는 겸덕謙德이다. 이에 순응하면 길吉할 것이요, 이에 역행하면 흉凶할 것이다.

오제五帝가 이미 다 사라지고 삼왕三王이 모두 죽고 난 다음에도 능히 겸덕을 실천한 자는 오직 주공周公밖에 없도다! 그는 문왕文王의 아들이며 무왕武王의 아우, 그리고 성왕成王의 숙부로서 천자의 존위를 칠 년 동안 행하면서도 스승으로서 대우하며 만나는 자가 열 명, 그리고 예물을 보내어 친구처럼 사귀는 자가 열세 명, 궁항窮巷의 백옥지사白屋之士인데도 먼저 찾아가 만나본 자가 마흔아홉 명, 때마다 좋은 말을 해 주는 자가 백 명, 궁중에서 그를 조견한 자는 무려 천 명, 간언을 해 주는 신하가 다섯 명, 보필해 주는 신하가 다섯 명, 보좌해 주는 신하가 여섯 명이나 되었고, 무기를 싣고 봉후封侯의 나라에 가서 울타리 역할을 해 주는 같은 성씨姓氏의 선비가 백 명이나 되었다.

공자는 이를 두고 이렇게 말하였다.

"오히려 주공이 천하를 자신의 친족에게 속한 것으로 여겼기 때문에 동족同族은 많이 심고 이족異族은 적은 수가 봉을 받았다고 여기고 있다."

그러므로 덕행과 관용이 있으면서 이를 공경으로 지키는 자는 영화를 보고, 토지가 광대한 자이면서 이를 검약으로 지키는 자는 평안을 누리며, 관직이 높고 녹이 많으면서도 이를 겸비謙卑로써 지키는 자는 존귀해지고, 많은 무리에 강한 무력을 가졌으면서도 이를 두려움으로 지키는 자는 승리할 것이다. 또 총명과 예지를 가졌으면서도 이를 우둔함으로 지키는 자는 철리哲理를 얻고 널리 들어 잘 기억하면서도 이를 천한 듯이 지키는 자는 넘침이 없을 것이다. 이 여섯 가지는 모두가 겸덕인 것이다. 《역》에는 이렇게 말하였다.

"겸손히 하면 형통한다. 군자가 그렇게 끝맺음을 하면 길하리라."

이처럼 끝맺음을 길하게 하는 것이 곧 군자의 도리이다. 귀하기로는 천자의 지위이고 부유함은 사해四海를 다 가졌건만, 그 덕에 겸손이 없어 그 몸을 망친 자는 바로 걸桀 주紂 같은 사람이었으니 하물며 보통 서민이야 말할 나위가 있겠는가? 무릇 역은 하나의 도이다. 그를 따라 충분히 실천하면 천하를 다스리고 중간만큼만 실천해도 집과 나라를 편안히 하며, 가까이 가기만 해도 그 몸 하나는 지킬 수 있는 것, 그것은 오직 겸덕일 뿐이로다!

《시詩》에는 이렇게 말하였다.

"탕임금 태어나심 늦지 않아서　　湯降不遲
성스러운 그 덕이 해 돋듯했네."　　聖敬日躋

孔子曰:「易先同人, 後大有, 承之以謙, 不亦可乎?」

故天道虧盈而益謙, 地道變盈而流謙, 鬼神害盈而福謙, 人道惡盈而好謙. 謙者, 抑事而損者也, 持盈之道, 抑而損之, 此謙德之於行也. 順之者吉, 逆之者凶. 五帝既沒, 三王既衰, 能行謙德者, 其惟周公乎! 文王之子, 武王之弟, 成王之叔父, 假天子之尊位, 七年, 所執贄而師見者十人, 所還質而友見者十三人, 窮巷白屋之士所先見者四十九人, 時進善言者百人, 宮朝者千人, 諫臣五人, 輔臣五人, 拂臣六人, 載干戈以至於封侯, 而同姓之士百人.

孔子曰:「猶以周公爲天下賞, 則以同族爲衆, 而異族爲寡也.」

故德行寬容, 而守之以恭者榮; 土地廣大, 而守之以儉者安; 位尊祿重, 而守之以卑者貴; 人衆兵强, 而守之以畏者勝; 聰明睿智, 而守之以愚者哲; 博聞强記, 而守之以淺者不溢. 此六者皆謙德也.

易曰:『謙, 亨, 君子有終, 吉.』

能以此終吉者, 君子之道也. 貴爲天子, 富有四海, 而德不謙, 以亡其身者, 桀紂是也. 而況衆庶乎? 夫易有一道焉, 大足以治天下, 中足以安家國, 近足以守其身者, 其惟謙德乎!

詩曰:『湯降不遲, 聖敬日躋.』

【同人】《周易》의 제13번째 卦. 天火同人.

【大有】《周易》의 제14번째 卦. 火天大有.

【謙】《周易》의 제15번째 卦. 地山謙.

【周公】姬旦. 文王의 아들. 武王의 아우. 成王의 숙부.

【猶以周公爲天下賞】'賞'을 趙善詒는 '當'자로 보아야 한다고 하였다.

【易曰】《周易》謙卦의 구절.

【詩曰】《詩經》商頌 長發의 구절.

참고 및 관련 자료

1. 《詩經》 商頌 長發(090)

2. 《周易》 謙卦(卦辭)

謙: 亨, 君子有終. 彖曰: 謙, 亨. 天道下濟而光明, 地道卑而上行. 天道虧盈而益謙, 地道變盈而流謙, 鬼神害盈而福謙, 人道惡盈而好謙, 謙尊而光, 卑而不可踰: 君子之終也. 象曰: 地中有山, 謙; 君子以裒多益寡, 稱物平施.

3. 《荀子》 堯問篇

吾語女, 我, 文王之爲子, 武王之爲弟, 成王之爲叔父, 吾於天下不賤矣! 然而吾所執贄而見者十人, 還贄而相見者三十人, 貌執之士者百有餘人, 欲言而請畢事者千有餘人, 於是, 吾僅得三士焉, 以正吾身, 以定天下. 吾所以得三士者, 亡於十人與三十人中, 乃在百人與千人之中. 故上士吾薄爲之貌, 下士吾厚爲之貌, 人人皆以我爲越逾好士, 然故士至. 士至而後見物, 見物而後知其是非之所在. 戒之哉! 女以魯國驕人, 幾矣! 夫仰祿之士猶可驕也, 正身之士不可驕也. 彼正身之士, 舍貴而爲賤, 舍富而爲貧, 舍佚而爲勞, 顔色黎黑而不失其所. 是以天下之紀不息, 文章不廢也.』

4. 《說苑》 尊賢篇

周公攝天子位七年, 布衣之士, 執贄所師見者十二人, 窮巷白屋所先見者四十九人, 時進善者百人, 教士者千人, 官朝者萬人. 當此之時, 誠使周公驕而且悋, 則天下賢士至者寡矣, 苟有至者, 則必貪而尸祿者也, 尸祿之臣, 不能存君矣.

5. 《尙書大傳》 梓材篇

伯禽封於魯, 周公曰:「於乎! 吾與女族倫, 吾文王之爲子也, 武王之爲弟也, 今王之爲叔父也. 吾於天下豈卑賤也? 豈乏士也? 所執贄而見者十二, 委質而相見者三十, 其未執質贄士百. 我欲盡智得情者千人, 而吾僅得三人焉, 以正吾身, 以定天下.」

6. 《孔子集語》 六藝(上)

韓詩外傳八: 孔孔子曰:「易先同人, 後大有, 承之以謙, 不亦可乎?」故天道虧盈而益謙, 地道變盈而流謙, 鬼神害盈而福謙, 人道惡盈而好謙. 謙者, 抑事而損者也, 持盈之道, 抑而損之, 此謙德之於行也, 順之者吉, 逆之者凶. 五帝旣沒, 三王旣衰, 能行謙德者, 其惟周公乎! 文王之子, 武王之弟, 成王之叔父, 假天子之尊位七年, 所執贄而師見者十人, 所還質而友見者十三人, 窮巷白屋之士所先見者四十九人,時進善言者百人, 宮朝者千人, 諫臣五人, 輔臣五人, 拂臣六人, 載干戈以至於封侯, 而同姓之士百人. 孔子曰:「猶以周公爲天下賞, 則以同族爲衆, 而異族爲寡也.」故德行寬容, 而守之以恭者榮, 土地廣大, 而守之以儉者安, 位尊祿重, 而守之以卑者貴, 人衆兵强, 而守之以畏者勝, 聰明睿智, 而守之以愚者哲, 博聞强記, 而守之以淺者不溢. 此六者皆謙德也. 易曰:『謙, 亨, 君子有終, 吉.』能以此終吉者, 君子之道也. 貴爲天子, 富有四海, 而德不謙, 以亡其身者, 桀紂是也, 而況衆庶乎! 夫易有一道焉, 大足以治天下, 中足以安家國, 近足以守其身者, 其惟謙德乎!

7. 기타 참고자료

《韓詩外傳》(3)·《十八史略》(1)·《史記》 魯周公世家

254(8-32) 昔者田子方出
늙고 병든 말

옛날 전자방田子方이 외출하였다가 길가에 버려진 늙은 말을 보게 되었다. 그는 어떤 생각이 떠올라 위연히 탄식하며 마부에게 물었다.

"이는 어떤 말인고?"

"원래 공가公家에서 기르던 것인데 늙고 힘이 없어 더 이상 쓸 수 없게 되자 버린 것입니다."

이 설명에 전자방은 이렇게 탄식하였다.

"젊어서 그 힘을 다 쏟았는데 늙었다고 이를 버리다니 어진이라면 그렇게는 못할 것이다."

그리고는 속백束帛으로 그 값을 치러 주고는 이를 거두어 기르도록 하였다. 그러자 빈궁한 선비들이 이 소문을 듣고 모두가 그에게 속귀屬歸할 마음을 갖게 되었다.

《시詩》에는 이렇게 말하였다.

"탕임금 태어나심 늦지 않아서	湯降不遲
성스러운 그 덕이 해 돋 듯했네."	聖敬日躋

昔者, 田子方出, 見老馬於道, 喟然有志焉.

以問於御者曰:「此何馬也?」

曰:「故公家畜也. 罷而不爲用, 故出放也.」

田子方曰:「少盡其力, 而老去其身, 仁者不爲也.」
束帛而贖之. 窮士聞之, 知所歸心矣.
詩曰:『湯降不遲, 聖敬日躋.』

【田子方】戰國時代 魏文侯의 스승.
【詩曰】《詩經》商頌 長發의 구절.

참고 및 관련 자료

1.《詩經》商頌 長發(090)

2.《淮南子》人間訓

田子方見老馬於道, 喟然有志焉. 以問其御曰:「此何馬也?」其御曰:「此故公家畜也, 老罷而不爲用, 出而鬻之.」田子方曰:「少而貪其力, 老而棄其身. 仁者不爲也.」束帛以贖之. 罷武聞之, 知所歸心矣.

3.《藝文類聚》(93)

韓詩外傳曰: 昔者, 田子方出, 見老馬於野, 喟然有志, 問於御者曰:「此何馬也?」御者曰:「故公家畜也, 罷而不爲用, 故出放之.」田子方曰:「少盡其力, 而老弃其身, 仁者不爲用也.」束帛贖之. 窮士聞之, 知所歸心焉. 故田子方隱一老馬, 而魏國戴之.

4. 기타 참고자료

《後漢書》〈班超傳〉注·《類說》(38)·《文選》〈樂府東武吟〉注, 〈赭白馬賦〉注·《群書治要》·《太平御覽》(486, 893)·《事類賦注》(21)

255(8-33) 齊莊公出獵
당랑거철

제齊 장공莊公이 사냥을 나갔을 때였다. 그런데 사마귀螳螂 한 마리가 앞발을 들고 수레바퀴에 대드는 것이었다. 장공이 그 마부에게 물었다.

"이게 무슨 벌레인고?"

마부는 이렇게 설명하였다.

"이는 사마귀라는 곤충입니다. 이 곤충은 앞으로 나갈 줄만 알지 물러설 줄을 모르는 놈입니다. 자신의 힘은 헤아리지도 않고 적에게 달려드는 성질이 있지요."

이 설명에 장공은 이렇게 말하였다.

"사람으로 친다면 틀림없이 천하의 용사가 될 놈이로구나."

그리고는 수레를 돌려 피해 버렸다. 그러자 용사들이 모두 그에게 속귀해 왔다.

《시詩》에는 이렇게 말하였다.

"탕임금 태어나심 늦지 않았네." 湯降不遲

齊莊公出獵, 有螳蜋擧足將搏其輪.

問其御曰:「此何蟲也?」

御曰:「此螳蜋也. 其爲蟲, 知進而不知退; 不量力而輕就敵.」

莊公曰:「以爲人, 必爲天下勇士矣.」

於是廻車避之. 而勇士歸之.

詩曰:『湯降不遲.』

【齊莊公】春秋時代의 齊나라 君主. 靈公의 아들로 이름은 光. 재위 6년(B.C.553~548). 崔杼에게 죽임을 당하였으며 그 뒤를 이은 임금이 景公이다.

【螳蜋】곤충 중의 사마귀. '螳螂'으로도 쓰며 疊韻語 곤충 이름이다.

【詩曰】《詩經》商頌 長發의 구절.

참고 및 관련 자료

1.《詩經》商頌 長發(090)

2.《淮南子》人間訓

齊莊公出獵, 有一蟲, 擧足將搏其輪, 問其御曰:「此何蟲也?」對曰:「此所爲螳螂者也. 其爲蟲也, 知進而不知却, 不量力, 而輕敵.」莊公曰:「此爲人而必爲天下勇武矣.」廻車而避之, 勇武聞之, 知所盡死矣.

3.《莊子》人間世

汝不知夫螳螂乎? 怒其臂以當車轍, 不知其不勝任也, 是其才之美者也. 戒之, 愼之! 積伐而美者以犯之, 幾矣.

4.《藝文類聚》(97)

韓詩外傳曰: 齊齊莊公出獵, 有螳蜋擧足將且轉. 問其御曰:「此何蟲?」對曰:「此螳蜋也. 爲蟲, 知進而不量力, 其輕執敵.」公曰:「此爲天下勇蟲矣.」廻車避之. 勇士歸之焉.

5. 기타 참고자료

《列女傳》辨通篇·《韓非子》內儲說上·《吳越春秋》勾踐伐吳外傳·《尸子》·《尹文子》大道上·《類說》(38)·《太平御覽》(436, 946)·《北堂書鈔》(139)·《事文類聚》(續集, 31)

256(8-34) 魏文侯問李克曰

남에게 미움을 사지 않는 법

위魏 문후文侯가 이극李克에게 물었다.

"사람에게 미움이라는 것이 있습니까?"

이극은 이렇게 대답하였다.

"있지요. 무릇 귀한 자는 천한 자가 이를 미워하고, 부자는 가난한 자가 미워하며, 지혜로운 자는 우둔한 자가 미워하는 것이지요."

그러자 문후가 다시 물었다.

"좋소. 그 세 가지 행동을 하면서도 남이 미워하지 않게 한다면 어떨까요?"

"좋지요. 제가 듣건대 귀하면서도 아랫사람에게 낮추면 모든 사람들이 그를 미워하지 않게 되며, 부자이면서도 가난한 이들에게 나누어 주면 궁한 선비들이 그를 미워하지 아니 하며, 지혜가 있으면서 어리석은 이를 가르쳐 주면 어린이들조차 그를 미워하는 법이 없다고 하였습니다."

이 말에 문후는 이렇게 말하였다.

"훌륭하오. 그 말씀! 요堯 순舜조차도 그렇게 하지 못함을 병으로 여겼지요. 과인이 비록 불민不敏하나 청컨대 이 말을 지키겠습니다."

《시詩》에는 이렇게 말하였다.

"잠시 쉬지도 말지어다."　　　　不遑啓處

魏文侯問李克曰:「人有惡乎? 」

李克曰:「有. 夫貴者, 卽賤者惡之; 富者, 卽貧者惡之; 智者, 卽愚者惡之.」

文侯曰:「善. 行此三者, 使人勿惡, 亦可乎?」

李克曰:「可. 臣聞: 貴而下賤, 則衆弗惡也; 富能分貧, 則窮士弗惡也; 智而敎愚, 則童蒙者弗惡也.」

文侯曰:「善哉言乎! 堯舜其猶病諸. 寡人雖不敏, 請守斯語矣.」

詩曰:『不遑啓處.』

【魏文侯】戰國 초기 魏나라의 영명한 君主.

【李克】文侯의 臣下. '里克'으로도 쓴다.

【詩曰】《詩經》小雅 四牡의 구절.

참고 및 관련 자료

1.《詩經》小雅 四牡(195)

2. 기타 참고자료

《類說》(38)·《群書治要》·《通鑑外紀》(10)

257(8-35) 有鳥於此
갈대 줄기에 둥지를 튼 새

여기에 새 한 마리가 있다. 그가 갈대 끝에 둥지를 틀었을 때 날씨가 갑자기 바람이 몰아친다면 그 갈대는 부러지고 그 둥지도 부서지고 말 것이다. 무슨 이유이겠는가? 바로 그 의탁한 바가 약하기 때문이다.

그런가 하면 사직단社稷壇의 직당稷堂에 지어진 벌집과 사당社堂에 사는 쥐는 공격을 당하거나 불에 타 죽는 일이 없다. 이는 그 벌과 쥐를 신으로 여겨서가 아니라 그들이 의탁해 사는 곳이 좋은 곳이기 때문이다. 그러므로 성인은 어진 이를 찾아 보필을 받는다.

무릇 배를 삼킬 만큼 큰 물고기일지라도 제멋대로 하다가 그 물을 잃게 되면 개미나 땅강아지에게조차 꼼짝을 못하는 이유는 그 보필을 잃었기 때문이다.

그러므로 《시詩》에 이렇게 말하였다.

"너의 덕을 밝게 하지 않으면	不明爾德
사람 같은 사람 곁에 올 리 없고,	時無背無側
네가 가진 그 덕 밝지 못하면	爾德不明
어진 이가 네 곁에 오지 않는다."	以無陪無卿

有鳥於此, 架巢於葭葦之顚, 天喟然而風, 則葭折而巢壞, 何? 其所托者弱也. 稷蜂不攻, 而社鼠不薰, 非以稷蜂社鼠之神, 其所

托者善也. 故聖人求賢者以輔. 夫呑舟之魚大矣, 蕩而失水, 則爲螻蟻所制, 失其輔也.

故曰:『不明爾德, 時無背無側. 爾德不明, 以無陪無卿.』

【社鼠】社稷壇의 쥐. 神聖한 장소이기 때문에 안전함을 누리는 것이다.(前出)
【故曰】《詩經》大雅 湯의 구절.

참고 및 관련 자료

1. 《詩經》大雅 蕩(151)

2. 《說苑》善說篇

孟嘗君寄客於齊王, 三年而不見用, 故客反謂孟嘗君曰:「君之寄臣也, 三年而不見用, 不之臣之罪也? 君之過也?」孟嘗君曰:「寡人聞之, 縷因針而入, 不因針而急, 嫁女因媒而成, 不因媒而親. 夫子之材必薄矣, 尙何怨乎寡人哉?」客曰:「不然, 臣聞周氏之嚳, 韓氏之盧, 天下疾狗也. 見菟而指屬, 則無失菟矣; 望見而放狗也, 則累世不能得菟矣! 狗非不能, 屬之者非也.」孟嘗君曰:「不然, 昔華舟杞梁戰而死, 其妻悲之, 向城而哭, 隅爲之崩, 城爲之陁, 君子誠能刑於內, 則物應於外矣. 夫土壤且可爲忠, 況有食穀之君乎?」客曰:「不然, 臣見鷦鷯巢於葦苕, 著之髮毛, 建之女工不能爲也, 可謂完堅矣. 大風至, 則苕折卵破子死者, 何也? 其所託者使然也. 且夫狐者人之所攻也, 鼠者人之所燻也. 臣未嘗見稷狐見攻, 社鼠見燻也, 何則? 所託者然也.」於是孟嘗君復屬之齊, 齊王使爲相.

3. 기타 참고자료

《說苑》政理篇·《韓詩外傳》(7)·《晏子春秋》內篇 問上·《韓非子》外儲說右上·《荀子》勸學篇·《類說》(38)·《藝文類聚》(97)·《淮南子》主術訓·《戰國策》齊策「海大魚」·《呂氏春秋》愼勢篇·《金樓子》立言(下)

卷九

〈孟子像〉

258(9-1) 孟子少時誦
맹자 어머니의 가르침

맹자孟子가 어릴 때였다.

맹자는 글을 외우고 어머니는 마침 베를 짜고 있는 중이었다. 그런데 맹자가 갑자기 외우는 것을 중지하였다가 다시 반복하는 것이었다. 어머니는 그가 잊어버렸음을 알고 큰 소리로 부르며 물었다.

"어찌하여 외우지 못하고 중간에 그쳤느냐?"

"깜빡 잊은 부분이 있어 다시 외우는 것입니다."

이 대답에 어머니는 짜던 베를 칼로 끊고 베 짜는 일을 비유하여 그를 훈계하였다. 그로부터 맹자는 더 이상 그러한 일이 없게 되었다.

또 한 번은 역시 맹자가 어렸을 때였는데 동쪽 이웃집에서 돼지를 잡았다. 이를 본 맹자가 어머니에게 여쭈었다.

"동쪽 집에서 돼지를 잡던데 무엇에 쓰려는 것입니까?"

이에 어머니는 무심결에 이렇게 말하였다.

"너에게 주려는 것이지."

그리고는 그만 자기 말에 크게 후회하고는 이렇게 말하였다.

"내가 너를 가졌을 때 바른 자리가 아니면 앉지 않았고, 바르게 썰지 않은 것은 먹지도 않으면서 태교를 하였다. 그런데 지금 번연히 알면서도 너를 속였으니 이는 불신不信을 가르친 셈이 되었구나."

이에 그 이웃집 돼지를 사다가 먹여 주었다. 이는 속이지 않았음을 밝힌 것이다.

孟母斷機 및 孟母三遷之教 기념비. 山東

《시詩》에

"너의 자손 마땅히	宜爾子孫
끝없이 이어지리."	繩繩兮

라 하였으니 이는 어진 어머니로서 그 자식을 어질게 키웠음을 말하는 것이다.

孟子少時誦, 其母方織. 孟輟然中止, 乃復進.
其母知其諠也, 呼而問之曰:「何爲中止?」
對曰:「有所失復得.」

其母引刀裂其織, 以此誡之. 自是之後, 孟子不復諠矣.

孟子少時, 東家殺豚.

孟子問其母曰:「東家殺豚, 何以爲?」

母曰:「欲啖汝.」

其母自悔而言曰:「吾懷妊是子, 席不正, 不坐; 割不正, 不食; 胎教之也. 今適有知而欺之, 是教之不信也.」

乃買東家豚肉以食之, 明不欺也.

詩曰:『宜爾子孫, 繩繩兮.』

言賢母使子賢也.

【諠】 '잊다'의 뜻으로 풀이함.

【詩曰】《詩經》周南 螽斯의 구절. '자손의 盛多함을 축하하는 詩'라 한다.

참고 및 관련 자료

1.《詩經》周南 螽斯

螽斯羽, 詵詵兮. 宜爾子孫, 振振兮. 螽斯羽, 薨薨兮. 宜爾子孫, 繩繩兮. 螽斯羽, 揖揖兮. 宜爾子孫, 蟄蟄兮.

2.《列女傳》母儀篇「鄒孟軻母」

鄒孟軻之母也, 號孟母. 其舍近墓, 孟子之少也, 嬉遊爲墓間之事: 踴躍築埋. 孟母曰:「此非吾所以居處子也.」乃去, 舍市傍, 其嬉戲爲賈人衒賣之事. 孟母又曰:「此非吾所以居處子也.」復徙舍學宮之傍, 其嬉遊乃設俎豆揖讓進退. 孟母曰:「眞可以居吾子矣.」遂居之. 及孟子長, 學六藝, 卒成大儒之名. 君子謂孟母善以漸化. 詩云:「彼姝者子, 何以予之?」此之謂也.

孟子之小也, 旣學而歸, 孟母方績, 問曰:「學何所至矣?」孟子曰:「自若也.」孟母以刀斷其織. 孟子懼而問其故. 孟母曰:「子之廢學, 若吾斷斯織也. 夫君子學以立名,問則廣知, 是以居則安寧, 動則遠害. 今而廢之, 是不免於廝役, 而無以離於禍患也. 何以異於織績而食, 中道廢而不爲, 寧能衣其夫子? 而長不乏糧食哉? 女則廢其所食, 男則墮於修德, 不爲竊盜, 則爲虜役矣.」孟子懼, 旦夕勤學不息, 師事子思, 遂成天下之名儒. 君子謂孟母知爲人母之道矣. 詩云:「彼姝者子, 何以告之?」此之謂也.

3. 《藝文類聚》(94)

韓詩外傳曰: 孟子少時, 東家嘗殺猪, 孟子問其母曰:「東家殺猪, 何以爲?」其母曰:「欲啖汝.」其母悔失言曰:「吾懷妊是子, 席不正, 不坐; 割不正, 不食; 胎教之也. 今適有知而欺之, 是教之不信也.」乃買東家猪肉以食之, 明不欺也.

4. 《韓非子》 外儲說左上(曾子의 일화로 되어있음)

曾子之妻之市, 其子隨之而泣. 其母曰:「女還, 顧反爲女殺彘.」妻適市來, 曾子欲捕彘殺之. 妻止之曰:「特與嬰兒戲耳.」曾子曰:「嬰兒非與戲也. 嬰兒非有知也, 待父母而學者也, 聽父母之敎. 今子欺之, 是教子欺也. 母欺子, 子而不信其母, 非以成敎也.」遂烹彘也.

5. 기타 참고자료

《孟子外書》 性善辨·《合璧事類》 前集(31)·《事文類聚》(後集 6)

259(9-2) 田子爲相
의롭지 못한 재물

전자田子란 사람이 재상이 되었다가 3년 만에 퇴직을 하였는데 그 몫으로 황금 백 일鎰을 받아 어머니께 갖다 드렸다. 어머니가 물었다.

"이 황금이 어디서 났느냐?"

그가 대답하였다.

"봉록俸祿으로 받은 것입니다."

그러자 그 어머니는 이렇게 말하였다.

"네가 재상을 지낸 지 3년밖에 되지 않았는데 그 동안 아무 것도 먹지 않고 모았느냐? 관직에 있으면서 이렇게 하는 일은 내 원하는 바가 아니다. 효자가 그 부모를 모심에는 힘을 다하고 정성을 다하는 것일 뿐, 이처럼 의롭지 못한 물건을 집으로 가져와서는 안 된다. 아들 된 자는 효도를 그르칠 수 없는 것이니 너는 어서 이를 되돌려 주어라."

전자가 부끄러워하며 나가서는 급히 조정으로 달려가 금을 되돌려 주었다. 그리고 물러서서는 스스로 감옥으로 들어가겠다고 청하였다. 임금은 그 어머니의 어짊을 높이 사 그 의를 칭찬하면서 즉시 전자의 죄를 풀어 주고 다시 그를 재상으로 임명하고는 그 금은 어머니에게 하사하였다.

《시詩》에는 이렇게 말하였다.

"너의 자손 마땅히 　　宜爾子孫
끝없이 이어지리." 　　繩繩兮

田子爲相, 三年歸休, 得金百鎰, 奉其母.

母曰:「子安得此金?」

對曰:「所受俸祿也.」

母曰:「爲相三年, 不食乎? 治官如此, 非吾所欲也. 孝子之事親也, 盡力致誠, 不義之物, 不入於館. 爲人子不可不孝也! 子其去之.」

田子愧慚, 走出, 造朝還金, 退請就獄. 王賢其母, 說其義, 卽舍田子罪, 令復爲相, 以金賜其母.

詩曰:『宜爾子孫, 繩繩兮.』

【田子】田稷. 齊 宣王 때의 재상.
【詩曰】《詩經》周南 螽斯의 구절.

참고 및 관련 자료

1.《詩經》周南 螽斯(258)

2.《列女傳》齊田稷母

齊田稷子之母也. 田稷子相齊, 受下吏之貨金百鎰以遺其母. 母曰:「子爲相三年矣, 祿未嘗多若此也, 豈修士大夫之費哉? 安所得此?」對曰:「誠受之於下.」其母曰:「吾聞士修身潔行, 不爲苟得; 竭情盡實, 不行詐諼. 非義之事, 不計於心; 非理之利, 不入於家; 言行若一, 情貌相副. 今君設官以待子, 厚祿以奉子, 言行則可以報君. 夫爲人臣而事其君, 猶爲人子而事其父也, 盡力竭能, 忠信不欺, 務在效忠, 必死奉命, 廉潔公正, 故遂而無患. 今子反是遠忠矣. 夫爲人臣不忠, 是爲人子不孝也. 不義之財, 非吾有也; 不孝之子, 非吾子也. 子起!」田稷子慙而出, 反其金, 自歸罪於宣王, 請就誅焉. 宣王聞之, 大賞其母之義, 遂舍稷子之罪, 復其相位, 而以公金賜母. 君子謂稷母廉而有化. 詩曰:『彼君子兮, 不素飧兮.』無功而食祿, 不爲也. 況於受金乎?
訟曰:『田稷之母, 廉潔正直. 責子受金, 以爲不德. 忠孝之事, 盡材竭力. 君子受祿, 忠不素食.』

3. 기타 참고자료

《太平御覽》(811)·《白帖》(2)

260(9-3) 孔子行聞哭聲甚悲
어버이는 기다려 주지 않는다

공자孔子가 길을 가다가 어떤 사람이 심히 슬프게 우는 소리를 듣고는 수레를 재촉하였다.

"빨리 몰아라. 빨리 몰아라. 저 앞에 어진 이가 있다."

그리고 다가가 보니 고어皐魚라는 사람이었는데 그는 거친 옷에 낫을 들고 길가에서 울고 있는 것이었다. 공자는 수레를 치우고 다가가서 그에게 말을 걸었다.

"그대는 상喪을 당한 것도 아닌데 어찌 그리 슬피 울고 있소?"

고어는 이렇게 설명하였다.

"나는 세 가지를 잃었소. 젊어서는 열심히 배워 제후를 찾아다닌답시고 어버이를 뒤로 하였소. 이것이 첫 번째 잃은 것입니다. 다음으로 내 뜻을 높다고 여겨 임금을 섬기는 일을 게을리 하였소. 이것이 두 번째 잃은 것이외다. 그리고 친구와 두터이 지내다가 그만 중간에 절교하고 말았소. 이것이 세 번째 잃은 것입니다.

'나무가 고요하고자 하나 바람이 멎지 아니 하고, 자식이 어버이를 봉양하고자 하나 어버이가 기다려 주지 않는다' 라 하였소. 한번 가면 따라갈 수 없는 것이 세월이요, 떠나고는 더 이상 뵐 수 없는 것이 어버이라오. 그래서 내 지금 세상을 사별하려는 것이오."

그리고는 선 채로 말라 죽고 말았다.

공자가 이렇게 말하였다.

"제자여. 경계할지어다. 기록해둘 만한 일이로다."

이에 그 문인들로서 공자를 떠나 어버이를 모시겠다고 되돌아간 자가 열세 명이나 되었다.

자로子路가 이렇게 물었다.

"지금 여기에 어떤 사람이 있어 새벽부터 밤늦도록 일하며, 수족이 다 부르트도록, 그리고 얼굴이 새까맣게 타도록 오곡을 열심히 길러 그 어버이를 봉양하건만 효자라는 이름을 듣지 못하고 있다면 이는 무슨 이유입니까?"

이에 공자孔子는 이렇게 설명하였다.

"내 생각으로는 아직 공경을 실천하지 못하였거나, 얼굴빛이 순하지 않거나, 또는 말이 겸손치 못하거나 해서 그런 것은 아니겠는가. 옛 사람들이 이렇게 말하였지. '옷이냐? 먹는 것이냐? 그것만으로는 다한 것이 아닐세'라고 말이다. 자식으로서 그 어버이를 그렇게 열심히 받들면서 위에 말한 세 가지 잘못이 없다면 어찌 효자란 이름을 듣지 못하겠느냐? 생각건대 혹시 그가 사귀는 친구가 어질지 못해 그런 것은 아닌지도 모르겠다.

앉아라. 내 너에게 말해 주마. 비록 나라를 들어 올릴 힘을 가진 장사가 있다 할지라도 스스로 자기를 들어 올릴 수는 없다. 힘이 모자라서가 아니라 잡고 힘쓸 데가 없기 때문이다. 그 까닭으로 군자는 집에서는 효를 돈독히 하고 나가서는 어진 친구를 사귀는 것이다. 그렇게만 하면 어찌 효자라는 이름이 드러나지 않겠느냐?"

《시詩》에는 이렇게 말하였다.

"부모님부터 가까이 모셔라." 父母孔邇

孔子行, 聞哭聲甚悲.

孔子曰: 「驅! 驅! 前有賢者.」

至, 則皐魚也. 被褐擁鎌, 哭於道傍.

孔子辟車與之言, 曰: 「子非有喪, 何哭之悲也?」

皐魚曰: 「吾失之三矣: 少而學, 游諸侯, 以後吾親, 失之一也; 高尚吾志, 間吾事君, 失之二也; 與友厚而小絶之, 失之三矣. 樹欲靜而風不止, 子欲養而親不待也. 往而不可追者, 年也; 去以不可得見者, 親也. 吾請從此辭矣.」

立槁而死.

孔子曰: 「弟子誡之, 足以識矣.」

於是門人辭歸而養親者十有三人.

子路曰: 「有人於斯, 夙興夜寐, 手足胼胝, 而面目黧黑, 樹藝五穀, 以事其親, 而無孝子之名者, 何也?」

孔子曰: 「吾意者, 身未敬邪? 色不順邪? 辭不遜邪? 古人有言曰: 『衣歟? 食歟? 曾不爾卽.』子勞以事其親, 無此三者, 何爲無孝之名? 意者, 所友非仁人邪? 坐, 語汝. 雖有國士之力, 不能自擧其身. 非無力也, 勢不便也. 是以君子入則篤孝, 出則友賢. 何爲其無孝子之名?」

詩曰: 『父母孔邇.』

【皐魚】人名. 孔子의 弟子 '高柴'라고 한다.

【樹欲靜而風不止】《韓詩外傳》 내에 비슷한 문구가 반복되며 가장 널리 알려진 구절이다. 한편 일부 판본에는 "往而不可得見者, 親也"만 실려 있는 것도 있다.

【詩曰】《詩經》 周南 汝墳의 구절.

참고 및 관련 자료

1. 많은 판본에는 대개「子路曰」이하를 分章하였다.

2.《詩經》周南 汝墳(017)

3.《說苑》敬愼篇

孔子行遊中路聞哭者聲, 其音甚悲, 孔子曰:「驅之! 驅之! 前有異人音.」少進, 見之, 丘吾子也, 擁鐮帶索而哭. 孔子辟車而下, 問曰:「夫子非有喪也, 何哭之悲也?」丘吾子對曰:「吾有三失.」孔子曰:「願聞三失.」丘吾子曰:「吾少好學問, 周遍天下, 還後吾親亡, 一失也. 事君奢驕, 諫不遂, 是二失也. 厚交友而後絶, 三失也. 樹欲靜乎風不定, 子欲養乎親不待; 往而不來者, 年也; 不可得再見者, 親也. 請從此辭.」則自刎而死. 孔子曰:「弟子記之, 此足以爲戒也.」於是弟子歸養親者十三人.

4.《文選》〈長笛賦〉注

韓詩外傳曰: 孔子行, 聞哭聲甚悲. 則皐魚也. 被褐擁劍, 哭於路左. 孔子下車, 而問其故. 對曰:「吾少好學, 周流天下, 以後吾親死, 一失也; 高尙其志, 不事庸君, 而晩仕無成, 二失也; 少擇交遊寡親友, 而老無所託, 三失也. 夫樹欲靜而風不止, 子欲養而親不待. 往而不可反者, 年也; 逝去以不可追者, 親也. 吾於是辭矣.」立哭而死. 孔子謂弟子曰:「識矣.」於是門人辭歸而養親者一十三人

5.《荀子》子道篇

子路問於孔子曰:「有人於此, 夙興夜寐, 耕耘樹藝, 手足胼胝以養其親, 然而無孝之名, 何也?」孔子曰:「意者身不敬與? 辭不遜與? 色不順與? 古之人有言曰: 衣與繆與不女聊. 今夙興夜寐, 耕耘樹藝, 手足胼胝以養其親, 無此三者, 則何以爲而無孝之名也? 意者所友非仁人邪?」孔子曰:「由志之, 吾語女; 雖有國士之力, 不能自擧其身, 非無力也, 勢不可也. 故, 入而行不修, 身之罪也. 出而名不章, 友之過也. 故, 君子入則篤行, 出則友賢, 何爲而無孝之名也?」

6.《孔子家語》致思篇

孔子適齊, 中路, 聞哭者之聲, 其音甚哀. 孔子謂其僕曰:「此哭哀則哀矣, 然非喪者之哀矣.」驅而前, 少進, 見有異人焉, 擁鐮帶素, 哭者不哀. 孔子下車, 進而問曰:「子, 何人也?」對曰:「吾, 丘吾子也.」曰:「子今非喪之所, 奚哭之悲也?」丘吾子曰:「吾有三失, 晩而自覺, 悔之何及!」曰:「三失可得聞乎? 願子告吾, 無隱也.」丘吾子曰:「吾少時好學, 周遍天下後, 還喪吾親, 是一失也; 長事齊君, 君驕奢失士, 臣節不遂,

是二失也; 吾平生厚交, 而今皆離絶, 是三失也. 夫樹欲靜而風不停, 子欲養而親不待, 往而不來者, 年也; 不可再見者, 親也. 請從此辭.」遂投水而死. 孔子曰:「小子識之, 斯足爲戒矣.」自是弟子辭歸養親者十有三.

7. 《孔子家語》 困誓篇

子路問於孔子曰:「有人於此, 夙興夜寐, 耕芸樹藝, 手足胼胝, 以養其親, 而名不稱孝, 何也?」孔子曰:「意者, 身不敬與? 辭不順與? 色不悅與? 古之人有言曰:『人與己與不汝欺.』今盡力養親, 而無三者之闕, 何謂無孝之名乎?」孔子曰:「由! 汝志之, 吾語汝. 雖有國士之力, 而不能自擧其身, 非力之少, 勢不可矣. 夫內行不修, 身之罪也; 行修而名不彰, 友之罪也. 行修而名自立, 故君子入則篤行, 出則交賢, 何謂無孝名乎?」

8. 《孔子集語》 孝本篇

韓詩外傳九: 孔子行, 聞哭聲甚悲. 孔子曰:「驅! 驅! 前有賢者.」至, 則皐魚也. 被褐擁鎌, 哭於道傍. 孔子辟車與之言曰:「子非有喪, 何哭之悲也?」皐魚曰:「吾失之三矣: 少而學, 游諸侯, 以後吾親, 失之一也; 高尙吾志, 間吾事君, 失之二也; 與友厚而小絶之, 失之三矣. 樹欲靜而風不止, 子欲養而親不待也. 往而不可追者, 年也; 去以不可得見者, 親也. 吾請從此辭矣.」立槁而死. 孔子曰:「孝子誡之, 足以識矣.」於是門人辭歸而養親者十有三人.

9. 《孔子集語》 孝本篇

韓詩外傳九: 子子路曰:「有人於斯, 夙興夜寐, 手足胼胝, 而面目黧黑, 樹藝五穀, 以事其親而無孝子之名者, 何也?」孔子曰:「吾意者, 身未敬邪! 色不順邪! 辭不孫邪! 古人有言曰: '衣歟! 食歟! 曾不爾卽.' 子勞以事其親, 無此三者, 何爲無孝之名! 意者, 所友非仁人邪! 坐, 語汝, 雖有國士之力, 不能自擧其身, 非無力也, 勢不便也. 是以君子入則篤孝, 出則友賢, 何爲其無孝子之名!」

10. 기타 참고자료

《韓詩外傳》(1, 7) · 《太平御覽》(487, 764) · 《冊府元龜》(953) · 《後漢書》〈劉陶傳〉注, 〈桓榮傳〉注

261(9-4) 伯牙鼓琴
백아와 종자기

백아伯牙가 거문고를 타고 종자기鍾子期는 그 곁에서 듣고 있었다. 거문고를 타면서 산의 형상을 생각하자 종자기가 말하였다.

"훌륭하도다! 높고 높기가 태산太山과 같도다!"

다시 흐르는 물을 그리며 연주를 하자 종자기는 이렇게 말하는 것이었다.

"훌륭하도다! 거문고 소리여. 넓고 넓기가 강하江河 같구나!"

그 종자기가 죽자 백아는 그 거문고를 부수고 현을 끊어 버리고는 종신토록 다시는 거문고를 타지 않았다. 세상에 더 이상 더불어 거문고를 들려줄 사람이 없다고 여겼기 때문이다. 유독 거문고 소리만 이와 같은 것이 아니다. 어질다는 것도 역시 이와 같다. 진실로 그 때에 맞지 않으면 아무리 어진이라 할지라도 무엇을 바탕으로 그 공을 이룰 수 있겠는가?

伯牙鼓琴, 鍾子期聽之.

方鼓琴, 志在山, 鍾子期曰:「善哉! 鼓琴! 巍巍乎如太山.」

志在流水, 鍾子期曰:「善哉! 鼓琴! 洋洋乎若江河.」

鍾子期死, 伯牙擗琴絶絃, 終身不復鼓琴, 以爲世無足與鼓琴也. 非獨琴如此, 賢者亦有之. 苟非其時, 則賢者將奚由得遂其功哉?

【伯牙】春秋時代 楚나라 사람이라 하나 확실치 않다. 거문고를 잘 타던 人物. 바로 본문의 '伯牙絶絃', '知音'의 故事이다.
【鍾子期】知音으로 이름난 사람. 伯牙의 친구.

참고 및 관련 자료

1. 《列子》 湯問篇

伯牙善鼓琴, 鍾子期善聽. 伯牙鼓琴, 志在登高山. 鍾子期曰:「善哉! 峩峩兮若泰山!」志在流水. 鍾子期曰:「善哉! 洋洋兮若江河!」伯牙所念, 鍾子期必得之. 伯牙游於泰山之陰, 卒逢暴雨, 止於巖下; 心悲, 乃援琴而鼓之. 初爲霖雨之操, 更造崩山之音. 曲每奏, 鍾子期輒窮其趣. 伯牙乃舍琴而嘆曰:「善哉! 善哉! 子之聽夫! 志想象猶吾心也. 吾於何逃聲哉!」

2. 《呂氏春秋》 本味篇

伯牙鼓琴, 鍾子期聽之, 方鼓琴而志在太山, 鍾子期曰:「善哉乎鼓琴, 巍巍乎若太山.」少選之間, 而志在流水, 鍾子期又曰:「善哉乎鼓琴, 湯湯乎若流水.」鍾子期死, 伯牙破琴絶弦, 終身不復鼓琴, 以爲世無足復爲鼓琴者. 非獨琴若此也, 賢者亦然. 雖有賢者, 而無禮以接之, 賢奚由盡忠? 猶御之不善, 驥不自千里也.

3. 《說苑》 尊賢篇

周公旦白屋之士, 所下者七十人, 而天下之士皆至; 晏子所與同衣食者百人, 而天下之士亦至; 仲尼脩道行, 理文章, 而天下之士亦至矣. 伯牙子鼓琴, 鍾子期聽之, 方鼓而志在太山, 鍾子期曰:「善哉乎鼓琴! 巍巍乎若太山.」少選之間, 而志在流水, 鍾子期復曰:「善哉乎鼓琴! 湯湯乎若流水.」鍾子期死, 伯牙破琴絶絃, 終身不復鼓琴, 以爲世無足爲鼓琴者. 非獨鼓琴若此也, 賢者亦然, 雖有賢者而無以接之, 賢者奚由盡忠哉! 驥不自至千里者, 待伯樂而後至也.

4. 《漢書》 陳元傳

至音, 不合衆聽, 故伯牙絶絃; 至寶, 不同衆好, 故卞和泣血.

5. 기타 참고자료

《說苑》 談叢篇·《淮南子》 修務篇·《風俗通》 聲音篇

262(9-5) 秦攻魏破之
천금을 거부한 유모

진秦나라가 위魏나라를 공격하여 깨뜨려 버렸다. 그런데 위나라의 어린 공자公子가 도망을 하여 찾아낼 수가 없었다. 진나라에서는 이를 찾아 죽이려고 이런 영을 내렸다.

"공자를 찾아내는 자에게는 상으로 천금을 주려니와 숨기는 자에게는 십족十族을 멸하리라."

공자의 유모가 함께 도망을 다녔는데 어떤 이가 그 유모를 이렇게 유혹하였다.

魏節乳母《列女傳》삽화

"공자를 일러바치면 큰 상을 받는다고 하오. 유모께서는 공자가 어디 있는지 틀림없이 알고 있겠지요. 그러니 나서서 말을 하시지요."

이 말에 유모는 이렇게 대답하였다.

"나는 그가 있는 곳을 알지 못하오. 설령 안다고 할지라도 죽으면 죽었지 말할 수 없소. 남을 길러준 자로서 그를 숨겨 주지 못하고 알려준다는 것은 죽음이 두렵다고 배반하는 짓이오. 내 듣기로 충성이란 윗사람을 배반하지 않는 것이요, 용기란 죽음을 두려워하지 않는 것이라 하였소.

사람을 키운다는 것은 그를 살리라는 것이지 죽이라는 것이 아닐게요. 그러니 어찌 이익을 보기 위해, 혹은 죽음이 두렵다고 해서 의를 져버리고 거짓을 행할 수 있겠소? 내가 살겠다고 공자를 홀로 죽게 하는 일은 있을 수 없소."

그리고는 드디어 공자와 더불어 깊은 늪으로 도망쳐 버렸다. 그러나 진나라 군대가 끝내 이를 찾아내어 활로 쏘자 유모는 그의 앞을 가로막아 열두 발의 화살을 맞으며 끝까지 공자는 화살을 맞지 않도록 하였다. 진왕秦王은 이를 듣고 태뢰太牢의 잔치를 열어 주고 그 오빠에게는 대부大夫의 작위를 주었다.

《시詩》에는 이렇게 말하였다.

"내 마음 돌이 아니니	我心匪石
굴릴 수도 없지."	不可轉也

秦攻魏, 破之. 少子亡而不得.

令魏國曰;「有得公子者, 賜金千斤; 匿者, 罪至十族.」

公子乳母與俱亡.

人謂乳母曰:「得公子者賞甚重. 乳母當知公子處而言之.」

乳母應之曰:「我不知其處, 雖知之, 死則死, 不可以言也. 爲人養子, 不能隱而言之, 是畔上畏死. 吾聞: 忠不畔上, 勇不畏死. 凡養人子者, 生之, 非務殺之也. 豈可見利畏誅之故, 廢義而行詐哉? 吾不能生而使公子獨死矣.」

遂與公子俱逃澤中. 秦軍見而射之, 乳母以身蔽之, 著十二矢, 遂不令中公子.

秦王聞之, 饗以太牢, 且爵其兄爲大夫.

詩曰:『我心匪石, 不可轉也.』

【公子】魏王 瑕의 公子.
【太牢】三牲(牛·羊·豬)의 큰 잔치를 말한다.
【詩曰】《詩經》邶風 柏舟의 구절.

참고 및 관련 자료

1. 《詩經》邶風 柏舟(008)

2. 《列女傳》魏節乳母

魏節乳母者, 魏公子之乳母. 秦攻魏, 破之, 殺魏王瑕, 誅諸公子, 而一公子不得. 令魏國曰:「得公子者賜金千鎰, 匿之者罪至夷.」節乳母與公子俱逃. 魏之故臣見乳母而識之曰:「乳母無恙乎?」乳母曰:「嗟乎! 吾奈公子何?」故臣曰:「今公子安在? 吾聞秦令曰: 有能得公子者賜金千鎰, 匿之者罪至夷. 乳母倘言之, 則可以得千金; 知而不言, 則昆弟無類矣.」乳母曰:「吾不知公子之處.」故臣曰:「我聞公子與乳母俱逃.」母曰:「吾雖知之, 亦終不可以言.」故臣曰:「今魏國已破亡, 族已滅, 子匿之尙誰爲乎?」母吁而言曰:「夫見利而反上者逆也, 畏死而棄義者亂也, 今持逆亂以求利, 吾不爲也. 且夫凡爲人養子者, 務生之, 非爲殺之也. 豈可利賞畏誅之故, 廢正義而行逆節哉? 妾不能生而令公子禽也.」遂抱公子逃於深澤之中. 故臣以告秦軍, 秦軍追見爭射之, 乳母以身爲公子蔽, 失著身者數十, 與公子俱死. 秦王聞之, 貴其守忠死義, 乃以卿禮葬之, 祠以太牢, 寵其兄爲五大夫, 賜金百鎰. 君子謂節乳母慈惠敦厚, 重義輕財. 禮爲孺子室於宮, 擇諸母及阿者, 必求其寬仁慈惠, 溫良恭敬, 愼而寡言者使爲子師, 次爲慈母, 次爲保母, 皆居子室, 以養全之. 他人無事不得往. 夫慈故能愛, 乳狗搏虎, 伏雞搏狸, 恩出於中心也. 詩云:『行有死人. 尙或墐之.』此之謂也. 頌曰:『秦旣滅魏, 購其子孫. 公子乳母, 與俱遁逃. 守節執事, 不爲利違. 遂死不顧, 名號顯遺.』

3. 기타 참고자료

《史記》魏世家

263(9-6) 子路曰人善我
공자의 제자들

자로子路가 이렇게 말하였다.

"남이 나에게 잘해 주면 나도 그에게 잘 해주고, 남이 나에게 잘 해 주지 않으면 나도 그에게 잘 해주지 않으련다."

자공子貢은 이렇게 말하였다.

"남이 나에게 잘 해 주면 나도 그에게 잘 해주고, 남이 나를 잘 해주지 않으면 나는 그를 인도하여 이끌어 주는 정도까지만 하겠다."

그러자 안회顔回는 이렇게 말하였다.

"남이 나에게 잘 해 주면 나도 그에게 잘 해 주고, 남이 나에게 잘 해 주지 않더라도 나는 그에게 잘 해 주겠다."

세 사람이 각각 의견을 달리 하자 선생님께 물어 보기로 하였다. 그러자 공자孔子가 이렇게 말하였다.

"유由의 의견은 만맥蠻貊이나 할 말이고, 사賜의 행동은 붕우朋友 사이의 말이며, 회回의 말은 친속親屬 사이의 말이다."

《시詩》에는 이렇게 말하였다.

"남이 나에게 잘 해 주지 않아도	人之無良
나는 그를 형으로 모시리라."	我以爲兄

子路曰:「人善我, 我亦善之; 人不善我, 我不善之.」

子貢曰:「人善我, 我亦善之; 人不善我, 我則引之進退而已耳.」

顏回曰:「人善我, 我亦善之; 人不善我, 我亦善知.」

三子所持各異, 問於夫子.

子曰:「由之所言, 蠻貊之言也; 賜之所言, 朋友之言也; 回之所言, 親屬之言也.」

詩曰:『人之無良, 我以爲兄.』

【子路】孔子의 弟子 仲由.

【子貢】孔子의 弟子 端木賜.

【顏回】孔子의 弟子 顏淵.

【詩曰】《詩經》 鄘風 鶉之奔奔의 구절. "鶉之奔奔. 刺衛宣姜也."—詩序(衛나라 宣姜을 諷刺한 것)라고도 하고, "刺宣姜者, 刺其與公子頑爲淫亂."—鄭玄(宣姜이 公子 頑와 淫亂한 짓을 風刺한 것)이라고도 하였다.

참고 및 관련 자료

1. 《詩經》 鄘風 鶉之奔奔

鶉之奔奔, 鵲之彊彊. 人之無良, 我以爲兄. 鵲之彊彊, 鶉之奔奔. 人之無良, 我以爲君.

2. 《孔子集語》 交道篇

韓詩外傳九: 子子路曰:「人善我, 我亦善之; 人不善我, 我不善之.」子貢曰:「人善我, 我亦善之; 人不善我, 我則引之進退而已耳.」顏回曰:「人善我, 我亦善之; 人不善我, 我亦善知.」三子所持各異, 問於夫子. 子曰:「由之所言, 蠻貊之言也; 賜之所言, 朋友之言也; 回之所言, 親屬之言也.」

264(9-7) 齊景公縱酒
통치의 근본

제齊 경공景公이 술을 마시며 환락에 취해 옷과 관을 다 벗어 버리고 거문고를 타며 스스로 즐거움에 빠져서는 좌우를 돌아보며 물었다.

"어진 사람도 이런 즐거움을 알까?"

그러자 좌우 신하들이 이렇게 말하였다.

"어진 이의 이목耳目도 보통 사람과 똑같습니다. 어찌 이런 즐거움을 모르겠습니까?"

이 말에 힘은 얻은 경공은 이렇게 명하였다.

"그렇다면 수레를 몰고 가서 안자晏子를 맞아 오너라."

안자가 이 말을 듣고 조복朝服을 입은 채로 나타나자 경공은 이렇게 말하였다.

"지금 과인이 너무 즐거워 이를 그대와 함께 하고 싶어 불렀소."

이 제의에 안자는 발끈하였다.

"임금의 말씀은 지나쳤소. 우리 제齊나라에 오척동자五尺童子로부터 그 이상 그 누구도 힘으로 따지면 나嬰보다, 그리고 임금보다 못한 이가 없습니다. 그런데도 그들이 감히 그렇게 하지 않는 것은 바로 예禮를 두려워하기 때문입니다. 그러므로 천자가 예가 없으면 사직社稷을 지킬 수 없고, 제후가 예가 없으면 그 나라를 지킬 수 없으며, 윗사람이 예가 없으면 아랫사람을 부릴 수 없고, 아랫사람이 예가 없으면 윗사람을 섬길 수가 없으며, 대부가 예가 없으면 그 집안을 다스릴 수 없고, 형제 사이에 예가 없으면 함께 살 수가 없는 것입니다.

그래서

‘사람으로서 예도 없으면 人而無禮
어서 죽는 것만도 못하다’ 不若遄死

라 한 것입니다.”

이에 경공은 부끄러움을 참지 못하고 자리를 피하며 이렇게 사죄하였다.

“과인이 어질지 못하였소. 선량하지 못한 좌우 신하들이 나를 유혹하여 이 지경에 빠지도록 하였소. 그들을 죽여 없애 내 과실을 보補하리라.”

그러자 안자는 이렇게 말하였다.

“좌우 신하들은 죄가 없습니다. 만약 임금께서 예를 좋아하시면 예있는 자들은 모여들고, 예를 모르는 자들은 저절로 사라질 것이며. 임금께서 예를 싫어하시면 무례한 자가 다가오고 예있는 자들은 떠나버릴 것입니다. 좌우 신하가 무슨 죄가 있다는 말씀입니까?”

그러자 경공은 이렇게 허락하였다.

“좋습니다.”

그리고는 의관을 고쳐 입고 다시 앉았다. 이에 안자가 석 잔의 술을 올린 다음 그 자리를 떠나자 경공은 그를 배송拜送하였다.

《시詩》에는 이렇게 말하였다.

“사람으로서 예도 없으면서 人而無禮
어찌 일찍 죽지도 않노?” 胡不遄死

齊景公縱酒, 醉, 而解衣冠, 鼓琴以自樂.
顧左右曰:「仁人亦樂此乎?」
左右曰:「仁人耳目猶人, 何爲不樂乎?」
景公曰:「駕車以迎晏子.」

晏子聞之, 朝服而至.

景公曰:「今者, 寡人此樂, 願與大夫同之.」

晏子曰:「君言過矣. 自齊國五尺已上, 力皆能勝嬰與君. 所以不敢者, 畏禮也. 故自天子無禮, 則無以守社稷; 諸侯無禮, 則無以守其國; 爲人上無禮, 則無以使其下; 爲人下無禮, 則無以事其上; 大夫無禮, 則無以治其家; 兄弟無禮, 則不同居;『人而無禮, 不若遄死.』」

景公色媿, 離席而謝曰:「寡人不仁, 無良左右, 淫湎寡人, 以至於此, 請殺左右, 以補其過.」

晏子曰:「左右無過. 君好禮, 則有禮者至, 無禮者去; 君惡禮, 則無禮者至, 有禮者去. 左右何罪乎?」

景公曰:「善哉!」

乃更衣而坐, 觴酒三行, 晏子辭去. 景公拜送.

詩曰:『人而無禮, 胡不遄死.』

【齊景公】春秋 후기 齊나라 君主.

【晏子】晏嬰. 平仲. 齊나라 景公 때의 훌륭한 宰相.

【詩曰】《詩經》鄘風 相鼠의 구절.

참고 및 관련 자료

1.《詩經》鄘風 相鼠(004)

2.《晏子春秋》內篇

景公飮酒酣, 曰:「今日願與諸大夫爲樂飮, 請無爲禮.」晏子蹴然改容, 曰:「君之言過矣. 羣臣固欲君之無禮也, 力多足以勝其長, 勇多足以弑其君.而禮不使也.禽獸以力爲政, 彊者犯弱, 故日易主, 今君去禮, 則是禽獸也. 羣臣以力爲政, 彊者犯弱, 而日易主, 君將安立矣? 凡人之所以貴于禽獸者, 以有禮也. 故詩曰:『人而無禮, 胡不遄死?』禮不可無也.」公湎而不聽, 少間, 公出, 晏子不起, 公入, 不起. 交擧則先飮. 公怒色變, 抑手疾視, 曰:「曏者, 夫子之教寡人, 無禮之不可也. 寡人出入不起, 交擧則先飮, 禮也?」晏子避席, 再拜稽首而請曰:「嬰敢與君言, 而忘之乎? 臣以致無禮之實也. 君若欲無禮, 此是已.」公曰:「若是, 孤之罪也. 夫子就席. 寡人聞命矣.」觴三行, 遂罷酒. 蓋是後也, 飭法修禮, 以治國政, 而百姓肅也.

3.《晏子春秋》外篇

景公飮酒數日而樂, 去冠披裳, 自鼓盆甕. 謂左右曰:「仁人亦樂是乎?」梁丘據對曰:「仁人之耳目, 亦猶人也. 夫奚爲獨不樂此也?」公曰:「趣駕迎晏子!」晏子朝服而至, 受觴, 再拜. 公曰:「寡人甚樂此樂, 欲與夫子共之. 請去禮.」晏子對曰:「君之言過矣. 羣臣皆欲去禮以事君. 嬰恐君之不欲也. 今齊國五尺之童子, 力皆過嬰. 又能勝君. 然而不敢亂者, 畏禮義也. 上若無禮, 無以使其下. 下若無禮, 無以事其上. 夫麋鹿維無禮, 故父子同麀. 人之所以貴于禽獸者, 以有禮也. 嬰聞之, 人君無禮. 無以臨邦. 大夫無禮. 官吏不恭. 父子無禮. 其家必凶. 兄弟無禮. 不能久同. 詩曰:『人而無禮, 胡不遄死.』故禮不可去也.」公曰:「寡人不敏. 無良左右. 淫蠱寡人. 以至于此. 請殺之.」晏子曰:「左右何罪? 君若無禮, 則好禮者去. 無禮者至. 君若好禮, 則有禮者至. 無禮者去.」公曰:「善! 請易衣革冠, 更受命.」晏子避走立乎門外. 公令人糞灑, 改席. 召晏子, 衣冠以迎. 晏子入門. 三讓. 升階. 用三獻禮焉. 嗛酒嘗膳. 再拜. 告饜而出. 公下拜. 送之門. 反命撤酒去樂. 曰:「吾以彰晏子之教也.」

4.《新序》刺奢篇

齊景公飮酒而樂, 釋衣冠自鼓缶, 謂侍者曰:「仁人亦樂是夫?」梁丘子曰:「仁人耳目亦猶人也. 奚爲獨不樂此也?」公曰:「速駕迎晏子.」晏子朝服以至. 公曰:「寡人甚樂此樂也, 願與夫子共之, 請去禮.」晏子對曰:「君之言過矣, 齊國五尺之童子, 力盡勝嬰而又勝君, 所以不敢亂者, 畏禮也. 上若無禮, 無以使其下; 下若無禮, 無以事其上. 夫麋鹿唯無禮, 故父子同麀. 人之所以貴於禽獸者, 以有禮也, 詩曰:『人而無禮, 胡不遄死?』故禮不可去也.」公曰:「寡人無良, 左右淫湎寡人, 以至於此, 請殺之.」晏子曰:「左右何罪? 君若好禮, 左右有禮者至, 無禮者去. 君若惡禮, 亦將如之.」公曰:「善. 請革衣冠, 更受命.」乃廢酒而更尊朝服而坐, 觴三行, 晏子趨出.

265(9-8) 傳曰堂衣若扣孔子之門
공자에게 오만한 당의약

이렇게 전해오고 있다.

당의약堂衣若이라는 사람이 공자孔子의 문을 두드리며 이렇게 물었다.

"구丘 있느냐? 구 있느냐?"

그러자 자공子貢이 나가서 맞으며 이렇게 응대하였다.

"군자는 어진 이를 존경하고 무리를 용납하며, 좋은 것을 칭찬하고 능력 없는 자를 불쌍히 여기고, 안에서의 친절한 것을 밖에까지 미치게 하며, 자기가 하기 싫은 일을 남에게 시키지 않는다고 하였소. 그런데 그대는 어찌하여 우리 선생님의 이름을 그렇게 마구 부르시는 것입니까?"

이에 당의약은 이렇게 말하였다.

"너는 나이가 몇이나 되기에 사람을 그렇게 몰아붙이느냐?"

자공이 이렇게 대답하였다.

"큰 수레는 그에 맞게 급히 몰지 않으면 그 임무를 수행할 수 없고, 거문고도 꽉 매지 않으면 그 음을 이룰 수 없습니다. 그대의 말씀이 급하시기에 그래서 저도 급하게 말한 것입니다."

그러자 당의약이 비꼬았다.

"내 처음에는 그대를 고니 같은 큰 힘을 가진 인물로 보았는데 지금 보니 겨우 날갯짓을 할 수 있을 뿐이로구나."

이에 자공은 이렇게 말하였다.

"고니 같은 큰 힘이 없다면 어찌 그 날개를 펄럭일 수 있겠습니까?"

《시詩》에는 이렇게 말하였다.

"끊듯이 다듬듯이　　　　如切如磋
쪼듯이 갈 듯이."　　　　如琢如磨

傳曰: 堂衣若扣孔子之門, 曰:「丘在乎? 丘在乎?」

子貢應之曰:「君子尊賢而容衆, 嘉善而矜不能. 親內及外, 己所不欲, 勿施於人. 子何言吾師之名爲?」

堂衣若曰:「子何年少言之絞?」

子貢曰:「大車不絞, 則不成其任; 琴瑟不絞, 則不成其音. 子之言絞, 是以絞之也.」

堂衣若曰:「吾始以鴻之力, 今徒翼耳.」

子貢曰:「非鴻之力, 安能擧其翼?」

詩曰:『如切如嗟, 如琢如磨.』

【堂衣若】人名. 자세한 것은 알 수 없다.
【丘】孔子의 이름. 孔丘·仲尼.
【子貢】端木賜. 孔子의 弟子.
【絞】'급절하게 굴다. 각박하게 하다'의 뜻.
【詩曰】《詩經》衛風 淇奧의 구절.

참고 및 관련 자료

1.《論語》子張篇, 顔淵篇, 衛靈公篇, 泰伯篇

266(9-9) 齊景公出弋
무슨 죄인지 알려나 줍시다

제齊 경공景公이 소화昭華의 못에서 새 사냥을 하여 잡은 새를 안등취顏鄧聚로 하여금 관리하게 하였다. 그런데 그가 그만 그 새를 놓치고 말았다. 경공이 화가 나서 그를 죽이려고 하였다. 이에 안자가 먼저 나서서 이렇게 제의하였다.

"무릇 안등취란 자는 네 가지 죄를 범하였습니다. 청컨대 그의 죄를 따져 주살합시다."

경공이 허락하였다.

"좋소."

안자는 안등취를 경공 앞에 불러 놓고 이렇게 따져 물었다.

"안등취! 너는 우리 임금을 위해 새를 관리하면서 이를 놓쳤으니 이것이 첫 번째 죄이다. 그리고 우리 임금으로 하여금 그깟 새 때문에 귀한 사람을 죽이게 하였으니 이것이 두 번째 죄이다. 또, 사방 제후들이 이를 듣고 우리 임금이 새는 중히 여기면서 선비는 가벼이 여긴다는 것을 알도록 하였으니 이것이 세 번째의 죄이다. 끝으로 천자가 이를 들으면 장차 틀림없이 우리 임금을 내쫓을 것이다. 그렇게 되면 이 나라 사직이 위험해지고 제사가 끊길 것이다. 이것이 네 번째의 죄이다. 이러한 네 가지의 죄를 범하였으니 죽어 마땅하며 용서란 없다. 임금님, 청컨대 이 자에게 주벌을 가하소서."

경공이 이 말을 듣고는 말하였다.

"그치시오. 이 역시 나의 허물이오. 원컨대 선생께서 저를 위해 그에게 사과하시오."

《시詩》에는 이렇게 말하였다.

"나라를 바르게 이끌도록 맡길 만하네." 　　邦之司直

齊景公出弋昭華之池, 顔鄧聚主鳥而亡之, 景公怒, 而欲殺之.

晏子曰:「夫鄧聚有死罪四, 請數而誅之.」

景公曰:「諾.」

晏子曰:「鄧聚爲吾君主鳥而亡之, 是罪一也; 使吾君以鳥之故而殺人, 是罪二也; 使四國諸侯聞之, 以吾君重鳥而輕士, 是罪三也; 天子聞之, 必將貶絀吾君, 危其社稷, 絶其宗廟, 是罪四也. 此四罪者, 故當殺無赦, 臣請加誅焉.」

景公曰:「止. 此亦吾過矣. 願夫子爲寡人敬謝焉.」

詩曰:『邦之司直.』

【齊 景公】春秋時代의 齊나라 君主.

【昭華】늪지대. 못 이름. '昭花'로 된 판본도 있다.

【顔鄧聚】人名. 각 기록마다 人名이 약간씩 다르다.(참고란을 볼 것)

【晏子】齊 景公 때의 유명한 宰相.

【詩曰】《詩經》鄭風 羔裘의 구절.

참고 및 관련 자료

1. 《詩經》 鄭風 羔裘(041)

2. 《晏子春秋》 外篇

景公好弋. 使燭鄒主鳥而亡之. 公怒. 召吏欲殺之. 晏子曰:「燭鄒有罪三. 請數之以其罪而殺之.」公曰:「可.」于是召而數之公前曰:「燭鄒, 汝爲吾君主鳥而亡之. 是罪一也. 使吾君以鳥之故殺人, 是罪二也. 使諸侯聞之, 以吾君重鳥以輕士, 是罪三也. 數燭鄒罪已畢. 請殺之.」公曰:「勿殺! 寡人聞命矣.」

3. 《說苑》 正諫篇

景公好弋, 使燭雛主鳥而亡之, 景公怒而欲殺之, 晏子曰:「燭雛有罪, 請數之以其罪, 乃殺之.」景公曰:「可.」於是乃召燭雛數之景公前曰:「汝爲吾君主鳥而亡之, 是一罪也; 使吾君以鳥之故殺人, 是二罪也; 使諸侯聞之以吾君重鳥而輕士, 是三罪也. 數燭雛罪已畢, 請殺之.」景公曰:「止, 勿殺而謝之.」

4. 《藝文類聚》(9)

韓詩外傳曰: 齊景公出弋昭華之池也.

5. 기타 참고자료

《白帖》(2)·《太平御覽》(832)·《通鑑外紀》(8)

267(9-10) 魏文侯問於解狐曰
원수를 추천하다

위魏 문후文侯가 해호解狐에게 물었다.

"과인은 장차 서하西河를 지킬 사람을 지금 찾고 있소. 누가 적당하겠소?"

이에 해호는 이렇게 추천하였다.

"형백류荊伯柳라는 사람이 있는데 현인입니다. 그 사람이라면 아마 가능할 것입니다."

그러자 문후가 물었다.

"그는 당신과 원수 사이가 아니오?"

이에 호해는 이렇게 대답하였다.

"임금께서 적임자가 누구인가를 물으셨지 나의 원수가 누구인가를 물으신 것은 아닙니다."

이에 문후는 그 형백류를 장차 서하의 태수로 삼으려고 하였다. 그런데 형백류는 좌우에게 이렇게 물었다.

"나를 임금에게 추천한 자가 누구요?"

좌우가 모두 일러 주었다.

"해호입니다."

형백류는 해호를 찾아가서 이렇게 사죄하였다.

"그대는 저의 허물을 관대히 용서하여 임금에게 추천해 주셨습니다. 삼가 재배하며 고마움을 표합니다."

이 말에 해호는 이렇게 말하였다.

"그대를 추천한 것은 공적인 일이며 그대를 원수로 여기는 것은 내 사적인 일이오. 공적인 일은 이미 끝났으나 그대를 원수로 보는 것은 여전히 변함이 없소."

그리고는 활을 들어 그를 겨누었다. 그러자 형백류는 열 걸음 물러선 후 사라져 버렸다. 해호는 가히 용감한 이라고 말할 수 있다.

《시詩》에는 이렇게 말하였다.

"나라를 바르게 이끌도록 맡기실 만하네." 邦之司直

魏文侯問於解狐曰:「寡人將立西河之守, 誰可用者?」

解狐對曰:「荊伯柳者, 賢人, 殆可.」

文侯曰:「是非子之讐也?」

對曰:「君問可, 非問讐也.」

文侯將以荊伯柳爲西河守.

荊伯柳問左右:「誰言我於吾君?」

左右皆曰:「解狐.」

荊伯柳往見解狐而謝之曰:「子乃寬臣之過也, 言於君. 謹再拜謝.」

解狐曰:「言子者, 公也; 怨子者, 吾私也. 公事已行, 怨子如故.」張弓射之, 走十步而沒, 可謂勇矣.

詩曰:『邦之司直.』

【魏 文侯】 戰國 초기 魏나라의 영명한 君主.

【解狐】 魏 文侯의 臣下. 기록마다 傳聞이 다르다.

【西河】 黃河 상류. 서쪽. 지금의 陝西省 내의 黃河 지역.

【荊伯柳】魏 文侯의 臣下로 解狐와 원수 사이.
【非問讐】〈四庫全書〉본에는 "文侯曰: 是非子之讐也? 對曰: 君問可, 非問讐也" 의 18자가 누락되어 있다.
【詩曰】《詩經》鄭風 羔裘의 구절.

참고 및 관련 자료

1. 《詩經》鄭風 羔裘(041)

2. 《左傳》襄公 3년

祁奚請老, 晉侯問嗣焉. 稱解狐, 其讎也, 將立之而卒. 又問焉. 對曰:「午也可.」於是羊舌職死矣. 晉侯曰:「孰可以代之?」對曰:「赤也可.」於是使祁午爲中軍尉, 羊舌赤佐之. 君子謂祁奚「於是能擧善矣. 稱其讎, 不爲諂; 立其子, 不爲比; 擧其偏, 不爲黨. 商書曰:『無偏無黨, 王道蕩蕩.』其祁奚之謂矣. 解狐得擧, 祁午得位, 伯華得官, 建一官而三物成, 能擧善也. 夫唯善, 故能擧其類. 詩云:『惟其有之, 是以似之.』祁奚有焉.」

3. 《韓非子》外儲說左下

中牟無令, 晉平公問趙武曰:「中牟, 三國之股肱, 邯鄲之肩髀, 寡人欲得其良令也, 誰使而可?」武曰:「邢伯子可.」公曰:「非子之讎也?」曰:「私讎不入公門.」公又問曰:「中府之令, 誰使而可?」曰:「臣子可.」故曰:「外擧不避讎, 內不避子.」趙武所薦四十六人, 及武死, 各就賓位, 其無私德若此也.

4. 《韓非子》外儲說左下

一曰: 解狐擧邢伯柳爲上黨守, 柳往謝之, 曰:「子釋罪, 敢不再拜?」曰:「擧子, 公也; 怨子, 私也. 子往矣, 怨子如初也.」

5. 《韓非子》外儲說左下

解狐薦其讎於簡主以爲相. 其讎以爲且幸釋己也, 乃因往拜謝. 狐乃引弓迎而射之, 曰:「夫薦汝, 公也, 以汝能當之也. 夫讎汝, 吾私怨也, 不以私怨汝之故擁汝於吾君.」故私怨不入公門.

6.《呂氏春秋》 去私篇

晉平公問於祁黃羊曰:「南陽無令, 其誰可而爲之?」祁黃羊對曰:「解狐可.」平公曰:「解狐非子之讎邪?」對曰:「君問可, 非問臣之讎也.」平公曰:「善!」遂用之. 國人稱善焉. 居有間, 平公又問祁黃羊曰:「國無尉, 其誰可而爲之?」對曰:「午可.」平公曰:「午非子之子邪?」對曰:「君問可, 非問臣之子也.」平公曰:「善.」又遂用之. 國人稱善焉. 孔子聞之曰:「善哉! 祁黃羊之論也, 外擧不避讎, 內擧不避子. 祁黃羊可謂公矣.」

7.《新序》 雜事(一)

晉大夫祁奚老, 晉君問曰:「孰可使嗣?」祁奚對曰:「解狐可.」君曰:「非子之讐耶?」對曰:「君問可, 非問讐也.」晉遂擧解狐. 後又問:「孰可以爲國尉?」祁奚對曰:「午也可.」君曰:「非子之子耶?」對曰:「君問可, 非問子也.」君子謂祁奚能擧善矣, 稱其讐不爲諂, 立其子不爲比. 書曰:『不偏不黨, 王道蕩蕩.』祁奚之謂也. 外擧不避仇讐, 內擧不回親戚, 可謂至公矣. 唯善, 故能擧其類. 詩曰:『唯其有之, 是以似之.』祁奚有焉.

8.《說苑》 至公篇

晉文公問於咎犯曰:「誰可使爲西河守者?」咎犯對曰:「虞子羔可也.」公曰:「非汝之讐也?」對曰:「君問可爲守者, 非問臣之讐也.」羔見咎犯而謝之曰:「幸赦臣之過, 薦之於君, 得爲西河守.」咎犯曰:「薦子者公也, 怨子者私也, 吾不以私事害公義, 子其去矣, 顧吾射子也.」

9. 기타 참고자료

《類說》(28)·《太平御覽》(429, 482)·《冊府元龜》(901)·《國語》 晉語·《史記》 晉世家

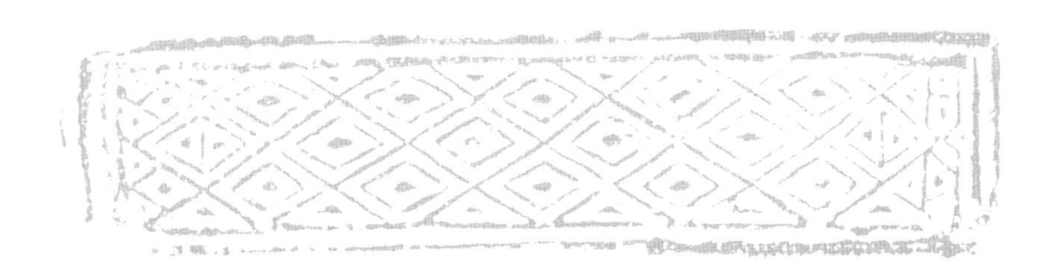

268(9-11) 楚有善相人者
관상은 이렇게 보는 것

초楚나라에 관상을 잘 보는 자가 있었다. 그가 말한 것은 조금도 빠뜨림이 없어 마침내 그 명성이 나라 안까지 알려지게 되었다. 장왕莊王이 그를 만나 그에게 어떻게 그리 신통한지를 물어 보았다. 그러자 그는 이렇게 대답하였다.

"저는 남의 관상을 잘 보는 것이 아니라 그 사람의 친구를 잘 볼 뿐입니다. 포의布衣일 때는, 그의 사귐이 효제스럽고 독실하며 명령을 두려워할 줄 아는 경우, 이런 사람은 그 집이 날로 창성하고 그 자신은 날로 편안해집니다. 이런 사람을 일컬어 길인吉人이라 합니다.

다음, 임금을 섬기고 있는 자를 볼 때는, 그의 사귐이 성실하고 믿음직스러우며, 선을 좋아한다면 이런 사람은 하는 일이 날로 익창하고 관직도 날로 높아 갈 것입니다. 이런 경우를 길신吉臣이라 하지요.

또 임금은 총명하고 그 신하는 어질며 좌우가 모두 충성이 있어 임금에게 실수가 있을 때 모두가 서로 다투어 정간正諫을 할 수 있다면 이런 나라는 날로 평안을 얻을 것이요, 임금은 날로 존귀함을 받고, 그 명성이 날로 드러날 것입니다. 이런 임금을 길주吉主라 하지요. 이처럼 저는 사람의 관상을 잘 보는 것이 아니라 그 사람의 친구를 잘 볼 뿐입니다."

장왕은 이 말에 이렇게 말하였다.

"좋소."

이처럼 어진 이를 임용하여 그 능력을 부려 천하를 제패한 자는 거의가 처음부터 그런 훌륭한 보필을 만났기 때문이다.
《시詩》에는 이렇게 말하였다.

"훌륭한 저 사람	彼己之子
나라의 기둥일세."	邦之彦兮

楚有善相人者, 所言無遺, 美聞於國中.

莊王召見而問焉.

對曰:「臣非能相人也, 能相人之友者也. 觀布衣者, 其友皆孝悌篤謹畏令, 如此者, 家必日益, 而身日安, 此所謂吉人者也. 觀事君者, 其友皆誠信有行好善, 如此者, 措事日益, 官職日進, 此所謂吉臣者也. 人主朝臣多賢, 左右多忠, 主有失敗, 皆交爭正諫, 如此者, 國日安, 主日尊, 名聲日顯, 此所謂吉主者也. 臣非能相人也, 觀友者也.」

王曰:「善.」

其所以任賢使能, 而霸天下者, 始遇之於是也.

詩曰:『彼己之子, 邦之彦兮.』

【莊王】楚莊王. 春秋五霸의 하나. 재위 23년(B.C.613~591). 이름은 侶.
【詩曰】《詩經》鄭風 羔裘의 구절.

참고 및 관련 자료

1. 《詩經》 鄭風 羔裘(041)

2. 《新序》 雜事(五)

楚人有善相人, 所言無遺策, 聞於國. 莊王見而問於情, 對曰:「臣非能相人, 能觀人之交也. 布衣也, 其交皆孝悌, 篤謹畏令, 如此者其家必日益, 身必日安, 此所謂吉人也. 官事君者也, 其交皆誠信, 有好善, 如此者, 事君日益, 官職日益, 此所謂吉士也. 主明臣賢, 左右多忠, 主有失, 皆敢分爭正諫, 如此者, 國日安, 主日尊, 天下日富, 此之謂吉主也. 臣非能相人, 能觀人之交也.」莊王曰:「善.」於是乃招聘四方之士, 夙夜不懈, 遂得孫叔敖, 將軍子重之屬, 以備卿相, 遂成霸功. 詩曰:『濟濟多士, 文王以寧.』 此之謂也.

3. 《呂氏春秋》 貴當篇

荊有善相人者, 所言無遺策, 聞於國, 莊王見而問焉. 對曰:「臣非能相人也, 能觀人之友也. 觀布衣也, 其友皆孝悌純謹畏令, 如此者, 其家必日益, 身必日榮矣, 所謂吉人也. 觀事君者也, 其友皆誠信有行好善, 如此者, 事君日益, 官職日進, 此所謂吉臣也. 觀人主也, 其朝臣多賢, 左右多忠, 主有失, 皆交爭証諫, 如此者, 國日安, 主日尊, 天下日服. 此所謂吉主也. 臣非能相人也, 能觀人之友也.」莊王善之, 於是疾收士, 日夜不懈, 遂霸天下. 故賢主之時見文藝之人也, 非特具之而已也, 所以就大務也. 夫事無大小, 固相與通. 田獵馳騁, 弋射走狗, 賢者非不爲也, 爲之而智日得焉, 不肖主爲之而智日惑焉. 志曰:「驕惑之事, 不亡奚待?」

4. 기타 참고자료

《說郛》(14) · 《渚宮舊事》(1) · 《類說》(38)

269(9-12) 孔子遊少源之野
비녀를 잃고 우는 여인

공자孔子가 소원少源의 들에 놀러 갔다가 늪가에서 어떤 부인이 울고 있는 것을 들었는데 그 우는 소리가 심히 슬픈 것이었다. 이에 공자는 제자를 시켜 이렇게 물어 보도록 하였다.

"부인께서는 어찌 그리 슬피 우는 것입니까?"

그러자 그 부인의 대답은 이러하였다.

"지난 날 여기 갈대 줄기를 베러 왔다가 이곳에서 갈대로 만든 비녀를 잃어버렸소. 그래서 우는 것이라오."

공자가 물었다.

"갈대를 베다가 갈대비녀 하나 잃어버렸다고 뭐 그리 슬피 울게 있소?"

그러자 부인은 이렇게 대답하는 것이었다.

"비녀를 잃은 것을 슬퍼하는 것이 아니라 그를 잊지 못하는 내 마음이 안타까워 우는 것이라오."

孔子遊少源之野. 有婦人中澤而哭, 其音甚哀.

孔子使弟子問焉, 曰:「夫人何哭之哀?」

婦人曰:「鄉者, 刈蓍薪, 亡吾蓍簪, 吾是以哀也.」

弟子曰:「刈蓍而亡蓍簪, 有何悲焉?」

婦人曰:「非傷亡簪也, 蓋不忘故也.」

【少源】 地名. 구체적으로는 알 수 없다. 다른 기록에는 '少原'으로 되어 있다.

참고 및 관련 자료

1. 《藝文類聚》(6)

韓詩外傳曰: 孔子出遊少原之野, 有婦人哭甚哀, 問之, 婦人曰: 「向刈著薪, 亡吾簪, 是以哀也. 非傷亡簪, 不忘故也.」

2. 《孔子集語》 交道篇

韓詩外傳九: 孔子遊少源之野. 有婦人中澤而哭, 其音甚哀. 孔子使弟子問焉, 曰: 「夫人何哭之哀?」 婦人曰: 「鄉者, 刈蓍薪, 亡吾蓍簪, 吾是以哀也.」 弟子曰: 「刈蓍而亡蓍簪, 有何悲焉!」 婦人曰: 「非傷亡簪也, 蓋不忘故也.」

3. 기타 참고자료

《文選》〈演連珠〉注, 〈拜中軍記室辭隨王牋〉注 · 《太平御覽》(55, 487, 688) · 《事文類聚》(前集 24) · 《合璧事類》(前集 35)

270(9-13) 傳曰君子之聞道
군자와 소인의 차이

이렇게 전해오고 있다.

군자는 도를 들으면 이를 귀로 담아 마음에 간직하여 인仁으로써 이를 살피고 신信으로써 이를 지키며, 의義로써 이를 실천하고, 손遜으로 이를 표출한다. 그러므로 어느 하나 마음을 비우고 듣지 않는 게 없다.

그러나 소인은 도를 들으면 귀로 담아 입으로만 내뱉어 구차스럽게 말로만 할 뿐이니, 비유컨대 배불리 먹고 이를 다시 토해 내어 자기 기부肌膚에는 아무런 이익이 되지 않으며 지기志氣만 험악해지는 것과 같다.

《시詩》에는 이렇게 말하였다.

"어찌해야 그 마음 안정시킬까?" 胡能有定

傳曰: 君子之聞道, 入之於耳, 藏之於心. 察之以仁, 守之以信, 行之以義, 出之以遜. 故人無不虛心而聽也. 小人之聞道, 入之於耳, 出之於口, 苟言而已. 譬如飽食而嘔之, 其不惟肌膚無益, 而於志亦戾矣.

詩曰:『胡能有定.』

【詩曰】《詩經》邶風 日月의 구절.

참고 및 관련 자료

1. 《詩經》邶風 日月(019)

2. 《荀子》勸學篇

君子之學也, 入乎耳, 箸乎心, 布乎四體, 形乎動靜; 端而言, 蝡而動, 一可以爲法則. 小人之學也, 入乎耳, 出乎口. 口·耳之間則四寸耳, 曷足以美七尺之軀哉? 古之學者爲己, 今之學者爲人. 君子之學也, 以美其身; 小人之學也, 以爲禽犢. 故不問而告謂之傲, 問一而告二謂之囋. 傲, 非也; 囋, 非也; 君子如嚮矣.

271(9-14) 孔子與子貢子路顔淵遊於戎山之上
소원을 말해 보렴

공자孔子가 자로子路, 자공子貢, 안연顔淵과 함께 융산戎山에 올라 놀 때였다. 공자가 위연히 탄식하며 이렇게 말하였다.

"너희들 각각 품은 뜻을 말해보렴. 내 좀 들어 보자. 유由야. 너는 어떠냐?"

자로가 대답하였다.

"군기軍旗의 흰 깃이 달과 같고, 붉은 깃이 주홍빛 같으며 종고鐘鼓를 울리는 소리가 하늘을 찌르며, 그 아래에 창을 빗겨든 채 장군들로 하여금 공격하게 하는 일, 이런 일이라면 오직 저 유由만이 해낼 수 있는 것이지요."

공자는 이렇게 평하였다.

"용사勇士로구나! 그래 다음으로 사賜야. 너의 뜻은 어떤 것이냐?"

자공이 대답하였다.

"흰옷에 하얀 관을 쓰고 싸우는 두 나라 사이를 오가며 한 척의 무기도, 한 되 한 말의 양식도 없이 두 나라를 형제처럼 친하게 지낼 수 있는 사신이 되고 싶습니다."

공자는 이렇게 평하였다.

"변사辯士로구나! 그럼 회回야 너는 어떠냐?"

그러자 안회는 이렇게 말하였다.

"냄새나는 생선은 난초와 한 바구니에 함께 넣어 갈무리할 수 없고, 걸桀 주紂는 요堯 순舜과 함께 그 치적을 논할 수 없는 것입니다. 앞서

두 사람이 이미 말을 하였으니 제가 무슨 말을 하겠습니까?"

공자가 말하였다.

"회야. 너는 마음을 너무 낮추지 말아라."

그제야 안회는 이렇게 말하였다.

"원컨대 성왕聖王 명주明主의 재상이 되어 성곽城郭도 쌓지 않고 구지溝池를 파지 않아도 음양이 조화를 이루며 집마다 사람마다 모두 풍족히 살게 하며 무기를 녹여 농기구로 만들었으면 합니다."

이에 공자는 이렇게 평하였다.

"대사大士로다! 그렇게만 해 놓는다면 유由가 온들 어찌 너를 공격할 수 있겠으며, 사賜가 나선들 너에게 무슨 사신의 역할을 할 게 있겠느냐? 내가 왕관을 쓴 지도자라면 너를 재상으로 삼겠다."

孔子與子貢·子路·顔淵遊於戎山之上.

孔子喟然嘆曰:「二三子各言爾志, 予將覽焉. 由, 爾何如?」

曰:「得白羽如月, 赤羽如朱, 擊鐘鼓者, 上聞於天, 下槊於地. 使由將而攻之, 惟由爲能.」

孔子曰:「勇士哉! 賜, 爾何如?」

對曰:「得素衣縞冠, 使於兩國之間, 不持尺寸之兵, 升斗之糧, 使兩國相親如兄弟.」

孔子曰:「辯士哉! 回, 爾何如?」

對曰:「鮑魚不與蘭茝同笥而藏, 桀紂不與堯舜同時而治. 二子已言, 回何言哉?」

孔子曰:「回有鄙之心.」

顔淵曰:「願得明王聖主爲之相, 使城郭不治, 溝池不鑿, 陰陽和調, 家給人足, 鑄庫兵以爲農器.」

孔子曰:「大士哉! 由來區區汝何攻? 賜來便便汝何使? 願得之冠, 爲子宰焉.」

【子路】仲由. 孔子의 弟子.
【子貢】端木賜. 孔子의 弟子.
【晏淵】晏回. 孔子의 弟子.
【戎山】다른 기록에는 '農山', 또는 '景山'으로 되어 있다.

참고 및 관련 자료

1. 같은 내용이 卷七 220에도 실려 있다.

2. 《孔子集語》 論人篇

韓詩外傳九: 孔子與子貢·子路·顏淵遊於戎山之上. 孔子喟然嘆曰:「二三子各言爾志, 予將覽焉. 由, 爾何如?」曰:「得白羽如月, 赤羽如朱, 擊鐘鼓者, 上聞於天, 下槊於地, 使由將而攻之, 惟由爲能.」孔子曰:「勇士哉! 賜, 爾何如?」對曰:「得素衣縞冠, 使於兩國之間, 不持尺寸之兵, 升斗之糧, 使兩國相親如兄弟.」孔子曰:「辯士哉! 回, 爾何如?」對曰:「鮑魚不與蘭茝同笥而藏, 桀紂不與堯舜同時而治. 二子已言, 回何言哉?」孔子曰:「回有鄙之心.」顏淵曰:「願得明王聖主爲之相, 使城郭不治, 溝池不鑿, 陰陽和調, 家給人足, 鑄庫兵以爲農器.」孔子曰:「大士哉! 由來區區汝何攻? 賜來便便汝何使? 願得之冠, 爲子宰焉.」

3. 기타 참고자료

《說苑》 指武篇·《孔子家語》 致思篇

272(9-15) 賢士不以恥食
명예와 몸과 재물

어진 선비라면 먹을 것을 위해서 부끄러운 짓을 하는 법은 없으며, 소득을 위하느라 치욕을 당하는 짓은 하지 않는다.

노자老子는 이렇게 말하였다.

"명예와 몸 중에 어느 것이 더 중하며, 몸과 재물은 어느 것이 더 중하며, 어느 것을 잃고 어느 것을 얻는 것이 더 바람직한 일인가? 그러므로 심하게 아끼면 틀림없이 크게 허비할 것이요, 많이 저장하면 틀림없이 크게 잃을 것이다. 만족을 알면 욕을 당하지 아니 하고, 그칠 줄을 알면 위태함이 없을 것이니 그리 하여야 길게 보존할 수 있다. 큰 성공은 오히려 빠진 것같이 해야 그 쓰임이 무궁하고, 가득 찬 것은 텅 빈 것같이 해야 그 쓰임이 끝이 없는 것이다. 마찬가지로 아주 곧은 것일수록 마치 굽은 듯이 해야 하고, 뛰어난 말솜씨일수록 어눌한 것처럼 해야 하며, 공교할수록 졸렬한 듯이 해야 그 쓰임에 비뚤어짐이 없게 되는 것이다. 죄罪 중에는 다욕多欲보다 큰 것이 없고, 화禍는 만족을 모르는 것보다 큰 것이 없다. 그리고 허물은 얻고자 하는 것보다 더 참월僭越하는 것이 없다. 그러므로 만족을 만족으로 알게 되면 언제나 만족을 느낄 수 있는 것이다."

賢士不以恥食, 不以辱得.

老子曰:「名與身孰親? 身與貨孰多? 得與亡孰病? 是故甚愛

必大費, 多藏必厚亡. 知足不辱, 知止不殆, 可以長久. 大成若缺, 其用不敝; 大盈若沖, 其用不窮; 大直若?, 大辯若訥, 大巧若拙, 其用不屈. 罪莫大於多欲, 禍莫大於不知足. 咎莫僭於欲得. 故知足之足, 常足矣.」

【老子曰】《老子》의 말은 각 장의 일부씩이 조합된 것이다. 한편 "禍莫大於不知足" 다음에 일부 판본에는 "咎莫僭於欲得"의 여섯 자가 누락된 것도 있다.

참고 및 관련 자료

1. 《老子》 44장

名與身孰親? 身與貨孰多? 得與亡孰病? 是故甚愛必大費, 多藏必厚亡. 知足不辱, 知止不殆, 可以長久.

2. 《老子》 45장

大成若缺, 其用不弊; 大盈若沖, 其用不窮. 大直若屈, 大巧若拙, 大辯若訥. 靜勝躁, 寒勝熱, 淸靜爲天下正.

3. 《老子》 46장

天下有道, 却走馬以糞; 天下無道, 戎馬生於郊. 禍莫大於不知足; 咎莫大於欲得. 故知足之足, 常足矣.

4. 《說苑》 談叢篇

君子不以愧食, 不以辱得.

273(9-16) 孟子妻獨居
아내를 내쫓으려 한 맹자

맹자孟子의 아내가 혼자 있을 때라 다리를 쭉 뻗은 채 편히 앉아 있었다. 맹자가 문 안으로 들어서다가 이를 보고 그 어머니에게 이렇게 말하였다.

"여자로서 예禮가 없으니 청컨대 쫓아 버립시다."

어머니가 물었다.

"무슨 일로 그러느냐?"

맹자가 대답하였다.

"다리를 뻗고 앉아 있습니다."

어머니가 다시 물었다.

"그것을 어떻게 알았느냐?"

맹자가 대답하였다.

"제 눈으로 직접 보았습니다."

이 말에 어머니는 이렇게 꾸짖었다.

맹자의 어머니 《列女傳》 삽화

"그것은 네가 무례한 것이지 아내가 무례한 것이 아니다. 예에 이렇게 이르지 않았더냐? '장차 문에 들어설 때는 누가 안에 있는지를 묻고, 그 당에 올라갈 때는 반드시 소리를 크게 내어 안에서 알도록 하고, 방 안에 들어설 때는 반드시 눈을 밑으로 보아야 한다'는 것을. 그렇게 하지 않으면 남이 자신을 가리거나 방비할 수 없기 때문이다. 그런데 지금 너는 사사롭고 편한 네 방이라고 해서 아무런 기척도 없이 들어서서 사람이 다리를 뻗고 앉은 상태로 대비할 틈을 주지 않았으니 이는 바로 너의 무례함이지 아내의 무례함이 아니다."

이에 맹자는 스스로를 책하면서 그 아내를 내쫓지 않았다.

《시詩》에는 이렇게 말하였다.

"무의 무청만 뽑는다고 采葑采菲
어찌 그 밑둥까지 아니 뽑히랴." 無以下體

孟子妻獨居, 踞, 孟子入戶視之.

白其母, 曰:「婦無禮, 請去之.」

母曰:「何也?」

曰:「踞.」

其母曰:「何知之?」

孟子曰:「我親見之.」

母曰:「乃汝無禮也, 非婦無禮. 禮不云乎?『將入門, 問孰存; 將上堂, 聲必揚; 將入戶, 視必下.』不掩人不備也. 今汝獨往燕私之處, 入戶不有聲, 令人踞而視之, 是汝之無禮也. 非婦無禮也.」

於是孟子自責, 不敢去婦.

詩曰:『采葑采菲, 無以下體?』

【踞】箕踞. 원래는 '걸터앉다, 편한 자세로 앉다'의 뜻이다.

【將入門】이 다음에 '問孰存'의 구절이 있어야 한다고 주장하기도 한다. 이를 따른다.

【詩曰】《詩經》邶風 谷風의 구절. 일부 판본에는 '無以下體'가 '無以下禮'로 되어 있다.

참고 및 관련 자료

1. 《詩經》 邶風 谷風(022)

2. 《列女傳》「鄒孟軻母」

孟子旣娶, 將入私室, 其婦袒而在內, 孟子不悅, 遂去不入. 婦辭孟母而求去, 曰: 「妾聞夫婦之道, 私室不與焉. 今者妾竊墮在室, 而夫子見妾, 勃然不悅, 是客妾也. 婦人之義, 蓋不客宿, 請歸父母.」 於是孟母召孟子而謂之曰: 「夫禮: 『將入門, 問孰存?』 所以致敬也. 『將上堂, 聲必揚.』 所以戒人也. 『將入戶, 視必下.』 恐見人過也. 今子不察於禮, 而責禮於人, 不亦遠乎?」 孟子謝, 遂留其婦. 君子謂孟母知禮而明於姑母之道.

3. 기타 참고자료

《類說》(38)·《說郛》(7)

274(9-17) 孔子出衛之東門
상갓집 개

공자孔子가 위衛나라를 떠나 동문東門으로 가다가 고포자경姑布子卿을 만나게 될 것을 알고 제자들에게 이렇게 일렀다.

"얘들아. 수레를 길가로 잘 치워라. 어떤 사람이 올 텐데 그가 틀림없이 나의 관상을 볼 것이다. 그가 하는 말을 잘 적어 두렴."

고포자경 역시 그의 제자들에게 이렇게 말하였다.

"얘들아. 수레를 한 쪽으로 잘 치우렴. 장차 성인이 여기에 나타날 것이다."

공자가 수레에서 내려서 걷자 고포자경이 그를 맞아서는 앞으로 오십 보 걸어서 그를 살펴보고 다시 뒤로 오십 보 걸으며 그를 살펴보는 것이었다. 그러고 나서는 자공子貢을 돌아보며 물었다.

"이 사람은 어떤 사람인가?"

자공이 대답하였다.

"저의 선생님이신 노魯나라의 공구孔丘라는 분입니다."

그가 말하였다.

"이 사람이 바로 노나라의 공구냐? 나도 익히 들어왔지."

자공이 물었다.

"우리 선생님 관상이 어떻습니까?"

고포자경은 이렇게 설명하였다.

"요堯임금의 이마에 순舜임금의 눈매, 그리고 우禹임금의 목에, 고요皐陶 같은 입이로다. 앞에서 이를 보면 훌륭하고 늠름하여 왕자王者가 될 상이로다. 그러나 뒤에서 보면 높은 어깨에 약한 등뼈로 보아 순순循循하면서 의기양양하고 빙글 돌아설 때의 폭이 한 자 네 치나 되니 이러한 모습으로서는 네 성인에 미치지 못한다.”

자공이 실망한 빛을 띠자 고포자경은 다시 이렇게 설명하였다.

“너는 무슨 그런 근심의 빛을 띠느냐? 얼굴이 움푹 패었으나 추하지는 않고, 입이 튀어나왔으나 마구 생기지는 않았으니 멀리서 그를 바라보면 마치 비쩍 마른 상가喪家집 개 같구나. 그런데 너는 무얼 근심하느냐? 그런데 너는 무얼 근심하느냐?”

자공이 이 말을 공자에게 알리자 아무 것도 그르다 하지 않더니 유독 상갓집 개 같다는 말에는 수긍하지 않는 것이었다. 그러면서 이렇게 말하였다.

“내가 감히 무엇을 어쩌겠는가?”

그러자 자공이 다시 물었다.

“얼굴이 움푹 패었으나 추하지 않고 입이 튀어나왔으나 못생긴 것은 아니라는 것에 대해서는 저도 압니다. 그런데 상갓집 개 같다는 말에 대해서는 수긍하지 않는 것은 무슨 이유입니까?”

공자는 이렇게 설명하였다.

“사賜야. 너는 상갓집 개를 보지 못하였느냐? 그 주인이 염을 끝내고 관을 갖추어 그릇을 펼쳐 놓고 제사를 올릴 때, 사방을 둘러보아도 누구하나 그 개를 거들떠보아 주는 자가 없다.

이처럼 선비가 무엇인가를 베풀어 보려고 해도, 위로는 훌륭한 임금이 없고 아래로는 어진 선비나 방백方伯이 없으면 왕도는 쇠하고 정교는 무너지며, 강한 자는 약한 자를 능멸하고, 많은 무리는 적은 무리에게 포악하게 굴며, 백성은 제멋대로 놀아 기강을 세울 수가 없게 된다. 나를 그런 사람이라 하였으니 진실로 내가 하고 싶은 일을 내 감히 어쩌겠느냐?”

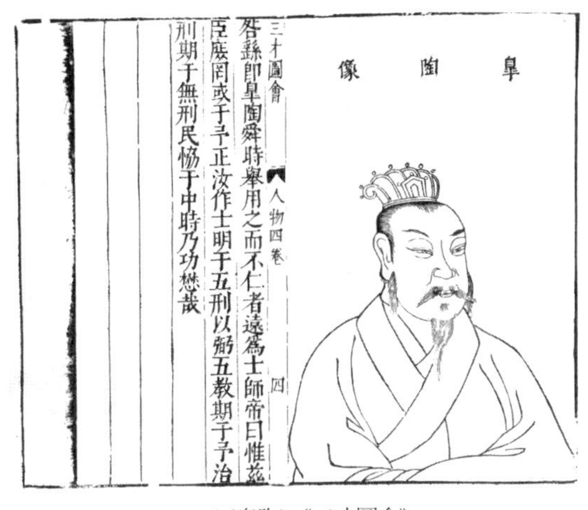

고요(皐陶) 《三才圖會》

孔子出衛, 之東門, 逆姑布子卿.

曰: 「二三子引車避, 有人將來, 必相我者也, 志之.」

姑布子卿亦曰: 「二三子引車避, 有聖人將來.」

孔子下, 步. 姑布子卿迎而視之五十步, 從而望之五十步, 顧子貢曰: 「是何爲者也?」

子貢曰: 「賜之師也, 所謂魯孔丘也.」

姑布子卿曰: 「是魯孔丘歟? 吾固聞之.」

子貢曰: 「賜之師何如?」

姑布子卿曰: 「得堯之志, 舜之目, 禹之頸, 皐陶之喙. 從前視之, 盎盎乎似有王者; 從後視之, 高肩弱脊, 循循固得之, 轉廣一尺四寸, 此惟不及四聖者也.」

子貢吁然. 姑布子卿曰: 「子何患焉? 汙面而不惡, 葭喙而不藉. 遠而望之, 羸乎若喪家之狗, 子何患焉? 子何患焉?」

子貢以告孔子. 孔子無所辭, 獨辭喪家狗耳.

曰:「丘何敢乎?」

子貢曰:「汙面而不惡, 葭喙而不藉, 賜以知之矣. 不知喪家之狗, 何足辭也?」

子曰:「賜, 汝獨不見夫喪家之狗歟? 旣斂而木享, 布器而祭, 顧望無人. 意欲施之, 上無明王, 下無賢士方伯. 王道衰, 政敎失, 强陵弱, 衆暴寡, 百姓縱心, 莫之綱紀. 是人固以丘爲欲當之者也. 丘何敢乎?」

【姑布子卿】姓은 姑布. 이름은 子卿. 春秋時代 鄭나라 사람.
【皐陶】舜임금의 臣下.
【方伯】한 지역 諸侯의 우두머리.
【喪家之狗】《孔子家語》王肅 注에 "喪家之狗, 主人哀荒不得見飯食, 故纍不得意. 孔子生於亂世, 道不得行. 故纍然, 是不得意之貌也"라 하였다. 한편 "高肩弱脊" 다음에 "循循固得之, 轉廣一尺四寸"의 11자가 더 있어야 한다고 보고 있다.

참고 및 관련 자료

1.《孔子家語》困誓篇

孔子適鄭, 與弟子相失, 獨立東郭門外, 或人謂子貢曰:「東門外有一人焉, 其長九尺有六寸, 河目隆顙, 其頭似堯, 其頸似皐繇, 其肩似子產, 然自腰以下, 不及禹者三寸, 纍然如喪家之狗.」子貢以告, 孔子欣然而歎曰:「形狀末也, 如喪家之狗, 然乎哉! 然乎哉!」

2.《史記》孔子世家

孔子適鄭, 與弟子相失, 孔子獨立郭東門. 鄭人或謂子貢曰:「東門有人, 其顙似堯, 其項類皐陶, 其肩類子產, 然自要以下不及禹三寸. 纍纍若喪家之狗.」子貢以實告孔子. 孔子欣然笑曰:「形狀, 末也. 而謂似喪家之狗, 然哉! 然哉!」

3.《十八史略》(1)

適鄭. 鄭人曰:「東門有人. 其顙似堯. 其項類皐陶. 其肩類子產. 自要以下. 不及禹三寸. 纍纍然若喪家之狗.」

4.《白虎通》 壽命篇

夫子過鄭, 與弟子相失, 獨立東郭門外, 或謂子貢曰:「東門有一人, 其頭似堯, 其頸似皐繇, 其肩似子產, 然自腰以下, 不及禹者三寸, 儡儡然似喪家之狗.」子貢以告孔子, 孔子喟然而笑曰:「形狀未也, 如喪家之狗, 然乎哉! 然乎哉!」

5.《論衡》 骨相篇

孔子適鄭, 與弟子相失, 孔子獨立鄭東門. 鄭人或問子貢曰:「東門有人, 其頭似堯, 其項若皐陶, (其)肩類子產. 然自腰以下, 不及禹三寸, 儽儽若喪家之狗.」子貢以告孔子, 孔子欣然笑曰:「形狀未也. 如喪家狗, 然哉! 然哉!」夫孔子之相, 鄭人失其實. 鄭人不明, 法術淺也.

6.《孔子集語》 事譜(下)

韓詩外傳九: 孔子出衛之東門, 逆姑布子卿. 曰:「二三子引車避, 有人將來, 必相我者也, 志之.」姑布子卿亦曰:「二三子引車避, 有聖人將來.」孔子下, 步. 姑布子卿迎而視之五十步, 從而望之五十步. 顧子貢曰:「是何爲者也?」子貢曰:「賜之師也, 所謂魯孔丘也.」姑布子卿曰:「是魯孔丘歟! 吾固聞之.」子貢曰:「賜之師何如?」姑布子卿曰:「得堯之志, 舜之目, 禹之頸, 皐陶之喙. 從前視之, 盎盎乎似有王者; 從後視之, 高肩弱脊, 循循固得之, 轉廣一尺四寸, 此惟不及四聖者也.」子貢吁然. 姑布子卿曰:「子何患焉. 汙面而不惡, 葭喙而不藉, 遠而望之, 羸乎若喪家之狗, 子何患焉! 子何患焉!」子貢以告孔子. 孔子無所辭, 獨辭喪家狗耳, 曰:「丘何敢乎?」子貢曰:「汙面而不惡, 葭喙而不藉, 賜以知之矣. 不知喪家狗, 何足辭也?」子曰:「賜, 汝獨不見夫喪家之狗歟! 旣斂而木享, 布器而祭, 顧望無人. 意欲施之, 上無明王, 下無賢士方伯, 王道衰, 政敎失, 强陵弱, 衆暴寡, 百姓縱心, 莫之綱紀. 是人固以丘爲欲當之者也. 丘何敢乎!」

7. 기타 참고자료

《荀子》 非相篇 ·《困學紀聞》(10)

275(9-18) 脩身不可不愼也

요행은 몸을 망치는 무서운 도끼

몸을 수양하는 일에 삼가지 않으면 안 된다. 기욕嗜慾을 사치스럽게 부리면 행동에 실수가 생기며, 남의 참훼讒毁를 듣게 되면 나의 성공에 해를 입게 된다. 환난은 분노에서 생겨나고 화는 미세한 데에서 비롯된다. 그렇게 되면 더러운 욕을 먹어도 이를 씻을 수 없게 되고, 실패를 해도 만회할 수 없게 된다. 깊고 멀리 염려하지 않았다가 후회한들 무슨 보탬이 되겠는가?

요행僥倖이란 천성을 그르치게 하는 무서운 도끼요, 기욕嗜慾이란 화를 뒤좇아 가는 말이며, 만탄謾誕이라는 것은 화근禍根을 찾아 내달리는 길이요, 남으로부터 욕을 먹는다는 것은 곤궁을 쌓아 두는 집이나 마찬가지이다.

이러한 까닭으로 군자는 요행을 바라지 않으며, 기욕을 절제하고 충성과 믿음에 힘쓰며, 남으로부터 욕을 먹는 일을 하지 말아야 그 명성을 존경받고 군자라는 칭함을 얻게 되는 것이다.

《시詩》에는 이렇게 말하였다.

"무슨 일로 거기에 처하시는지	何其處兮
반드시 이유가 있을 터로다."	必有與也

脩愼不可不身也: 嗜慾侈則行虧, 讒毁行則害成; 患生於忿怒, 禍起於纖微; 汙辱難湔灑, 敗失不復追. 不深念遠慮, 後悔何益? 徼幸者, 伐性之斧也; 嗜慾者, 逐禍之馬也; 謾誕者, 趨禍之路也, 毁於人者, 困窮之舍也. 是故君子不徼幸, 節嗜慾, 務忠信, 無毁於一人, 則名聲尚尊, 稱爲君子矣.

詩曰:『何其處兮, 必有與也.』

【詩曰】《詩經》邶風 旄丘의 구절.

참고 및 관련 자료

1. 《詩經》邶風 旄丘(023)

2. 《說苑》敬愼篇

修身正行, 不可以不愼: 嗜欲使行虧, 讒諛亂正心, 衆口使意回, 憂患生於所忽, 禍起於細微, 汙辱難湔灑, 敗事不可復追, 不深念遠慮, 後悔當幾何? 夫徼幸者, 伐性之斧也; 嗜欲者, 逐禍之馬也; 謾諛者, 窮辱之舍也; 取虐於人者, 趨禍之路也, 故曰去徼幸, 務忠信, 節嗜欲, 無取虐於人, 則稱爲君子, 名聲常存.

3. 기타 참고자료

《韓詩外傳》(5)·《說郛》(7)·《呂氏春秋》重生篇

276(9-19) 君子之居也
군자의 평상시 생활

군자의 평상시 생활은 편안하기가 마치 털옷을 깔고 앉은 것 같고, 안전하기는 마치 그릇을 엎어 놓은 것 같아야 한다. 그리하여 천하에 도가 있을 때는 제후들이 그를 두려워하며, 천하에 도가 없을 때는 서민들이 그를 통해 편안함을 얻을 수 있도록 해야 한다. 이는 오늘날만의 일이 아니라 예로부터 오면서 똑같았다.

옛날 범려范蠡가 이리 저리 떠돌다가 제齊나라의 살장 근처에 살게 되었다. 그는 이처럼 용龍이 변하듯이 인의仁義의 부침浮沈을 겪고는 크게 깨우쳐 천지天地와 근심을 같이 하였다.

그러니 군자가 평소 어찌 이렇게까지 자약自若할 수 있겠는가?

《시詩》에는 이렇게 말하였다.

"내 마음 이리도 근심스러운데	心之憂矣
그 누가 이를 알아주기라도 하랴?"	其誰知之

君子之居也, 綏如安裘, 晏如覆杅. 天下有道, 則諸侯畏之; 天下無道, 則庶人易之. 非獨今日, 自古亦然. 昔者, 范蠡行遊, 與齊屠地居, 奄忽龍變, 仁義沉浮, 湯湯慨慨, 天地同憂. 故君子居之安, 得自若?

詩曰:『心之憂矣, 其誰知之?』

【范蠡】 春秋 末期 越王 勾踐을 섬겼으며 吳王 夫差를 쳐 멸망시키자 越나라를 떠나 陶 땅에서 다시 큰 富者가 되었다. 陶朱公.《史記》越王勾踐世家 참조.

【屠地】 屠는 陶와 通假字로 보기도 한다. 春秋 末期 齊나라의 지명으로 범려가 옮겨 살았던 곳이다.

【故君子居之安, 得自若】 "故君子居之, 安得自若"으로 표점을 달리하기도 한다. (屈守元)

【詩曰】《詩經》魏風 園有桃의 구절. 이는 '시절을 恨歎하는 내용'이라 한다.

참고 및 관련 자료

1.《詩經》魏風 園有桃

園有桃, 其實之殽. 心之憂矣, 我歌且謠. 不我知者, 謂我士也驕. 彼人是哉, 子曰何其. 心之憂矣, 其誰知之. 其誰知之, 蓋亦勿思. 園有棘, 其實之食. 心之憂矣, 聊以行國. 不我知者, 謂我士也罔極. 彼人是哉, 子曰何其. 心之憂矣, 其誰知之. 其誰知之, 蓋亦勿思.

277(9-20) 田子方之魏
빈천한 자의 교만

전자방田子方이 위魏나라로 들어오자 위나라 태자가 수레 백 승을 이끌고 교외에까지 나가 그를 마중하였다. 태자가 재배하며 전자방을 알현하였으나 전자방은 수레에서 내려오지도 않는 것이었다. 태자는 불쾌히 생각하며 이렇게 물었다.

"감히 묻건대 어떤 경우라면 가히 남에게 그렇게 교만하게 할 수 있습니까?"

그러자 전자방은 이렇게 설명하였다.

"천하를 가진 자로서 남에게 교만하게 굴다가 망한 자가 있으며, 나라를 하나 가진 자로서 남에게 교만하게 굴다가 망한 자가 있다는 것을 나는 들어 왔소. 이로 말미암아 보건대 아무 것도 없는 빈천한 사람만이 남에게 교만하게 굴 수 있는 것이오. 만약 뜻을 얻지 못하면 신을 신고 진秦나라나 초楚나라로 떠나면 그만이오. 그 곳에 간들 어찌 빈천을 누리지 못할 수가 있겠소?"

이 말에 태자는 재배하고 물러섰다. 전자방은 끝내 수레에서 내려서지 않았다.

田子方之魏, 魏太子從車百乘, 而迎之郊. 太子再拜謁田子方. 田子方不下車.

太子不說, 曰:「敢問何如則可以驕人矣?」

田子方曰:「吾聞以天下驕人而亡者, 有矣; 以一國驕人而亡者, 有矣. 由此觀之, 則貧賤可以驕人矣. 夫志不得, 則授履而適秦楚耳. 安往而不得貧賤乎?」

於是太子再拜而後退, 田子方遂不下車.

【田子方】戰國時代 魏나라 文侯의 스승.
【太子】魏 文侯의 太子. 이름은 擊.
【以一國驕人而亡者有矣】〈四庫全書〉본에는 10글자가 누락되어 있다.

참고 및 관련 자료

1.《說苑》尊賢篇

魏文侯從中山奔命安邑, 田子方從, 太子擊過之, 下車而趨, 子方坐乘如故, 告太子曰:「爲我請君, 待我朝歌.」太子不說, 因謂子方曰:「不識, 貧窮者驕人, 富貴者驕人乎?」子方曰:「貧窮者驕人, 富貴者安敢驕人? 人主驕人而亡其國, 吾未見以國待亡者也; 大夫驕人而亡其家, 吾未見以家待亡者也. 貧窮者若不得意, 納履而去, 安往不得貧窮乎? 貧窮者驕人, 富貴者安敢驕人.」太子及文侯道田子方之語, 文侯歎曰:「微吾子之故, 吾安得聞賢人之言, 吾下子方以行, 得而友之. 自吾友子方也, 君臣益親, 百姓益附, 吾是以得友士之功; 我欲伐中山, 吾以武下樂羊, 三年而中山爲獻於我, 我是以得有武之功. 吾所以不少進於此者, 吾未見以智驕我者也; 若得以智驕我者, 豈不及古之人乎?」

2.《史記》魏世家

十七年, 伐中山, 使子擊守之, 趙倉唐傅之. 子擊逢文侯之師田子方於朝歌, 引車避, 下謁. 田子方不爲禮. 子擊因問曰:「富貴者驕人乎? 且貧賤者驕人乎?」子方曰:「亦貧賤者驕人耳. 夫諸侯而驕人則失其國, 大夫而驕人則失其家. 貧賤者, 行不合, 言不用, 則去之楚·越, 若脫躧然, 柰何其同之哉!」子擊不懌而去. 西攻秦, 至鄭而還, 築雒陰·合陽.

3.《十八史略》 卷一

文侯之子擊, 遇子方于道, 下車伏謁, 子方不爲禮, 擊怒曰:「富貴者驕人乎? 貧賤者驕人乎?」子方曰:「亦貧賤者驕人耳, 富貴者安敢驕人, 國君而驕人失其國, 大夫而驕人失其家, 夫士貧賤者, 言不用行不合, 則納履而去耳, 安往而不得貧賤哉?」擊謝之.

4. 기타 참고자료

《太平御覽》(498, 698, 773)·《類說》(38)·《北堂書鈔》(136)·《文選》〈爲范尙書讓吏部封侯第一表〉注

278(9-21) 戴晉生弊衣冠而往見梁王
새장에 갇힌 새

대진생戴晉生이라는 자가 다 떨어진 옷에 낡은 관을 쓰고 양왕梁王을 만나겠다고 찾아오자 양왕이 이렇게 핀잔을 주었다.

"지난 날 과인이 대부의 벼슬로 선생을 모시고자 하였을 때는 머물지도 않고 떠나더니 지금에야 과인을 찾아온 것은 무엇 때문이오?"

이 말에 대진생은 환하게 웃으며 하늘을 쳐다보고 한참을 탄식하더니 이렇게 말하는 것이었다.

"아하! 이로 말미암아 보건대 그 이유 때문에 일찍이 임금과 교유를 하지 않았던 것입니다. 임금께서는 큰 못 가운데의 꿩을 보지 못하였습니까? 그 놈은 다섯 걸음마다 한 번씩 쪼아 먹으며 하루 종일 그렇게 해야 겨우 배를 채울 수 있습니다. 그런데도 기쁨과 윤택이 흘러넘치고, 햇빛에 그 모습이 광택이 나며, 날개깃을 치며 다투어 울면 그 소리가 능택陵澤에까지 나는 것은 무슨 이유에서이겠습니까?

이는 바로 제 뜻을 마음대로 펼 수 있기 때문이겠지요. 그러나 이를 잡아다가 새장 안에 넣어 두고 언제나 마음놓고 쪼아 먹도록 한다면 새벽 짧은 시간이 아니더라도 배불리 먹을 수 있습니다. 그런데도 그 털빛이 초췌하고 지기志氣가 축 처져 고개를 떨군 채 울지도 않는 것은 그 먹이가 좋지 않아서이겠습니까? 이는 바로 그 뜻을 펼 수 없기 때문이겠지요. 지금 제가 천리를 멀다 아니하고 임금을 찾아와 교유를 하자고 하는 것이 어찌 먹을 것이 부족해서이겠습니까? 임금의 도를 사모해서 왔을 따름입니다. 저는 처음에는 임금께서 선비를 좋아하시는 것이 천하에 짝을 이룰 자가 없다고 여겼는데 지금 보니 임금께서 선비를 좋아하시지 않는 것이 분명하군요!"

그리고는 떠나 다시는 찾아오지 않았다.

戴晉生弊衣冠而往見梁王.

梁王曰:「前日寡人以上大夫之祿要先生, 先生不留; 今過寡人邪?」

戴晉生欣然而笑, 仰而永嘆, 曰:「嗟乎! 由此觀之, 君曾不足與游也. 君不見大澤中雉乎? 五步一噣, 終日乃飽; 羽毛悅懌, 光照於日月; 奮翼爭鳴, 聲響於陵澤者何? 彼樂其志也. 援置之囷倉中, 常噣粱粟, 不旦時而飽; 然猶羽毛憔悴, 志氣益下, 低頭不鳴. 夫食豈不善哉? 彼不得其志故也. 今臣不遠千里而從君游者, 豈食不足? 竊慕君之道耳. 臣始以君爲好士, 天下無雙, 乃今見君不好士明矣!」

辭而去, 終不復往.

【戴晉生】 魏나라의 隱士.

【梁王】 魏王. 魏惠王이 재위 9년(B.C.361) 때에 安邑에서 大梁(지금의 河南省 開封)으로 옮겨 그 뒤로부터 '魏'를 '梁'이라고도 불렀다.

279(9-22) 楚莊王使使賚金百斤
부귀영화는 필요 없다

초楚 장왕莊王이 사신을 시켜 황금 백 근을 가지고 북곽선생北郭先生을 초빙해 오도록 하였다. 그러자 선생이 이렇게 말하는 것이었다.

"저에게는 키와 빗자루를 들고 저를 위해 애쓰는 아내가 있습니다. 원컨대 들어가 같이 상의해 보겠습니다."

그러고 나서 아내에게 이렇게 물었다.

"초나라에서 나를 재상으로 삼겠다고 찾아 왔소. 지금 재상이 되면 네 마리 말이 끄는 좋은 수레와 기병騎兵이 나를 모실 것이고, 눈앞에는 맛있는 음식이 번듯하게 차려져 있을 것이오. 어쩌면 좋겠소?"

그러자 부인이 이렇게 말하였다.

초 오릉(於陵)의 아내 《列女傳》 삽화

"무릇 그대는 신발을 삼아 밥벌이를 하여 비록 죽을 먹고 낡은 신을 신고 살지만 조금도 마음 울적한 근심이라는 것은 없소. 어찌 그렇겠소? 만물에 무엇을 다스리려 들지 않기 때문이지요. 그런데 지금 네 필 말이 끄는 수레에 기병이 줄을 서 있다 해도 평안을 취할 넓이는 무릎 용납할 정도에 불과하고, 아무리 좋은 음식이 앞에 번듯하게 널려 있다 해도 그 입맛은 고기 한 저름 먹으면 그만이오. 그

무릎 하나 용납할 편안함과 고기 한 저름의 입맛을 위해 초나라의 근심을 다 짊어지고 죽는다면 그것이 될 말이오?"

이에 드디어 초빙에 응하지 않고 아내와 함께 그 곳을 떠나 버렸다.

《시詩》에는 이렇게 말하였다.

"저렇게 훌륭한 여자라면야 彼美淑姬
가히 더불어 소곤대고 싶네." 可與晤言

楚莊王使使賚金百斤, 聘北郭先生.

先生曰:「臣有箕帚之使, 願入計之.」

卽謂婦人曰:「楚欲以我爲相, 今日相, 卽結駟列騎, 食方丈於前, 如何?」

婦人曰:「夫子李以織屨爲食. 食粥毚履, 無怵惕之憂者, 何哉? 與物無治也. 今如結駟列騎, 所安不過容膝; 食方丈於前, 所甘不過一肉. 以容膝之安, 一肉之味, 而殉楚國之憂, 其可乎?」

於是遂不應聘, 與婦去之.

詩曰:『彼美淑姬, 可與晤言.』

【楚莊王】春秋五霸의 하나.

【北郭先生】당시의 훌륭한 人物. 《列女傳》에는 '오릉자종(於陵子終)'으로 되어 있다.

【詩曰】《詩經》陳風 東門之池의 구절. 이는 "此男女會遇之詞."—朱子(남녀의 만남을 노래한 것)라 하였다.

참고 및 관련 자료

1.《詩經》陳風 東門之池

東門之池, 可以漚麻. 彼美淑姬, 可與晤歌. 東門之池, 可以漚紵. 彼美淑姬, 可與晤語. 東門之池, 可以漚菅. 彼美淑姬, 可與晤言.

2.《列女傳》楚於陵子終妻

楚於陵子終之妻也. 楚王聞於陵子終賢, 欲以爲相, 使使者持金百鎰往聘迎之, 於陵子終曰:「僕有箕帚之妾, 請入與計之.」卽入, 謂其妻曰:「楚王欲以我爲相, 遣使者持百金來. 今日爲相, 明日結駟連騎, 食方丈於前, 可乎?」妻曰:「夫子織屨以爲食, 非與物無治也. 左琴右書, 樂亦在其中矣. 夫結駟連騎, 所安不過容膝; 方丈於前, 所甘不過一肉. 今以容膝之安, 一肉之味, 而懷楚國之憂, 其可乎? 亂世多害, 妾恐先生之不保命也.」於是子終出謝使者而不許也, 遂相與逃而爲人灌園. 君子謂於陵妻爲有德行. 詩云:「愔愔良人, 秩秩德音.」此之謂也. 頌曰:「於陵處楚, 王使聘焉. 入與妻謀,懼世亂煩. 進往遇害, 不若身安. 左琴右書, 爲人灌園.」

3. 기타 참고자료

《高士傳》·《類說》(38)·《事文類聚》(15)·《合璧事類》(前集 28)

280(9-23) 傳曰昔戎將由余使秦
이웃나라에 성인이 있으면

이렇게 전해오고 있다.

옛날 융戎나라에서 유여由余를 진秦나라에 사신으로 보냈다. 진秦 목공繆公이 그를 맞아 득실의 요체를 물어 보자 그는 이렇게 대답하였다.

"예로부터 나라를 얻은 자는 그 누구 하나 공손과 검약으로 하지 않은 자가 없으며, 나라를 잃은 자는 교만과 사치 때문이 아니었던 자가 없습니다."

그러고 나서 유여는 오제五帝 삼왕三王이 쇠하게 된 이유와 보통 서민이 무엇 때문에 망하게 되는지 등에 대해서도 논리를 폈다. 목공은 그의 말이 옳다고 여기고 내사內史 왕목王繆을 불러 이렇게 물었다.

"이웃 나라에 성인이 있다는 것은 그 상대 나라의 근심거리요. 유여는 성인이요, 장차 어찌하면 좋겠소?"

그러자 왕목은 이런 꾀를 일러 주었다.

"무릇 융왕은 편벽되고 누추한 곳에 살아 중국中國의 음악과 미인을 보지 못하였을 것입니다. 임금께서 여자 악대를 보내어 그의 뜻을 음일하게 하고 그 정치를 허물어뜨리면 그 신하들이 틀림없이 임금과 틈이 벌어질 것입니다. 그리고 유여를 붙들어 귀국을 연기시켜 그들 군신 사이에 이간離間이 생기도록 한 다음이라면 가히 무슨 일이든 도모해 볼 수 있을 것입니다."

목공이 허락하였다.

"좋소!"

그리고는 왕목에게 여자 악대 두 열列을 데리고 융왕에게 갖다 바치도록 하고 유여의 귀국 날짜를 미루어 주도록 요청하였다. 융왕은 이를 받아 매우 기뻐하면서 허락하였다. 이에 술판을 벌려 놓고 그 음악을 듣느라 밤낮으로 쉬는 때가 없었다. 그 해가 끝나도록 이렇게 음일에 방종하게 빠지자 그들이 기르는 말이 거의 모두 죽어 버렸다. 유여가 귀국하여 끝없이 간언을 하였으나 들어 주지 않자 그는 그만 그곳을 버리고 진나라로 와 버렸다. 진 목공은 이를 맞아 상경上卿으로 삼아 드디어 열두 나라를 아우르고 국토를 천리나 넓힐 수 있었다.

傳曰: 昔戎將由余使秦.

秦繆公問以得失之要, 對曰:「古有國者, 未嘗不以恭儉也; 失國者, 未嘗不以驕奢也.」

由余因論五帝三王之所以衰, 及至布衣之所以亡. 繆公然之.

於是告內史王繆曰:「鄰國有聖人, 敵國之憂也. 由余, 聖人也. 將奈之何?」

王繆曰:「夫戎王居僻陋之地, 未嘗見中國之聲色也. 君其遺之女樂, 以婬其志, 亂其政. 其臣下必疏, 因爲由余請緩期, 使其君臣有間, 然後可圖.」

繆公曰:「善.」

乃使王繆以女樂二列遺戎王, 爲由余請期, 戎王大悅, 許之.

於是張酒聽樂, 日夜不休, 終歲婬縱, 卒馬多死. 由余歸, 數諫不聽, 去之秦, 秦公子迎, 拜之上卿. 遂幷國十二, 辟地千里.

【戎】西戎. 서북쪽의 異民族.

【由余】人名. 원래 中原 晉나라 출신으로 그 先代가 戎 땅으로 갔다.

【秦 繆公】春秋五霸의 하나.
【王繆】다른 기록에는 僇으로 실려 있다.
【中國】中原 지역을 일컫는 말.
【秦公子迎】'秦繆公迎'의 오기이다.
【上卿】벼슬 이름. 客卿 중의 최고 직위.

참고 및 관련 자료

1.《韓非子》十過篇

奚謂耽於女樂? 昔者, 戎王使由余聘於秦, 穆公問之曰:「寡人嘗聞道而未得目見之也, 願聞古之明主得國失國何常以?」由余對曰:「臣嘗得聞之矣, 常以儉得之, 以奢失之.」穆公曰:「寡人不辱而問道於子, 子以儉對寡人何也?」由余對曰:「臣聞昔者堯有天下, 飯於土簋, 飲於土鉶. 其地南至交趾, 北至. 幽都, 東西至日月之所出入者, 莫不賓服. 堯禪天下, 虞舜受之, 作爲食器, 斬山木而財之, 削鋸修其迹, 流漆墨其上, 輸之於宮以爲食器. 諸侯以爲益侈, 國之不服者十三. 舜禪天下而傳之於禹, 禹作爲祭器, 墨漆其外, 而朱畵其內, 縵帛爲茵, 蔣席頗緣, 觴酌有采, 而樽俎有飾. 此彌侈矣, 而國之不服者三十三. 夏後氏沒, 殷人受之, 作爲大路, 而建九旒食器雕琢, 觴酌刻鏤, 四壁堊墀, 茵席雕文. 此彌侈矣, 而國之不服者五十三. 君子皆知文章矣, 而欲服者彌少. 臣故曰: 儉其道也.」由余出, 公乃召內史廖而告之, 曰:「寡人聞鄰國有聖人, 敵國之憂也. 今由余, 聖人也, 寡人患之, 吾將奈何?」內史廖曰:「臣聞戎王之居, 僻陋而道遠, 未聞中國之聲. 其遺之女樂, 以亂其政, 而後爲由余請期, 以疏其諫. 彼君臣有間而後可圖也.」君曰:「諾.」乃使史廖以女樂二八遺戎王, 因爲由余請期. 戎王許諾, 見其女樂而說之, 設酒張飮, 日以聽樂, 終歲不遷, 牛馬半死. 由余歸, 因諫戎王, 戎王弗聽, 由余遂去之秦. 秦穆公迎而拜之上卿, 問其兵勢與其地形. 旣以得之擧兵而伐之, 兼國十二, 開地千里. 故曰:『耽於女樂, 不顧國政, 亡國之禍也.』

2.《呂氏春秋》不苟篇

秦繆公見戎由余, 說而欲留之, 由余不肯. 繆公以告蹇叔. 蹇叔曰:「君以告內史廖.」內史廖對曰:「戎人不達於五音與五味, 君不若遺之.」繆公以女樂二八人與良宰遺之. 戎王喜, 迷惑大亂, 飮酒, 晝夜不休. 由余驟諫而不聽, 因怒而歸繆公也. 蹇叔非不能爲內史廖之所爲也, 其義不行也. 繆公能令人臣時立其正義, 故雪殽之恥, 而西至河雍也.

3.《說苑》反質篇

秦穆公閑, 問由余曰:「古者明王聖帝, 得國失國當何以也?」由余曰:「臣聞之, 當以儉得之, 以奢失之.」穆公曰:「願聞奢儉之節.」由余曰:「臣聞堯有天下, 飯於土簋, 啜於土鉶; 其地南至交趾, 北至幽都, 東西至日所出入, 莫不賓服. 堯釋天下, 舜受之, 作爲食器, 斬木而裁之, 銷銅鐵, 脩其刃, 猶漆黑之以爲器. 諸侯侈國之不服者十有三. 舜釋天下而禹受之, 作爲祭器, 漆其外而朱畫其內, 繒帛爲茵褥, 觴勺有彩, 爲飾彌侈, 而國之不服者三十有二, 夏后氏以沒, 殷周受之, 作爲大器, 而建九傲, 食器彫琢, 觴勺刻鏤, 四壁四帷, 茵席彫文, 此彌侈矣, 而國之不服者五十有二. 君好文章, 而服者彌侈, 故曰儉其道也.」由余出, 穆公召內史廖而告之曰:「寡人聞隣國有聖人, 敵國之憂也. 今由余聖人也, 寡人患之. 吾將奈何?」內史廖曰:「夫戎辟而遼遠, 未聞中國之聲也, 君其遺之女樂以亂其政, 而厚爲由余請期, 以疏其間, 彼君臣有間, 然後可圖.」君曰:「諾.」乃以女樂三九遺戎王, 因爲由余請期; 戎王果見女樂而好之, 設酒聽樂, 終年不遷, 馬牛羊半死. 由余歸諫, 諫不聽, 遂去, 入秦, 穆公迎而拜爲上卿. 問其兵勢與其地利, 旣已得矣, 擧兵而伐之, 兼國十二, 開地千里. 穆公奢主, 能聽賢納諫, 故霸西戎, 西戎淫於樂, 誘於利, 以亡其國, 由離質樸也.

4.《史記》秦本紀

戎王使由余於秦. 由余, 其先晉人也, 亡入戎, 能晉言. 聞繆公賢, 故使由余觀秦. 秦繆公示以宮室積聚. 由余曰:「使鬼爲之, 則勞神矣. 使人爲之, 亦苦民矣.」繆公怪之, 問曰:「中國以詩書禮樂法度爲政, 然尙時亂, 今戎夷無此, 何以爲治, 不亦難乎?」由余笑曰:「此乃中國所以亂也. 夫自上聖黃帝作爲禮樂法度, 身以先之, 僅以小治. 及其後世, 日以驕淫. 阻法度之威, 以責督於下, 下罷極則以仁義怨望於上, 上下交爭怨而相篡弑, 至於滅宗, 皆以此類也. 夫戎夷不然. 上含淳德以遇其下, 下懷忠信以事其上, 一國之政猶一身之治, 不知所以治, 此眞聖人之治也.」於是繆公退而問內史廖曰:「孤聞鄰國有聖人, 敵國之憂也. 今由余賢, 寡人之害, 將奈之何?」內史廖曰:「戎王處辟匿, 未聞中國之聲. 君試遺其女樂, 以奪其志; 爲由余請, 以疏其閒; 留而莫遣, 以失其期. 戎王怪之, 必疑由余. 君臣有閒, 乃可虜也. 且戎王好樂, 必怠於政.」繆公曰:「善.」因與由余曲席而坐, 傳器而食, 問其地形與其兵勢盡察, 而後令內史廖以女樂二八遺戎王. 戎王受而說之, 終年不還. 於是秦乃歸由余. 由余數諫不聽, 繆公又數使人閒要由余, 由余遂去降秦. 繆公以客禮禮之, 問伐戎之形.

5. 기타 참고자료

《說苑》尊賢篇·《文選》〈四子講德論〉注

281(9-24) 子夏過曾子
낭비와 소비

자하子夏가 증자曾子의 집을 방문하자 증자가 맞이하였다.

“들어와 잡수시오.”

자하가 물었다.

“이는 공가公家의 것을 낭비하는 것이 아닙니까?”

이에 증자는 이렇게 설명하였다.

“군자에게는 세 가지 낭비가 있는데 음식의 소비는 그에 포함되지 않습니다. 또 군자에게는 세 가지 즐거움이 있는데 종고鍾鼓나 금슬琴瑟의 음악은 그에 포함되지 않습니다.”

자하가 다시 물었다.

“감히 묻건대 세 가지 즐거움이란 무엇입니까?”

증자는 이렇게 대답하였다.

“가히 두려워 할 어버이가 계시고, 가히 모실 임금이 있으며, 가히 남겨 줄 자식이 있는 것, 이것이 첫 번째 낙이요, 다음으로 가히 간언할 어버이가 계시고, 가히 버리고 떠날 수 있는 임금이 있으며, 가히 화를 낼 자식이 있는 것, 이것이 두 번째의 낙입니다. 그리고 가히 깨우쳐 줄 임금이 있고, 가히 도움이 될 만한 벗이 있는 것, 이것이 세 번째의 낙입니다.”

자하가 다시 물었다.

“그렇다면 세 가지 낭비라는 것은 무엇입니까?”

이에 대한 증자의 설명은 다음과 같았다.

"젊어서 배우고도 나이 들어 망각하는 것, 이것이 첫 번째의 낭비이며, 임금을 섬겨 공이 있다고 해서 경솔하게 자부심을 갖는 것, 이것이 두 번째의 낭비입니다. 그리고 오랫동안 사귀던 친구를 중간에서 절교하게 되는 것, 이것이 세 번째의 낭비입니다."

자하는 이렇게 감탄하였다.

"훌륭합니다. 삼가 이 한 마디를 잘 섬기는 것이 종신토록 문장을 외우고 있는 것보다 나을 것이며, 또 훌륭한 선비 하나 섬기는 것이 만민을 다스리는 공로보다 나으리라 봅니다. 그러니 사람으로서 알아두지 않으면 안 되겠군요. 제가 일찍이 우둔하여 씨를 제대로 뿌리지 않아 농사지었던 밭에서 일 년 동안 아무 것도 수확하지 못한 적이 있습니다. 땅도 이처럼 틀림이 없거늘 하물며 사람에게 있어서야 말할 나위가 있겠습니까? 사람에게 진실로 대해 주면 비록 소원한 관계라 할지라도 틀림없이 친밀해질 것이며, 사람에게 거짓으로 한다면 아무리 친한 친척일지라도 멀어지고 말 것입니다. 무릇 진실과 진실의 관계는 아교나 옻칠과 같으며, 거짓과 거짓의 관계는 얇은 얼음이 한낮의 햇빛을 쬐고 있는 것과 같습니다. 그러니 군자가 어찌 유념하지 않을 수 있겠습니까?"

《시詩》에는 이렇게 말하였다.

"신께서 이 말씀 들으시면	神之聽之
화목과 평화를 주시리로다."	終和且平

子夏過曾子.

曾子曰:「入食.」

子夏曰:「不爲公費乎?」

曾子曰:「君子有三費, 飮食不在其中; 君子有三樂, 鐘磬琴瑟不在其中.」

子夏曰:「敢問三樂?」

曾子曰:「有親可畏, 有君可事, 有子可遺, 此一樂也. 有親可諫, 有君可去, 有子可怒, 此二樂也. 有君可喩, 有友可助, 此三樂也.」

子夏曰:「敢問三費?」

曾子曰:「少而學, 長而忘, 此一費也. 事君有功, 而輕負之, 此二費也, 久交友而中絶之, 此三費也.」

子夏曰:「善哉! 謹身事一言, 愈於終身之誦; 而事一士, 愈於治萬民之功. 夫人不可以不知也. 吾嘗鹵焉, 吾田朞歲不收, 土莫不然, 何況於人乎? 與人以實; 雖疎必密. 與人以虛, 雖戚必疎. 夫實之與實, 如膠如漆. 虛之與虛, 如薄冰之見晝日. 君子可不留意哉?」

詩曰:『神之聽之, 終和且平.』

【子夏】卜商. 孔子의 弟子.

【曾子】증삼.

【詩曰】《詩經》小雅 伐木의 구절. 이는 "伐木, 燕朋友故舊也."—詩序(친구를 만나 즐거움을 노래한 것)라 하였다.

참고 및 관련 자료

1.《詩經》小雅 伐木

伐水丁丁, 鳥鳴嚶嚶. 出自幽谷, 遷于喬木. 嚶其鳴矣, 求其有聲. 相彼鳥矣, 猶求友聲. 矧伊人矣, 不求有生. 神之聽之, 終和且平. 伐木許許, 釃酒有藇. 旣有肥羜, 以速諸父.

寧適不來, 微我不顧. 於粲酒埽, 陳饋八簋. 旣有肥牡, 以速諸舅. 寧釋不來, 微我有咎. 伐木于阪, 釃酒有衍. 籩豆有踐, 兄弟無遠. 民之失德, 乾餱以愆. 有酒湑我, 無九酤我. 坎坎鼓我, 蹲蹲舞我. 迨我暇矣, 飮此湑矣.

2. 기타 참고자료

《太平御覽》(847)・《北堂書鈔》(143)・《類說》(38)・《海錄碎事》 七下

282(9-25) 晏子之妻
늙은이는 버리고

안자晏子의 처가 사람을 부려 옷감을 짜도록 일을 시키는 것이었다. 전무우田無宇라는 사람이 이를 비웃으며 안자에게 이렇게 물었다.

"당신 집에서 나오는 사람은 무슨 일을 하는 사람입니까?"

"우리 집 가신家臣입니다."

전무우가 다시 물었다.

"작위가 중경中卿이나 되고 식전食田이 칠십만이나 되면서 어찌 이런 사람을 집안에 먹여 주고 있습니까?"

안자는 이렇게 설명하였다.

"늙은이는 버리고 젊은이만 쓰는 것은 고瞽라하며, 귀해졌다고 천하였던 시절을 잊는 것을 난亂이라 하고, 좋은 것을 보면 무조건 좋아하는 것을 역逆이라 합니다. 그러니 내 어찌 역, 란, 고의 행동을 하리오!"

晏子之妻使人布衣紵表.

田無宇譏之曰:「出於室, 何爲者也?」

晏子曰:「家臣也.」

田無宇曰:「位爲中卿, 食田七十萬, 何用是人爲畜之?」

晏子曰:「弃老取少, 謂之瞽; 貴而忘賤, 謂之亂; 見色而說, 謂之逆. 吾豈以逆亂瞽之道哉!」

【晏子】晏平仲, 嬰. 齊나라 景公 때의 훌륭한 宰相.
【田無宇】陳無子. 春秋時代 齊나라 陳順無의 아들로 景公 때의 大夫.
【中卿】官職名.

참고 및 관련 자료

1. 본장의 내용은《**晏子春秋**》와 약간의 차이가 있다.

2.《**晏子春秋**》外篇

田無宇見晏子獨立于閨內. 有婦人出於室者. 髮班白. 衣緇布之衣. 而無裏裘. 田無宇譏之曰:「出於室何爲者也?」晏子曰:「嬰之家也.」無宇曰:「位爲中卿. 食田七十萬. 何以老妻爲?」對曰:「嬰聞之. 去老者謂之亂. 納少者謂之淫. 且夫見色而忘義. 處富貴而失倫. 謂之逆道. 嬰可以有淫亂之行. 不顧于倫. 逆古之道乎?」

283(9-26) 夫鳳凰之初起也
봉황을 비웃은 참새

무릇 봉황鳳凰이 처음 태어나서는 겨우 열 걸음밖에 걷지 못하는 것을 보고 참새가 짹짹거리며 비웃는다. 그러나 그것이 자라 한 번 크게 굴신詘信을 하고 구름 사이까지 높이 나는 것을 보면 울타리 나무에 앉은 참새가 자기는 그렇게 날지 못함을 알게 된다.

畵像磚 鳳凰

마찬가지로 선비가 거친 옷도 제대로 갖추어 입지 못하고, 등겨나 콩잎조차 배불리 먹지 못하고 있을 때는 세상의 속된 이들은 이를 수치로 여긴다. 그러나 그들이 나서서는 백성을 편안히 하고, 등용되어서는 백성의 생명을 연장시키는 것을 보게 되면 세상 사람들은 확연히 자신은 그렇게 하지 못함을 알게 된다.

《시詩》에는 이렇게 말하였다.

"이 나라 바르게 다스리시니	正是國人
어찌 만 년을 가지 않으랴!"	胡不萬年

夫鳳凰之初起也, 翾翾十步之雀, 喔咿而笑之. 及其升少陽, 一詘一信, 展而雲間, 藩木之雀超然自知不及遠矣. 士褐衣縕著, 未嘗完也; 糲藿之食, 未嘗飽也. 世俗之士, 卽以爲羞耳. 及其出則安百姓, 用則延民命, 世俗之士超然自知不及遠矣.

詩曰:『正是國人, 胡不萬年!』

【詘信】'屈伸'과 같다. 원문의 '一詘一信'에서 '詘'과 '信'은 '屈'과 '伸'의 가차이다.
【詩曰】《詩經》曹風 鳲鳩의 구절.

참고 및 관련 자료

1. 《詩經》曹風 鳲鳩(059)

2. 《淮南子》覽冥訓

鳳凰之翔至德也, 雷霆不作, 風雨不興, 川谷不澹, 草木不搖, 而燕雀佼之, 以爲不能, 與之爭於宇宙之間, 逮至其曾逝萬仞之上, 翺翔四海之外, 過崑崙之疏圃, 飮砥柱之湍瀨, 邅回蒙汜之渚, 尙佯冀州之際, 徑躡都廣, 入日抑節, 羽翼弱水, 暮宿風穴. 當此之時, 鴻鵠鶬鶴, 莫不憚驚伏竄, 注喙江裔, 又況直燕雀之類乎? 此明於小動之迹, 而不知大節之所由也.

3. 《藝文類聚》(92)

韓詩外傳曰: 夫鳳皇之初起也, 遙遙千里, 蕃籬之雀, 喔咿而笑之, 及其升少陽, 一屈一信, 輾轉雲間, 蕃籬之雀, 超然自知不及遠矣.

4. 기타 참고자료

《韓詩外傳》(2)·《類說》(38)·《太平御覽》(992)

284(9-27) 齊王厚送女
못생긴 공주

제왕齊王이 자기 딸에게 많은 재물을 얹어 소를 잡는 백정인 토吐(屠牛吐)라는 이에게 시집보내려 하였다. 그러자 토는 병을 핑계로 이를 거절해 버렸다. 친구가 물었다.

"그대는 종신토록 이 비린내 나는 푸줏간에서 삶을 마칠 작정인가? 어째서 그를 사양하였는가?"

그가 이유를 설명하였다.

"그 여자는 너무 못생겼어."

이에 그 친구가 다시 물었다.

"그대는 보지도 않고 어찌 아는가?"

"푸줏간 일을 해 보면 알지."

이 대답에 그 친구가 물었다.

"무슨 뜻인가?"

이에 토는 이렇게 설명하였다.

"파는 고기가 좋을 때는 팔려 나가는 괴로움이 적지만, 고기가 좋지 않을 때는 비록 고기를 더 얹어 주어도 팔려 나가지 않는다. 지금 후한 재물을 얹어 그 딸을 시집보내려고 하는 걸 보면 그 딸은 틀림없이 못생겼을 것이다."

그 친구가 뒤에 그 여자를 보니 과연 추녀였다.

《전傳》에는 이렇게 말하였다.

"눈동자는 갈라진 살구 같고, 이빨은 조개껍질 묶어 놓은 것 같다."

齊王厚送女, 欲妻屠牛吐, 屠牛吐辭以疾.

其友曰:「子終死腥臭之肆而已乎? 何爲辭之?」

吐應之曰:「其女醜.」

其友曰:「子何以知之?」

吐曰:「以吾屠知之.」

其友曰:「何謂也?」

吐曰:「吾肉善, 如量而去若少耳; 吾肉不善, 雖以吾附益之, 尚猶賈不售. 今厚送子, 子醜故耳.」

其友後見之, 果醜.

傳曰:『目如擗杏, 齒如編貝.』

【屠牛吐】'屠牛'는 '소를 잡다'의 뜻이며 '吐'는 이름.

【腥臭之肆】냄새나는 도살장. 푸줏간.

【而去若小耳】《初學記》(19)와 《太平御覽》(382)에는 "如量而去, 若小耳"로 되어 있다.

참고 및 관련 자료

1. 《初學記》(19) · 《太平御覽》(382) · 《錦繡萬花谷》(續集 5) · 《管子》 制分篇 · 《漢書》 賈誼傳 · 《新書》(賈誼) 制不定篇 · 《莊子》 盜跖篇 · 《漢書》 〈東方朔傳〉注

285(9-28) 傳曰孔子過康子
공자 제자들의 언쟁

이렇게 전해오고 있다.

공자孔子가 강자康子의 집을 방문하였을 때였다. 자장子張과 자하子夏도 따라 갔었는데 공자가 먼저 안으로 들어가고 나서 둘은 밖에서 언쟁이 벌어졌다. 그런데 그 쟁론이 해가 넘어가도록 해결이 나지 않는 것이었다. 자하는 말문이 막히자 끝내 안색이 붉으락푸르락하는 데까지 이르고 말았다. 그러자 자장이 이렇게 말하였다.

"너는 선생님께서 토론을 벌일 때의 모습을 보지 않았느냐? 느린 말씨에 조용조용, 그리고 위엄스런 의표는 씩씩하였고, 먼저 침묵을 지킨 다음 나중에 말하며, 자기 의견이 옳았다고 하였을 때는 겸양을 보였다. 높고 높아 미더워 좋았고, 엄하고 분명하였다! 그 때문에 도는 그리로 귀결된다. 그러나 소인의 토론에는 오로지 자기 뜻만 고집하고, 남의 잘못만 들추어내며, 눈을 부릅뜨고 팔을 휘젓는다. 게다가 빠른 말투에 분수처럼 내뿜으며 침을 흘리고 눈은 붉어진다. 다행히 한 번 이기면 크게 웃어 남을 비웃고, 위의威儀를 부리나 고루固陋하며, 사기辭氣도 비속鄙俗하다. 그래서 군자들은 그런 태도를 천하게 여기는 것이다."

傳曰: 孔子過康子, 子張·子夏從. 孔子入坐. 二子相與論, 終日不決. 子夏辭氣甚隘, 顔色甚變.

子張曰:「子亦聞夫子之論議邪? 徐言誾誾, 威儀翼翼, 後言先黙, 得之推讓. 巍巍乎信可好, 嚴乎塊乎! 道歸矣. 小人之論也, 專意自是, 言人之非. 瞋目扼腕, 疾言噴噴, 口沸目赤, 一幸得勝, 疾笑嗌嗌. 威儀固陋, 辭氣鄙俗, 是以君子賤之也.」

【康子】季康子. 春秋時代 魯나라의 大夫.
【子張】孔子의 弟子.
【子夏】卜商. 孔子의 弟子.
【信可乎, 嚴乎, 塊乎】〈四庫全書〉본에는 "蕩蕩乎"로 되어 있다.

참고 및 관련 자료

1. 《孔子集語》雜事

韓詩外傳九: 傳曰: 孔子過康子, 子張·子夏從. 孔子入坐. 二子相與論, 終日不決. 子夏辭氣甚隘, 顔色甚變. 子張曰:「子亦聞夫子之論議邪? 徐言誾誾, 威儀翼翼, 後言先黙, 得之推讓, 巍巍乎信可好, 嚴乎塊乎! 道歸矣. 小人之論也, 專意自是, 言人之非, 瞋目扼腕, 疾言噴噴, 口沸目赤, 一幸得勝, 疾笑嗌嗌. 威儀固陋, 辭氣鄙俗, 是以君子賤之也.」

2. 기타 참고자료

《列子》說符篇·《呂氏春秋》愼大·《淮南子》道應訓, 主術訓·《孟子》公孫丑(上)

卷十

〈木屐徐步圖〉

286(10-1) 齊桓公逐白鹿
노인의 지혜

제齊 환공桓公이 사냥을 나가 흰 사슴을 뒤쫓다가 맥구麥丘라는 곳까지 이르게 되었다. 그 곳에서 한 노인을 만났다.

"그대는 무엇 하는 사람이오?"

"저는 맥구 땅의 사람입니다."

"노인장의 연세는 얼마나 됐소?"

이렇게 다시 묻자 그는 이렇게 나이를 밝혔다.

"지금 여든 셋입니다."

환공이 말하였다.

"훌륭하오!"

그리고는 그와 함께 술을 마시면서 이렇게 부탁하였다.

"노인장께서는 어찌 저에게 축수祝壽를 해 주지 않소?"

이에 그 노인은 이렇게 말하였다.

"천한 야인野人이라 임금에게 축수하는 법을 모르오."

환공은 이렇게 일러 주었다.

"어찌 그대의 장수長壽로서 나를 축수하면 된다는 것을 모르오?"

그러자 그 노인은 술잔을 들고 재배하며 이렇게 축수하였다.

"우리 임금으로 하여금 오래 살게 해 주시되, 금옥은 천한 것이며 백성이 귀한 것임을 알게 하소서."

환공은 이 말에 다시 부탁을 하였다.

"훌륭합니다! 그 축수여! 과인은 이렇게 듣고 있소. 지극한 덕은 홀로일 수가 없고, 좋은 말은 반드시 두 번 한다고. 한 마디 더 해 보시오."

이에 노인은 다시 술잔을 들고 재배하며 이렇게 축수하였다.

"우리 임금으로 하여금 선비를 통해 배우기를 좋아하게 해 주시고, 묻는 것을 싫어하지 않게 해 주시옵소서. 어진 이가 곁에 있고 간언을 하는 자가 궁 안으로 들게 하소서."

환공은 이렇게 감탄하며 다시 부탁을 하였다.

"좋습니다! 그 축수여! 내가 듣기로 지덕至德은 외롭게 있어서는 안 되고 좋은 말은 세 번까지 가야 한다더이다. 한 말씀 더 해 주시지요."

노인은 다시 술잔을 들고 축수하였다.

"신하들과 백성들이 임금에게 죄를 짓는 일이 없도록 해 주시고, 임금도 신하들과 백성들에게 죄를 짓는 일이 없도록 해 주시옵소서."

이 말에 환공은 불쾌히 여기며 물었다.

"지금 한 말은 앞서 두 마디와 다르오. 노인께서는 어찌 좋은 말로 축수해 주시지 않소?"

그러자 그 노인은 와락 눈물을 흘리면서 이렇게 말하였다.

"원컨대 임금께서는 깊이 생각해 보십시오. 이 한 마디는 앞서의 두 마디보다 훨씬 높은 것입니다. 제가 듣건대 아들이 아버지에게 죄를 지으면 고모나 누나, 여동생이 나서서 죄를 빌면 아버지는 이에 용서해 주지요. 또 신하가 임금에게 죄를 졌다 해도 좌우 신하들이 사죄하면 임금의 용서를 받을 수 있다 합니다. 그러나 옛날 걸桀은 그 신하인 탕湯에게 죄를 지었고, 주紂도 그 신하에게 죄를 짓고 나서는 지금까지도 용서를 받지 못하고 있다 합니다."

그제야 환공은 감탄하였다.

"훌륭하오. 과인이 종묘의 복과 사직의 영험을 얻어 여기서 이런 훌륭한 노인을 만나게 되었군요."

그리고는 그를 수레에 모시고 스스로 말고삐를 잡은 채 돌아와서 종묘에 추천한 다음, 그의 의견을 따라 정치를 판단하였다.

환공이 구합제후九合諸侯하고 일광천하一匡天下한 것은 무력만으로 한 것도 아니고, 관중管仲의 힘만을 빌어서 한 것도 아니며 이런 사람을 만났기 때문이었다.

《시詩》에는 이렇게 말하였다.

"훌륭하고 뛰어난 많은 선비들	濟濟多士
문왕은 이로서 안녕을 얻었네."	文王以寧

齊桓公逐白鹿, 至麥丘之邦, 遇人, 曰:「何爲者也?」

對曰:「臣, 麥丘之邦人.」

桓公曰:「叟年幾何?」

對曰:「臣年八十有三矣.」

桓公曰:「美哉!」

與之飮. 曰:「叟盍爲寡人壽也?」

對曰:「野人不知爲君王之壽.」

桓公曰:「盍以叟之壽祝寡人矣?」

邦人奉觴再拜曰:「使吾君固壽, 金玉之賤, 人民是寶.」

桓公曰:「善哉! 祝乎! 寡人聞之矣: 至德不孤, 善言必再. 叟盍優之?」

邦人奉觴再拜曰:「使吾君好學士而不惡問, 賢者在側, 諫者得入.」

桓公曰:「善哉! 祝乎! 寡人聞之, 至德不孤, 善言必三. 叟盍優之?」

邦人奉觴再拜曰:「無使羣臣百姓得罪於吾君, 無使吾君得罪於羣臣百姓.」

桓公不說, 曰:「此言者. 非夫前二言之祝. 叟其革之矣.」

邦人潸然而涕下, 曰:「願君熟思之, 此一言者, 夫前二言之上也. 臣聞子得罪於父, 可因姑姊妹謝也, 父乃赦之. 臣得罪於君, 可使左右謝也, 君乃赦之. 昔者, 桀得罪於湯, 紂得罪於武王, 此君得罪於臣也, 至今未有爲謝也.」

桓公曰:「善哉! 寡人賴宗廟之福, 社稷之靈, 使寡人遇叟於此.」

扶而載之, 自御以歸, 薦之於廟, 而斷政焉.

桓公之所以九合諸侯, 一匡天下, 不以兵車者, 非獨管仲也, 亦遇之於是.

詩曰:『濟濟多士, 文王以寧.』

【齊桓公】春秋五霸의 하나.

【麥丘】地名. 지금의 山東省 商河縣 근처.

【管仲】桓公의 謀臣. 宰相.

【詩曰】《詩經》大雅 文王의 구절.

참고 및 관련 자료

1. 《詩經》大雅 文王(139)

2. 《新序》雜事(四)

桓公田, 至於麥丘, 見麥丘邑人, 問之:「子何爲者也?」對曰:「麥丘邑人也.」公曰:「年幾何?」對曰:「八十有三矣.」公曰:「美哉! 壽乎! 子其以子壽祝寡人.」麥丘邑人曰:「祝主君, 使主君萬壽, 金玉是賤, 人爲寶.」桓公曰:「善哉! 至德不孤, 善言必再, 吾子其復之.」麥丘邑人曰:「祝主君, 使主君無羞學, 無惡下問, 賢者在傍, 諫者得入.」桓公曰:「善哉! 至德不孤, 善言必三, 吾子其復之.」麥丘邑人曰:「祝主君,使主君無得罪群臣百姓.」桓公怫然作色曰:「吾聞之, 子得罪於父, 臣得罪於君, 未嘗聞君得罪於臣者也. 此一言者, 非夫二言者之匹也, 子更之.」麥丘邑人坐拜而起曰:「此一言者, 夫二言之長也, 子得罪於父, 可以因姑姊叔父而解之, 父能赦之. 臣得罪於君, 可以因便辟左右而謝之, 君能赦之. 昔桀得罪於湯, 紂得罪於武王, 此則君之得罪於其臣者也. 莫爲謝, 至今不赦.」公曰:「善, 賴國家之福, 社稷之靈, 使寡人得吾子於此.」扶而載之, 自御以歸, 禮之於朝, 封之以麥丘, 而斷政焉.

3. 《晏子春秋》 內篇 諫上

景公遊于麥丘, 問其封人曰:「年幾何矣?」對曰:「鄙人之年, 八十五矣!」公曰:「壽哉! 子其祝我.」封人曰:「使君之年, 長于胡! 宜國家.」公曰:「善哉! 子其復之.」封人曰:「使君之嗣, 壽皆若鄙人之年!」公曰:「善哉! 子其復之.」封人曰:「使君無得罪于民!」公曰:「誠有民得罪于君則可, 安有君得罪于民者乎?」晏子諫曰:「君過矣. 彼疏者有罪. 戚者治之. 賤者有罪, 貴者治之. 君得罪于民, 誰將治之? 敢問桀紂, 君誅乎? 民誅乎?」公曰:「寡人固也.」于是賜封人麥丘以爲邑.

4. 《藝文類聚》(18)

韓詩外傳曰: 齊桓公見畝丘人曰:「叟年幾何?」對曰:「臣年八十三矣.」公曰:「美哉壽也!」

5. 기타 참고자료

《新論》(桓譚) 祛蔽篇·《初學記》(29)·《太平御覽》(736, 906)

287(10-2) 鮑叔薦管仲
포숙이 관중만 못한 다섯 가지

포숙鮑叔이 관중管仲을 추천하면서 이렇게 말하였다.

"내가 관중만 못한 것이 다섯 가지가 있습니다. 관용과 은혜, 부드러움과 사랑을 베푸는 일이 그만 못하고, 백성에게 충성과 믿음을 맺어 주는 것을 그만큼 하지 못하며, 사방을 예와 법으로 제약하는 일이 그만 못하고, 소송을 판결하여 가운데를 결단하는 일이 그에 미치지 못하며, 전투 명령의 북채를 잡고 군문에 서서 사졸들을 용감하게 하는 것이 그만 못한 다섯 번째입니다."

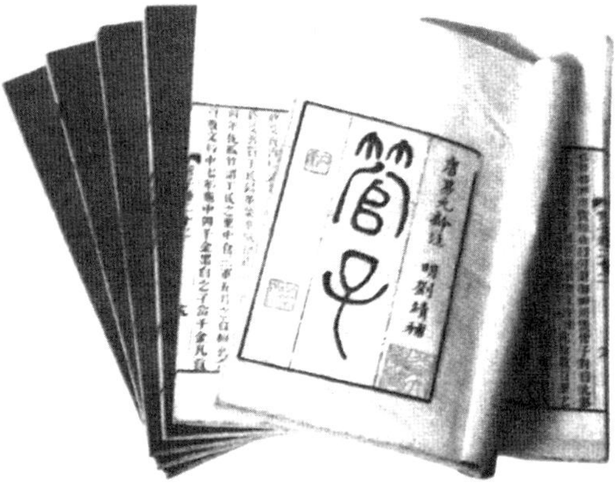

《管子》

《시詩》에는 이렇게 말하였다.

"훌륭하고 뛰어난 많은 선비들 濟濟多士
문왕은 이로써 안녕을 얻었네." 文王以寧

鮑叔薦管仲, 曰:「臣所不如管夷吾者五: 寬惠柔愛, 臣弗如也; 忠信可結於百姓, 臣弗如也; 制禮約法於四方, 臣弗如也; 決獄折中, 臣弗如也, 執枹鼓, 立於軍門, 使士卒勇, 臣弗如也.」

詩曰:『濟濟多士, 文王以寧.』

【鮑叔】 원래 小白(桓公)을 따랐다가 公子 糾를 따르던 管仲을 桓公에게 추천하였다.
【管仲】 管夷吾.《史記》齊太公世家 및《管晏列傳》참조.
【詩曰】《詩經》大雅 文王의 구절.

참고 및 관련 자료

1.《詩經》大雅 文王(139)

2.《管子》小匡篇

桓公自莒反于齊, 使鮑叔牙爲宰, 鮑叔辭曰:「臣, 君之庸臣也. 君有加惠于其臣, 使臣不凍饑, 則是君之賜也. 若必治國家, 則非臣之所能也, 其唯管夷吾乎. 臣之所不如管夷吾者五: 寬惠愛民, 臣不如也; 治國不失秉, 臣不如也; 忠信可結于諸侯, 臣不如也; 制禮義可法于四方, 臣不如也; 介冑執枹, 立于軍門, 使百姓皆加勇, 臣不如也. 夫管仲, 民之父母也, 將欲治其子, 不可弃其父母.」

3.《國語》齊語

桓公自莒反於齊, 使鮑叔爲宰, 辭曰:「臣, 君之庸臣也. 君可惠於臣, 使不凍餒, 則是君之賜也. 若必治國家者, 則非臣之所能也. 若必治國家者, 則其管夷吾乎! 臣之所不若夷吾者五: 寬惠柔民, 弗若也; 治國家不失其柄, 弗若也; 忠信可結於百姓, 弗若也; 制禮義可法於四方, 弗若也; 執枹鼓立於軍門, 使百姓皆加勇焉, 弗若也.」桓公曰:「夫管夷吾射寡人中金句, 是以濱於死.」鮑叔對曰:「夫爲其君動也. 君若宥而反之, 夫猶是也.」桓公曰:「若何?」鮑叔對曰:「請諸魯.」桓公曰:「施伯, 魯君之謀臣也. 夫知吾將用之, 必不予我矣. 若之何?」鮑叔對曰:「使人請諸魯, 曰:『寡君有不令之臣在君之國, 欲以戮之於羣臣, 故請之.』則予我矣.」桓公使請諸魯, 如鮑叔之言.

288(10-3) 晉文公重耳亡
죄인을 등용한 진 문공

진晉 문공文公 중이重耳가 망명하여 조曹나라로 들었을 때, 이부수里鳧須라는 자도 그를 따라 다녔었는데 그 틈을 타서 그만 문공의 노자를 훔쳐 달아나고 말았다. 중이는 식량조차 없어 굶주려 걸을 수가 없었다. 이에 개자추介子推가 자신의 허벅지 살을 베어 중이에게 먹여 겨우 다시 움직일 수 있었다.

이렇게 고생한 끝에 중이는 귀국하여 임금이 되었지만 그 때까지도 많은 사람들이 그에게 가까이 다가와 주지 않는 것이었다. 이 때 이부수가 찾아와 만나기를 청하며 이렇게 말하는 것이었다.

"저는 능히 이 진나라를 안정시킬 수 있습니다."

문공은 사람을 시켜 문 앞에서 그를 이렇게 응대하게 하였다.

"그대는 무슨 면목으로 나를 찾아와서 진나라를 안정시키겠다고 하는가?"

그러자 이부수는 이렇게 묻는 것이었다.

"임금은 지금 머리를 감고 계신가?"

신하가 대답하였다.

"아니오."

이부수는 다시 이렇게 말하였다.

"내 들으니 사람이 머리를 감을 때는 심장이 거꾸로 되며, 심장이 거꾸로 되어야 말이 거꾸로 나온다고 하던데 임금은 머리를 감는 것도 아니라면서 말이 어찌 거꾸로 나오고 있소?"

신하가 이 말을 문공에게 전하자 문공은 그를 불러들였다. 그러자 이부수는 머리를 쳐들고 이렇게 말하였다.

"나라를 떠나 오랫동안 밖에 있었기 때문에 백성과 신하들이 임금께 많은 죄를 짓게 되었지요. 그러고 나서 임금이 되돌아오자 백성들은 모두가 위험을 느끼고 있는 것입니다. 특히 저 이부수는 임금의 노자까지 훔쳐 깊은 산으로 도망가는 바람에 임금을 굶게 하였지요. 그래서 개자추가 자신의 허벅지 살을 베어 임금께 먹여 주자 겨우 살아났습니다. 이 일은 천하에 모르는 사람이 없고 저의 죄 역시 지대하여 십족十族을 다 멸해도 그 책임을 덮을 수가 없습니다. 그러나 임금께서 진실로 저의 죄를 사하여 주셔서 저를 임금 곁에 태우고 나라 안을 돌아다니면서 백성들로 하여금 이를 보도록 하면 모두가 틀림없이 임금께서는 구악舊惡을 생각하지 않으시는 분이라는 것을 알고 안심을 하게 될 것입니다."

이 말에 문공은 크게 기뻐하며 그의 계책대로 그를 곁에 태우고 나라를 순행하였다. 그러자 백성들이 이를 보고는 모두가 이렇게 말하는 것이었다.

"이부수조차도 죽음을 당하기는커녕 임금 곁에 앉는데 우리가 무엇을 걱정하겠는가?!"

그리하여 진나라는 크게 안녕을 얻게 되었다. 그래서 서書에 "문왕은 거친 옷을 입고 들판에 나가 일을 하였다"라 하였는데 이는 이부수가 무죄로 풀려난 것과 같다.

《시詩》에는 이렇게 말하였다.

"훌륭하고 뛰어난 많은 선비들	濟濟多士
문왕은 이로써 안녕을 얻었네."	文王以寧

晉文公重耳亡, 過曹, 里鳧須從, 因盜重耳資而亡. 重耳無糧, 餒不能行, 子推割股肉以食重耳, 然後能行. 及重耳反國, 國中

多不附重耳者.

於是里鳧須造見, 曰:「臣能安晉國.」

文公使人應之曰:「子尙何面目來見寡人, 欲安晉也?」

里鳧須曰:「君沐邪?」

使者曰:「否.」

里鳧須曰:「臣聞沐者其心倒, 心倒者其言悖. 今君不沐, 何言之悖也?」

使者以聞, 文公見之.

里鳧須仰首曰:「離國久, 臣民多過君; 君反國, 而民皆自危. 里鳧須又襲竭君之資, 避於深山, 而君以餒. 介子推割股, 天下莫不聞. 臣之爲賊亦大矣. 罪至十族, 未足塞責. 然君誠赦之罪, 與驂乘, 遊於國中, 百姓見之, 必知不念舊惡, 人自安矣.」

於是文公大悅, 從其計, 使驂乘於國中, 百姓見之, 皆曰:「夫里鳧須且不誅而驂乘, 吾何懼也?」

是以晉國大寧.

故書云:『文王卑服, 卽康功田功.』

若里鳧須罪無赦者也.

詩曰:『濟濟多士, 文王以寧.』

【晉文公】重耳. 春秋五霸의 하나. 驪姬가 申生을 죽이자 망명하였다가 후에 다시 돌아와 王이 되었다.

【里鳧須】人名. '豎頭須'로도 되어 있다.

【介子推】文公을 따라 망명 생활을 할 때 자신의 허벅지 살을 베어 文公에게 먹여 살린 人物. 뒤에 상을 받지 못하고 산 속으로 숨어 타죽었다. '寒食'의 故事를 남긴 인물.(前出)

【書曰】《尙書》無逸篇의 구절.
【詩曰】《詩經》大雅 文王의 구절.

참고 및 관련 자료

1.《詩經》大雅 文王(139)

2.《左傳》僖公 24년 傳

初, 晉侯之豎頭須, 守藏者也, 其出也, 竊藏以逃, 盡用以求納之. 及入, 求見. 公辭焉以沐. 謂僕人曰:「沐則心覆, 心覆則圖反, 宜吾不得見也. 居者爲社稷之守, 行者爲羈紲之僕, 其亦可也, 何必罪居者? 國君而讐匹夫, 懼者甚衆矣.」僕人以告, 公遽見之.

3.《新序》雜事(五)

里鳧須, 晉公子重耳之守府者也. 公子重耳出亡於晉, 里鳧須竊其寶貨而逃. 公子重耳反國, 立爲君, 鳧須造門願見, 文公方沐, 其謁者復, 文公握髮而應之曰:「吾鳧須邪?」曰:「然.」「謂鳧須, 若猶有以面目而復見我乎?」謁者謂里鳧須. 鳧須對曰:「臣聞之沐者其心覆, 心覆者言悖, 君意沐邪? 何悖也?」謁者復文公, 見之曰:「若竊我貨寶而逃, 我謂汝猶有面目而見我邪? 汝曰:『君何悖也?』是何也?」鳧須曰:「然. 君反國, 國之半不自安也, 君寧棄國之半乎? 其寧有全晉乎?」文公曰:「何謂也?」鳧須曰:「得罪於君者, 莫大於鳧須矣, 君誠赦鳧須, 顯出以爲右, 如鳧須之罪重也, 君猶赦之, 況有輕於鳧須者乎?」文公曰:「聞命矣.」遂赦之, 明日出行國, 使爲右, 翕然晉國皆安. 語曰:『桓公任其賊, 而文公用其盜.』故曰:『明主任計不任怒, 闇主任怒不任計. 計勝怒者强, 怒勝計者亡.』此之謂也.

4.《國語》晉語(四)

文公之出也, 豎頭須, 守藏者也, 不從. 公入, 乃求見, 公辭焉以沐. 謂謁者曰:「沐則心覆, 心覆則圖反, 宜吾不得見也. 從者爲羈紲之僕, 居者爲社稷之守, 何必罪居者! 國君而讎匹夫, 懼者衆矣.」謁者以告, 公遽見之.

5.《漢書》〈丙吉傳〉顔師古 主

韓詩外傳云: 晉公子重耳之亡也, 過曹, 里鳧須以從, 因盜其資而逃. 重耳無糧, 餒不能行, 介子推割其股肉以食重耳, 然後能行也.

289(10-4) 傳曰言爲王之不易也
천자의 등극 의식

이렇게 전해오고 있다.

왕 노릇하기는 쉬운 일이 아니다. 왕위에 오르는 대명大命이 이르면 태종太宗·태사太史·태축太祝이 흰옷을 입고 책策을 하나씩 잡은 채 북면北面하여 서서는 천자天子를 향해 이렇게 위로의 말을 한다.

"큰 임무가 지금 이르렀는데 어찌 하면 지금의 이 근심을 길이 끌고 나갈 수 있을까!"

그리고는 천자에게 첫 번째의 책을 하나 준다. 다음으로 이렇게 말한다.

"그대의 제사를 공경으로 모셔서 영원히 천명을 위주로 하되 끝없이 두려워하며, 자신의 몸이 편할 것은 감히 꿈꾸지 마시라."

이에 두 번째의 책을 준다. 그리고 다음으로 이렇게 일러 준다.

"이른 새벽부터 밤늦도록 공경히 하여 그대 몸소 태만이 없기를 비노라."

이에 따라 세 번째의 책을 준다. 이어서 끝으로 이렇게 당부한다.

"천자는 남면南面하라. 제위帝位를 주노라. 다스림을 근심으로 여겨야지 그 자리로써 즐거움을 삼아서는 아니 되느니라."

《시詩》에는 이렇게 말하였다.

"덕 없이 하늘만 믿을 수 있나.	天難忱斯
쉽지 않네, 그 자리, 제왕의 자리."	不易惟王

傳曰: 言爲王之不易也. 大命之至, 其太宗·太史·太祝, 斯素服執策, 北面而弔乎天子, 曰:「大命旣至矣, 如之何憂之長也!」

授天子策一矣.

曰:「敬享以祭, 永主天命, 畏之無疆, 厥躬無敢寧.」

授天子策二矣.

曰:「敬之, 夙夜伊祝, 厥躬無怠, 萬民望之.」

授天子策三矣.

曰:「天子南面, 授於帝位, 以治爲憂, 未以味爲樂也.」

詩曰:『天難忱斯, 不易惟王.』

【大命】天命. 天子가 되는 것은 하늘이 내린 것이라 믿었다.

【太宗, 太史, 太祝】天子 등극을 집전하는 官吏. '天官'이라 하였다.

【策】竹簡에 써서 경계를 삼는 文書. 後代에는 玉으로 하였다.

【南面】帝王. 天子의 위치.

【詩曰】《詩經》大雅 大明의 구절.

참고 및 관련 자료

1.《詩經》大雅 大明(075)

2.《禮記》表記

子曰: 唯天子受命于天, 士受命于君. 故君命順則臣有順命; 君命逆則臣有逆命. 詩曰: 鵲之姜姜, 鶉之賁賁; 人之無良, 我以爲君.

3.《春秋繁露》爲人者天

傳曰: 唯天子受命於天, 天下受命於天子, 一國則受命於君. 君命順, 則民有順命. 君命逆, 則民有逆命. 故曰: 一人有慶, 兆民賴之. 此之謂也.

4. 기타 참고자료

《荀子》大略篇

290(10-5) 君子溫儉以求於仁
주나라 태왕의 세 아들

군자는 온검溫儉하게 하여 인仁에서 구하고 공양恭讓을 다해 예禮에서 구해야 한다. 그러고 나서 소득이 있어도 그대로 지키며 소득이 없더라도 역시 그대로 지켜나가야 한다. 따라서 군자의 도에 대한 태도는 마치 농부에게 있어서의 농사일처럼 비록 풍년이 들지 않으면 어쩌나 하는 근심이 있다 할지라도 그 농사일을 바꿀 수 없는 것과 같다.

태왕大王(太王) 단보亶甫에게 아들이 있었는데 태백太伯·중옹仲雍·계력季歷이었으며 계력의 아들이 창昌이었다. 그러자 태백은 아버지인 태왕이 창을 어질게 여겨 계력을 거쳐 그를 후사로 삼으려는 것을 알고, 나라를 떠나 오吳 땅으로 갔다. 태왕이 장차 죽음에 이르자 계력에게 이렇게 유언하였다.

"내가 죽거든 너는 두 형을 찾아가 양보해라. 그래도 그들이 오지 않는다면 이는 안심하고 의를 다하여 네가 왕이 될 수 있다."

태왕이 죽자 계력은 오 땅으로 가서 태백과 중옹에게 이를 고하였다. 이에 태백과 중옹은 계력을 따라 돌아왔다. 여러 신하들은 태백에게 계력을 왕으로 세워 주기를 희망하였다. 그러나 계력은 이를 사양하였다. 그러자 태백은 동생 중옹에게 이렇게 물었다.

"여러 신하들이 나에게 계력을 왕으로 삼아 주기를 희망하고 있으나 계력이 이를 사양하고 있다. 내가 어떻게 처리하면 되겠는가?"

중옹은 이렇게 일러 주었다.

"우리 주周나라의 규정에 이렇게 되어 있다고 말하십시오. 즉 나약한

나라를 붙들어 일으켜야 할 경우에는 막내를 시킬 수도 있다고."

이리하여 계력이 드디어 왕이 되자 그는 문왕文王(昌)을 열심히 잘 길렀다. 문왕은 과연 명을 받아 훌륭한 왕이 되었던 것이다.

공자孔子는 이를 두고 이렇게 말하였다.

"태백은 혼자 알아차렸고, 왕계王季(季歷)는 홀로 알고 있었던 것이다. 태백은 아버지의 뜻을 알아차렸고 계력은 아버지의 마음을 알아 차렸던 것이다. 그러므로 태왕·태백·왕계는 처음과 끝을 미리 잘 알아 그 뜻을 잘 이어 받은 사람들이라 할 수 있다."

《시詩》에

"태백과 왕계에서 비롯되었네. 　自太伯王季
오직 이분 왕계야말로 　惟此王季
그 마음 오로지 우애로 하였네. 　因心則友
그 형을 우애로 모셔드리고 　則友其兄
그 경사를 돈독히 하여 　則篤其慶
영광스런 명예를 형께 드렸네. 　載錫之光
이리하여 받은 복 잃지 않고서 　受祿無喪
사방에 그 공로를 펼쳐 보였네" 　奄有四方

라 하였으니 이를 두고 한 말이다. 태백이 오 땅으로 돌아가자 그곳 사람들이 그를 왕으로 삼아 오나라는 28대의 부차夫差에 이르러 망하게 되었다.

君子溫儉以求於仁, 恭讓以求於禮, 得之自是, 不得自是. 故君子之於道也, 猶農夫之耕, 雖不獲年, 優之無以易也. 大王亶甫有子曰太伯·仲雍·季歷, 歷有子曰昌, 太伯知大王賢昌, 而欲季爲後也, 太伯去之吳.

大王將死, 謂曰:「我死, 汝往讓兩兄, 彼卽不來, 汝有義而安.」

大王薨, 季之吳告伯仲. 伯仲從季而歸, 羣臣欲伯之立季, 季又讓.

伯謂仲曰:「今羣臣欲我立季, 季又讓, 何以處之?」

仲曰:「刑有所謂矣. 要於扶微者, 可以立季.」

季遂立而養文王. 文王果受命而王.

孔子曰:「太伯獨見, 王季獨知. 伯見父志, 季知父心. 故大王·太伯·王季, 可謂見始知終, 而能承志矣.」

詩曰:『自太伯王季, 惟此王季, 因心則友. 則友其兄, 則篤其慶. 載錫之光, 受祿無喪. 奄有四方.』

此之謂也. 太伯反吳, 吳以爲君, 至夫差, 二十八世而滅.

【大王】太王. 즉 古公亶甫(古公亶父)를 말한다.

【太伯】古公亶公의 첫째 아들. 吳나라로 가서 吳나라의 始祖가 되었다.《論語》泰伯篇의 첫 구절은 이를 칭찬한 내용이다.

【仲雍】虞仲. 古公亶公의 둘째 아들.

【季歷】王季. 셋째 아들. 昌의 아버지.

【文王】西伯. 이름은 姬昌. 季歷의 아들.

【詩曰】《詩經》大雅 皇矣의 구절.

참고 및 관련 자료

1.《詩經》大雅 皇矣(144)

2.《史記》周本紀

古公有長子曰太伯, 次曰虞仲. 太姜生少子季歷, 季歷娶太任, 皆賢婦人, 生昌, 有聖瑞. 古公曰:「我世當有興者, 其在昌乎?」長子太伯·虞仲知古公欲立季曆以傳昌, 乃二人亡如荊蠻, 文身斷髮, 以讓季歷.

3.《史記》吳太伯世家

吳太伯, 太伯弟仲雍, 皆周太王之子, 而王季歷之兄也. 季歷賢, 而有聖子昌, 太王欲立季歷以及昌, 於是太伯·仲雍二人乃奔荊蠻, 文身斷髮, 示不可用, 以避季歷. 季歷果立, 是爲王季, 而昌爲文王. 太伯之奔荊蠻, 自號句吳. 荊蠻義之, 從而歸之千餘家, 立爲吳太伯.

4.《論語》泰伯篇

子曰:「泰伯, 其可謂至德也已矣. 三以天下讓, 民無得而稱焉.」

5.《十八史略》卷一

古公長子太伯, 次虞仲, 其妃太姜, 生少子季歷. 季歷娶太任, 生昌. 有聖瑞, 太伯·虞仲, 知古公欲立季歷以傳昌, 乃如荊蠻, 斷髮文身, 以讓季歷.

6.《禮記》表記

子曰: 下之事上也, 雖有庇民之大德, 不敢有君民之心, 仁之厚也. 是故君子恭儉以求役仁, 信讓以求役禮, 不自尚其事, 不自尊其身, 儉於位而寡於欲, 讓於賢, 卑己尊人, 小心而畏義, 求以事君, 得之自是, 不得自是, 以聽天命. 詩云: 莫莫葛藟, 施于條枚; 凱弟君子, 求福不回. 其舜·禹·文王·周公之謂與! 有君民之大德, 有事君之小心. 詩云: 惟此文王, 小心翼翼, 昭事上帝, 聿懷多福, 厥德不回, 以受方國.

7.《孔子集語》孝本篇

韓詩外傳十: 大王亶甫有子曰太伯·仲雍·季歷, 歷有子曰昌, 太伯知大王賢昌, 而欲季爲後也, 太伯去之吳. 大王將死, 謂曰:「我死, 汝往讓兩兄, 彼卽不來, 汝有義而安.」大王薨, 季之吳告伯仲. 伯仲從季而歸, 羣臣欲伯之立季, 季又讓, 伯謂仲曰:「今羣臣欲我立季, 季又讓, 何以處之?」仲曰:「刑有所謂矣. 要於扶微者, 可以立季.」季遂立而養文王. 文王果受命而王. 孔子曰:「太伯獨見, 王季獨知. 伯見父志, 季知父心. 故大王·太伯·王季, 可謂見始知終, 而能承志矣.」詩曰:『自太伯王季,

291(10-6) 齊宣王與魏惠王會田於郊
나라의 진짜 보물

제齊 선왕宣王과 위魏 혜왕惠王이 함께 만나 교외에서 사냥을 하게 되었다. 위왕이 물었다.

"귀국에도 보물이 있습니까?"

제왕은 이렇게 대답하였다.

"없습니다."

이에 위왕은 이렇게 자랑을 늘어놓았다.

"우리같이 작은 나라도 한 촌쯤 되는 구슬이면서도 그 빛이 수레 앞 뒤 열두 대 길이만큼이나 비치는 것이 무려 열 개나 있는데 어찌 귀국같이 만승萬乘이나 되는 나라에 보물이 없다는 말씀입니까?"

제왕은 이렇게 설명하였다.

"제가 보물로 여기는 것이 왕과 다를 뿐이지요. 저에게는 단자檀子라는 신하가 있는데 그를 시켜 남성南城을 지키게 하였더니 초楚나라가 감히 넘보지 못하고, 사수泗水 북쪽의 열두 제후가 모두 내조來朝해 오더이다. 또, 반자盼子라는 신하가 있어 고당高唐을 맡겼더니 조趙나라 사람이 감히 동쪽의 하수河水에서 고기를 마구 잡아가지 못합니다. 그런가 하면 신하 중에 검부黔夫라는 자가 있는데 이를 시켜 서주徐州를 지키게 하였더니 연燕나라 사람들은 북문北門에서, 조나라 사람들은 서문西門에서 제사를 지내며 우리에게 귀순해 오는 자가 십천여十千餘 가家나 되더이다. 또 종수種首라는 자에게 도적을 방비하는 일을 맡겼더니 길에 떨어진 것조차 줍는 이가 없어졌습니다.

이렇게 보면 나의 보물은 천리 밖까지 비추는 셈이니 어찌 수레 열두 대 비치는 구슬과 비교할 수 있으리오!"

위왕은 이 말에 부끄러워 어쩔 줄 몰라 하다가 괴로운 마음을 품은 채 돌아가 버렸다.

《시詩》에는 이렇게 말하였다.

"즐겁게 말로 이끌어 주면　　辭之懌矣
백성은 더 이상 말이 없지."　　民之莫矣

齊宣王與魏惠王會田於郊.

魏王曰:「亦有寶乎?」

齊王曰:「無有.」

魏王曰:「若寡人之小國也, 尙有徑寸之珠, 照車前後十二乘者十枚. 奈何以萬乘之國無寶乎?」

齊王曰:「寡人之所以爲寶與王異. 吾臣有檀子者, 使之守南城, 則楚人不敢爲寇, 泗水上有十二諸侯, 皆來朝. 吾臣有盼子者, 使之守高唐, 則趙人不敢東漁於河. 吾臣有黔夫者, 使之守徐州, 則燕人祭北門, 越人祭西門, 從而歸之者十千餘家. 吾臣有種首者, 使之備盜賊, 而道不拾遺. 吾將以照千里之外, 豈特十二乘哉!」

魏王慙, 不懌而去.

詩曰:『辭之懌矣, 民之莫矣.』

【齊宣王】戰國時代 齊나라 君主. 成王의 아들로 이름은 辟疆. 재위 19년(B.C.319~301). 孟子와 同時代의 인물이다.

【魏惠王】梁惠王. 이름은 罃. 역시 孟子와 同時代의 인물.

【檀子】齊宣王의 臣下.

【南城】 지금의 山東省 費縣.
【泗水】 물 이름.
【盼子】《史記》에는 '盼子'. 즉 '田盼'으로 되어 있다.
【高唐】 지금의 山東省 禹城縣 근처.
【黔夫】 齊나라의 臣下.
【徐州】 지금의 江蘇省 북부 지역.
【種首】 人名. 齊나라 臣下.
【十千餘家】《史記》에는 '七千餘家'로 되어 있다.
【詩曰】《詩經》 大雅 板의 구절.

참고 및 관련 자료

1. 《詩經》 大雅 板(071)

2. 《史記》 田敬仲完世家

威王二十三年, 與趙王會平陸. 二十四年, 與魏王會田於郊. 魏王問曰: 「王亦有寶乎?」 威王曰: 「無有.」 梁王曰: 「若寡人國小也, 尙有徑寸之珠照車前後各十二乘者十枚, 奈何以萬乘之國而無寶乎?」 威王曰: 「寡人之所以爲寶與王異. 吾臣有檀子者, 使守南城, 則楚人不敢爲寇東取, 泗上十二諸侯皆來朝. 吾臣有盼子者, 使守高唐, 則趙人不敢東漁於河. 吾吏有黔夫者, 使守徐州, 則燕人祭北門, 趙人祭西門, 徙而從者七千餘家. 吾臣有種首者, 使備盜賊, 則道不拾遺. 將以照千里, 豈特十二乘哉!」 梁惠王慙, 不懌而去.

3. 《說苑》 臣術篇

齊威王遊於瑤臺, 成侯卿來奏事, 從車羅綺甚衆, 王望之謂左右曰: 「來者何爲者也?」 左右曰: 「成侯卿也.」 王曰: 「國之貧也, 何出之盛也?」 左右曰: 「與人者有以責之也, 受人者有以易之也.」 王試問其說, 成侯卿至, 上謁曰: 「忌也.」 王不應. 又曰: 「忌也.」 王不應. 又曰: 「忌也.」 王曰: 「國之貧也, 何出之盛也?」 成侯卿曰: 「赦其死罪, 使臣得言其說.」 王曰: 「諾.」 對曰: 「忌擧田居子爲西河而秦梁弱, 忌擧田解子爲南城, 而楚人抱羅綺而朝, 忌擧黔涿子爲冥州, 而燕人給牲, 趙人給盛, 忌擧田種首子爲卽墨, 而於齊足究, 忌擧北郭勺勃子爲大士, 而九族益親, 民益富, 擧此數良人者, 王枕而臥耳, 何患國之貧哉?」

292(10-7) 東海有勇士
진짜 용사

동해東海에 치구흔菑丘訢이라는 용사가 있어 그의 용맹이 온 천하에 널리 알려져 있었다. 그가 말을 몰고 가다가 음마飮馬라는 이상한 못을 만났는데 그 마부가 설명하였다.

"말에게 이 샘물을 먹이면 그 말은 반드시 죽습니다."

그러자 그는 이렇게 제의하였다.

"내 말대로 말에게 이 물을 먹여 보아라."

그리하여 말에게 물을 먹였더니 과연 그 말이 물속으로 빠져 들어가는 것이었다. 이에 치구흔은 조복朝服을 벗어 던지고 칼을 빼어들고는 뛰어들어 사흘 밤낮을 싸운 끝에 세 마리의 교룡蛟龍과 한 마리의 용龍을 죽이고 다시 나오는 것이었다. 그러자 뇌신雷神이 노하여 열흘 밤낮을 우레를 쳐서 그의 왼쪽 눈을 멀게 하였다. 요리要離가 이 소문을 듣고 그 집을 찾아가 물었다.

"치구흔, 집에 있느냐?"

그러자 다른 사람이 일러 주었다.

"지금 다른 상갓집에 가고 없습니다."

요리는 다시 그 장례 지내는 곳까지 찾아가 묘 옆에서 그를 만나 이렇게 소리쳤다.

"듣자하니 뇌신이 그대를 열흘 밤낮을 쳐서 그대의 왼쪽 눈을 멀게 하였다더구나. 무릇 하늘이 화가 났을 때는 그 하루를 넘기지 않고 벌을 내리며, 사람이 원한을 사게 되면 발길 돌리기 전에 복수를 한다고 하던데 지금까지 보복을 아니 하고 있는 것은 무슨 이유인가?"

이렇게 그를 꾸짖고는 그 자리를 떠나 버렸다. 무덤가에 있던 자들로 이를 보고 벌벌 떠는 자가 수를 헤아릴 수 없었다. 요리는 집으로 돌아와 그 문인門人에게 이렇게 일렀다.

"치구흔은 천하의 용사이다. 오늘 내가 많은 사람 앞에서 그를 모욕하였다. 따라서 그는 틀림없이 나를 찾아 공격하러 올 것이다. 그러니 저녁이 되거든 대문을 닫지 말며 내 잠자는 방의 문도 채우지 말라."

밤이 되자 과연 치구흔이 찾아와서는 칼을 빼어 요리의 목에 들이대고 이렇게 물었다.

"너는 세 가지 죽을죄를 졌다. 많은 사람 앞에서 나에게 모욕을 준 것이 그 하나요, 밤에 대문을 닫지 않은 것이 두 번째이며, 잠자는 방의 문을 채우지 않은 것이 세 번째이다."

그러자 요리가 이렇게 말하였다.

"잠깐 내 말을 기다리라. 네가 나를 직접 찾아온 것이 너의 불초함의 첫 번째요, 칼을 빼고도 찌르지 못하니 두 번째 불초함이요, 칼이 먼저고 말이 나중인 것이 불초함의 세 번째이다. 나를 죽일 수 있는 것은 오직 독약밖에 없다."

이 말에 치구흔은 칼을 거두고 돌아가면서 이렇게 내뱉었다.

"아! 내가 도저히 어쩔 수 없는 자는 천하에 이 놈밖에 없도다."

이렇게 전해오고 있다.

"공자公子 목이目夷는 말을 잘하여 나라를 얻었는데 지금 요리는 말 한 마디로 그 몸을 살렸구나. 말이란 훌륭하게 하지 않을 수 없는 것이니 바로 이런 경우이다."

《시詩》에는 이렇게 말하였다.

"즐겁게 말로 이끌어 주면	辭之懌矣
백성은 더 이상 말이 없지."	民之莫矣

東海有勇士曰菑丘訢, 以勇猛聞於天下. 遇神淵, 曰飲馬.

其僕曰:「飲馬於此者, 馬必死.」

曰:「以訢之言飲之.」

其馬果沈. 菑丘訢去朝服, 拔劍而入, 三日三夜, 殺三蛟一龍而出. 雷神隨而擊之, 十日十夜, 眇其左目.

要離聞之, 往見之, 曰:「訢在乎?」

曰:「送有喪者.」

往見訢於墓, 曰:「聞雷神擊子, 十日十夜, 眇子左目. 夫天怨不全日, 人怨不旅踵踪. 至今弗報, 何也?」

叱而去. 墓上振憤者, 不可勝數.

要離歸, 謂門人曰:「菑丘訢, 天下之勇士也. 今日我辱之人中, 是其必來攻我. 暮無閉門, 寢無閉戶.」

菑丘訢果夜來, 拔劍住要離頸, 曰:「子有死罪三: 辱我以人中, 死罪一也; 暮不閉門, 死罪二也; 寢不閉戶, 死罪三也.」

要離曰:「子待我一言: 來謁, 不肖一也; 拔劍不刺, 不肖二也; 刃先辭後, 不肖三也. 能殺我者, 是毒藥之死耳.」

菑丘訢引劍而去, 曰:「嘻! 所不若者, 天下惟此子爾.」

傳曰:「公子目夷以辭得國, 今要離以辭得身. 言不可不文, 猶若此乎?」

詩曰:『辭之懌矣, 民之莫矣.』

【東海】 黃海. 渤海 바닷가.

【菑丘訢】 勇士 이름. 구체적으로는 알 수 없다.

【要離】 春秋時代 宋襄公의 庶兄. 字는 子魚. 그러나 어떤 곳에도 公子 目夷가 말을 잘하여 나라를 얻었다는 기록은 없다.

【詩曰】《詩經》大雅 板의 구절.

참고 및 관련 자료

1. 《詩經》 大雅 板(071)

2. 《太平廣記》 191(《獨異志》)

周世, 東海之上, 有勇士甾丘訢以勇聞於天下. 過神泉, 令飮馬. 其僕曰:「飮馬於此者, 馬必死.」丘訢曰:「以丘訢之言飮之.」其馬果死. 丘訢乃去衣拔劍而入, 三日三夜, 殺二蛟一龍而出. 雷神隨而擊之. 十日十夜, 眇其左目. 要離聞而往見之, 丘訢出送有喪者. 要離往見丘訢於墓所曰:「雷神擊子, 十日十夜, 眇子左目, 夫天怨不旋日, 人怨不旋踵, 子至今不報, 何也?」叱之而去. 墓上振憤者不可勝數. 要離歸, 謂人曰:「甾丘訢天下勇士也. 今日我辱之於衆人之中. 必來殺我, 暮無閉門, 寢無閉戶.」丘訢至夜半果來, 拔劍柱頸曰:「子有死罪三: 辱我於衆人至中, 死罪一也. 暮無閉門, 死罪二也. 寢不閉戶, 死罪三也.」要離曰:「子待我一言而後殺也. 子來不謁, 一不肖也. 拔劍不刺, 二不肖也. 刃先詞後, 三不肖也. 子能殺我者, 是毒藥之死耳.」丘訢收劍而去曰:「嘻. 天下所不若者, 唯此子耳.」

3. 《博物志》(8)

東海上勇士有菑丘訢, 過神淵, 使飮馬, 馬沈. 訢去朝服拔劍而入, 三日三夜, 殺二蛟一龍而出. 雷神隨擊之, 七日七夜, 眇其左目.

4. 《藝文類聚》(96)

韓詩外傳曰: 東海有勇士菑丘訢, 過神泉, 飮馬. 其僕曰:「飮馬此者, 馬必致死.」飮馬果沉. 訢拔劍而入, 三日三夜, 殺二蛟而出. 雷神隨而擊之, 眇其左目.

5. 기타 참고자료

《北堂書鈔》(152)·《太平御覽》(13)·《冊府元龜》(847)·《論衡》 龍虛篇·《吳越春秋》 闔閭內傳

293(10-8) 傳曰齊使使獻鴻於楚
고니를 놓친 사신의 달변

이렇게 전해오고 있다.

제齊나라가 사신으로 하여금 초楚나라에 홍곡鴻鵠을 갖다 바치도록 임무를 맡겼다. 그런데 그 사신이 가는 길에 홍곡이 목말라 하자 길가에서 물을 먹이다가 그만 놓쳐 버리고 말았다. 사신은 결국 초나라에 이르러 이렇게 말하였다.

"우리 제나라가 저에게 홍곡을 귀국에 바치도록 시켰습니다. 그런데 제가 가지고 오다가 홍곡이 목이 말라 하기에 물을 먹이다가 그만 새장이 부서져 놓쳐 버리고 말았습니다. 저는 겁이 나서 도망가 버릴까 하였지만 그렇게 되면 두 임금 사이의 사신이 통하지 못할 것이요, 칼을 빼어 스스로 죽어 버릴까 하고도 생각하였지만 그렇게 되면 우리 임금이 선비는 천히 여기고 홍곡은 귀히 여기는 것으로 잘못 알려질까 하여 그만두었습니다. 여기에 부서진 바구니만 가져와서 중한 일에 오점을 남깁니다."

초왕은 그의 말 잘하는 솜씨에 놀라 그를 머물게 하여 대접, 종신토록 그를 상객上客으로 삼아 주었다.

그러므로 사신은 반드시 그 멋진 말솜씨에 자신감을 갖고 믿음으로 깨우치며, 지기志氣를 밝혀 풀고 굽히고 펼 줄 알아야 한다. 그 정도는 되어야 사신이라 할 수 있다.

《시詩》에는 이렇게 말하였다.

"즐겁게 말로 이끌어 주면	辭之懌矣
백성은 더 이상 말이 없지."	民之莫矣

傳曰: 齊使使獻鴻於楚. 鴻渴, 使者道飮鴻, 玃笿潰失.

使者遂之楚, 曰:「齊使臣獻鴻, 鴻渴, 道飮, 玃笿潰失. 臣欲亡, 爲失兩君之使不通. 欲拔劍而死, 人將以吾君賤士貴鴻也. 玃笿在此, 願以汙事.」

楚王賢其言, 辯其詞, 因留而賜之, 終身以爲上客.

故使者必矜文辭, 喩誠信, 明氣志, 解結申屈, 然後可使也.

詩曰:『辭之懌矣, 民之莫矣.』

【鴻鵠】 고니. 큰 물새.

【玃笿】 '攫笿'로 본다. 새의 발을 묶어 가두는 조롱. 《史記》 李斯列傳 索隱에 "凡鳥翼擊物曰搏, 足取曰攫"이라 하였다. 혹은 '玃笿'는 조롱의 뜻으로 쓰던 당시 어휘라고도 한다.

【上客】 客卿 중의 최고 官職.

【詩曰】 《詩經》 大雅 板의 구절. 〈四庫全書〉본에는 引用 詩에 "民之莫矣"의 4글자가 누락 되어 있다.

참고 및 관련 자료

1. 《詩經》 大雅 板(071)

2. 《說苑》 奉使篇

魏文侯使舍人毋擇, 獻鵠於齊侯. 毋擇行道失之. 徒獻空籠, 見齊侯曰:「寡君使臣毋擇獻鵠, 道飢渴, 臣出而飲食之, 而鵠飛沖天, 遂不復反. 念思非無錢以買鵠也, 惡有爲其君使, 輕易其弊者乎? 念思非不能拔劍刎頭, 腐肉暴骨於中野也, 爲吾君貴鵠而賤士也. 念思非不敢走陳 蔡之間也, 惡絶兩君之使, 故不敢愛身逃死, 來獻空籠, 唯主君斧質之誅.」齊侯大悅曰:「寡人今者得玆言, 三賢於鵠遠矣. 寡人有都郊地百里, 願獻子大夫以爲湯沐邑.」毋擇對曰:「惡有爲其君使而輕易其弊, 而利諸侯之地乎?」遂出不反.

3. 《史記》 滑稽列傳

昔者, 齊王使淳于髡獻鵠於楚. 出邑門, 道飛其鵠, 徒揭空籠, 造詐成辭, 往見楚王曰:「齊王使臣來獻鵠, 過於水上, 不忍鵠之渴, 出而飮之, 去我飛亡. 吾欲刺腹絞頸而死, 恐人之議吾王以鳥獸之故令士自傷殺也. 鵠, 毛物, 多相類者, 吾欲買而代之, 是不信而欺吾王也. 欲赴佗國奔亡, 痛吾兩主使不通. 故來服過, 叩頭受罪大王.」楚王曰:「善, 齊王有信士若此哉!」厚賜之, 財倍鵠在也.

4. 《藝文類聚》(90)

韓詩外傳曰: 齊使獻鴻於楚, 鴻渴, 使者於道飮鴻而失之. 使者至楚, 曰:「臣欲亡去, 爲兩使不通, 欲絞頸而死, 將以吾君賤士貴鴻也.」楚王賢之, 以爲上客.

5. 기타 참고자료

《太平御覽》(916)·《史記》〈滑稽列傳〉 索隱

294(10-9) 扁鵲過虢侯
편작의 의술

편작扁鵲이 괵후虢侯를 방문하였을 때 마침 세자世子가 갑작스런 병에 걸려 죽게 되었다. 편작은 급히 궁으로 달려가 이렇게 말하였다.

"내 듣기로 이 나라에 갑자기 묘를 만들어야 할 일이 생겼다던데 무슨 급한 일인지 알 수 있을까요?"

문지기가 대답하였다.

"세자가 지금 갑작스런 병으로 죽게 되었소."

편작은 이렇게 말하였다.

"그러면 들어가서 정鄭나라 사람 진월인秦越人이라는 의사가 와서 살려 낼 수 있다더라고 알려 주시오."

그러자 서자庶子 중에 방술方術을 좋아하는 자가 나와서 이렇게 응대하는 것이었다.

"내 듣기로 고대에 뛰어난 의사로서 제보弟父라는 자가 있었다 하오. 그 제보의 의술은 완莞이라는 풀로 자리를 깔고 꼴 짚으로 개 모양을 만들어 북쪽으로 향하여 기도를 하되 딱 열 마디만 한다고 하였소. 그러면 부축하거나 수레에 실려 온 그 누구라도 모두 아무 일 없었다는 듯이 온전히 낫는다고 하였소. 그대는 능히 이런 방법을 부릴 수 있는 것입니까?"

이 질문에 편작은 이렇게 말하였다.

"나는 그렇게 못합니다."

그러자 그가 다시 물었다.

"그럼 내 알기로 그 다음 옛날의 의사로서 유부兪跗라는 명의는 약목搦木이라는 나무로 뇌腦를 만들고, 지초芷草로 몸의 형상을 만들어 그 구멍으로 입김을 불어 넣어 뇌를 안정시켜 죽은 사람도 살려 낸다고 하였소. 그대도 능히 이와 같이 할 수 있소?"

편작은 똑같이 대답하였다.

"그런 능력이 없습니다."

그러자 중서자中庶子는 이렇게 비꼬는 것이었다.

"진실로 그대의 방법이란 비유컨대 대롱으로 하늘 쳐다보기이며, 송곳으로 땅을 찌르는 것과 같군요. 보아야 할 것은 큰데 보이는 것은 좁으며, 찔러야 할 곳은 넓은데 찌르는 곳은 좁으니 그대 같은 방법으로야 어찌 어린아이 하나 살려 낼 수 있겠소?"

이에 편작은 이렇게 말하였다.

"그렇지 않소이다. 일이란 때로는 아무렇게나 던진 바늘이 모기의 머리를 맞추는 경우가 있고, 눈을 가렸는데도 흑백을 구별하는 경우가 있을 수 있소. 무릇 세자의 병은 소위 말하는 시궐尸蹶이라는 것이오. 그대가 믿지 못하겠거든 들어가 내 말대로 진찰해 보시오. 세자의 사타구니는 아직도 따뜻할 것이며 귀에서는 '초초'하는 마치 우는 소리 같은 것이 들릴 거요. 이와 같다면 지금이라도 살려 낼 수 있습니다."

중서자가 들어가 세자를 진찰해 보고는 그 병세를 괵후에게 보고하자 괵후는 맨발로 쫓아 나와 문에 이르러 편작에게 이렇게 애걸하였다.

"선생은 먼 길 오느라 고생하셨소. 다행히 저에게 와 주셨는데 선생께서 치료해 주신다면 분토 같은 자식이 천지의 큰 복을 입어 사람이 될 수 있을 것이외다. 그러나 선생께서도 살려 내지 못한다면 견마보다 먼저 구렁텅이에 묻히고 말겠지요."

이렇게 말을 미처 끝내기도 전에 옷깃을 적시며 엉엉 우는 것이었다. 편작이 안으로 들어가 지침砥鍼을 돌에 갈아 삼양三陽을 찾아 다섯 번 기氣를 보내고, 그리고는 선헌지조先軒之竈와 팔식지양八拭之陽이라는 약을 만들었다. 그의 제자인 자동子同에게는 약을 빻게 하고, 자명子明에게는 뜸을 놓게 하며, 자유子游에게는 안마를 시키고, 자의子儀에게는 정신이 돌아오게 하는 방법을 시켰고, 자월子越에게는 몸의 형태를 바로잡는 일을 시켰다. 이리하여 세자는 다시 살아나게 되었다.

천하 사람들이 이 일을 듣고는 모두가 편작은 능히 죽은 사람도 살려 낸다고 여기게 되었다. 그러자 편작은 이렇게 말하였다.

"나는 죽은 사람을 살려 내는 것이 아니라 마땅히 살 수 있는 사람을 살려 내는 것일 뿐이다."

이처럼 죽어가는 사람도 약으로 살려 내는데 하물며 살 사람에게 있어서랴! 슬프다! 잘못된 임금의 정치는 그 무슨 약으로도 이를 그치게 할 수 없도다.

《시詩》에

"구해낼 약이 없네" 不可救藥

라 하였으니 이는 끝내 망하고 말 따름이라는 말이다.

扁鵲過虢侯, 世子暴病而死.

扁鵲造宮曰:「吾聞國中卒有壤土之事, 得無有急乎?」

曰:「世子暴病而死.」

扁鵲曰:「入言鄭醫秦越人能活之.」

庶子之好方者出應之.

曰:「吾聞上古醫者曰弟父. 弟父之爲醫也, 以莞爲席, 以芻爲狗, 北面而祝之, 發十言耳, 諸扶輿而來者, 皆平復如故, 子之方豈能若是乎?」

鵲曰:「不能.」

又曰:「吾聞中古之爲醫者, 曰兪跗. 兪跗之爲醫也, 榒木爲腦, 芷草爲軀, 吹竅定腦, 死者復生, 子之方豈能若是乎?」

扁鵲曰:「不能.」

中庶子曰:「苟如子之方, 譬如以管窺天, 以錐刺地, 所窺者大, 所見者小; 所刺者巨, 所中者少, 如子之方, 豈足以變童子哉?」

扁鵲曰:「不然. 事故有昧提而中民蟲頭, 掩目而別白黑者. 夫世子病, 所謂尸蹷者, 以爲不然, 試入診世子股陰當溫, 耳焦焦如有啼者聲. 若此者, 皆可活也.」

中庶子遂入診世子, 以病報.

虢侯聞之, 足跣而起, 至門, 曰:「先生遠辱, 幸臨寡人, 先生幸而治之, 則糞土之息, 得蒙天地, 載長爲人. 先生弗治, 則先犬馬, 塡壑矣.」

言未卒, 而涕泣沾襟. 扁鵲入, 砥鍼礪石. 取三陽五輸, 爲軒先之竈, 八拭之陽, 子同藥, 子明灸陽, 子遊按磨, 子儀反神, 子越扶形. 於是世子復生. 天下聞之, 皆以扁鵲能起死人也.

扁鵲曰:「吾不能起死人, 直使夫當生者起.」

死者猶可藥, 而況生乎? 悲夫! 罷君之治, 無可藥而息也.

詩曰:『不可救藥.』言必亡而已矣.

【扁鵲】 원래 고대 傳說 속의 名醫. 혹은 '秦越人'이라는 사람이라고도 한다.

【虢侯】 虢나라의 侯. 虢은 고대 小國으로 春秋時代 晉나라에 의해 합병되었다.

【弟父】 고대의 名醫.

【芫】 풀 이름. 왕골의 일종. 자리를 짜는 데 쓰였다.

【兪跗】 고대의 名醫. '踰跗'로 실린 판본도 있다.

【榒木】 나무 이름. '溺木'으로 실린 판본도 있다.

【芷草】 풀 이름.
【中庶子】 官職名.
【三陽】 진맥의 부위. 脈點.
【五輸】 經脈의 血道. 太衝·太陵·太白·太淵·太谿라 한다.
【先軒之竈】 달인 藥의 이름이나 처방 이름.
【八拭之陽】 陽은 湯으로 湯藥 이름.
【子同, 子明, 子游, 子儀, 子越】 모두 扁鵲의 弟子들 이름.
【詩曰】《詩經》大雅 板의 구절.

참고 및 관련 자료

1. 《詩經》 大雅 板(071)

2. 《說苑》 辨物篇

扁鵲過趙王, 王太子暴疾而死, 鵲造宮門曰:「吾聞國中卒有壞土之事, 得無有急乎?」中庶子之好方者應之曰:「然, 王太子暴疾而死.」扁鵲曰:「入言鄭醫秦越人能活太子.」中庶子難之曰:「吾聞上古之爲醫者曰苗父, 苗父之爲醫也, 以菅爲席, 以芻爲狗, 北面而祝, 發十言耳, 諸扶而來者, 擧而來者, 皆平復如故. 子之方能如此乎?」扁鵲曰:「不能.」又曰:「吾聞中古之爲醫者曰俞柎, 俞柎之爲醫也, 搦腦髓, 束肓莫, 炊灼九竅而定經絡, 死人復爲生人, 故曰俞柎. 子之方能若是乎?」扁鵲曰:「不能.」中庶子曰:「子之方如此, 譬若以管窺天, 以錐刺地, 所窺者甚大, 所見者甚少. 鈞若子之方, 豈足以變駭童子哉?」扁鵲曰:「不然. 物故有昧揥而中蛟頭, 掩目而別白黑者. 太子之疾, 所謂尸厥者也, 以爲不然, 入診之, 太子股陰當溫, 耳中焦焦如有嘯者聲然者, 皆可治也.」中庶子入報趙王, 趙王跣而趨出門曰:「先生遠辱幸臨寡人, 先生幸而有之, 則糞土之息, 得蒙天履地而長爲人矣. 先生不有之, 則先犬馬塡溝壑矣.」言未已, 涕泣沾襟. 扁鵲遂爲診之, 先造軒光之竈, 八成之湯, 砥針礪石, 取三陽五輸; 子容擣藥, 子明吹耳, 陽儀反神, 子越扶形, 子游矯摩. 太子遂得復生. 天下聞之, 皆曰:「扁鵲能生死人.」鵲辭曰:「予非能生死人也, 特使夫當生者活耳, 夫死者猶不可藥而生也.」悲夫亂君之治, 不可藥而息也. 詩曰:『多將熇熇, 不可救藥!』甚之之辭也.

3.《史記》扁鵲列傳

其後扁鵲過虢. 虢太子死, 扁鵲至虢宮門下, 問中庶子喜方者曰:「太子何病, 國中治穰過於衆事?」中庶子曰:「太子病血氣不時, 交錯而不得泄, 暴發於外, 則爲中害. 精神不能止邪氣, 邪氣畜積而不得泄, 是以陽緩而陰急, 故暴蹶蹶而死.」扁鵲曰:「其死何如時?」曰:「雞鳴至今.」曰:「收乎?」曰:「未也, 其死未能半日也.」「言臣齊勃海秦越人也, 家在於鄭, 未嘗得望精光侍謁於前也. 聞太子不幸而死, 臣能生之.」中庶子曰:「先生得無誕之乎? 何以言太子可生也! 臣聞上古之時, 醫有俞跗, 治病不以湯液醴灑, 鑱石撟引, 案扤毒熨, 一撥見病之應, 因五藏之輸, 乃割皮解肌, 訣脈結筋, 搦髓腦, 揲荒爪幕, 湔浣腸胃, 漱滌五藏, 練精易形. 先生之方能若是, 則太子可生也; 不能若是而欲生之, 曾不可以告咳嬰之兒.」終日, 扁鵲仰天歎曰:「夫子之爲方也, 若以管窺天, 以郄視文. 越人之爲方也. 不待切脈望色聽聲寫形, 言病之所在. 聞病之陽, 論得其陰; 聞病之陰, 論得其陽. 病應見於大表, 不出千里, 決者至衆, 不可曲止也. 子以吾言爲不誠, 試入診太子, 當聞其耳鳴而鼻張, 循其兩股以至於陰, 當尙溫也.」中庶子聞扁鵲言, 目眩然而不瞚, 舌撟然而不下, 乃以扁鵲言入報虢君. 虢君聞之大驚, 出見扁鵲於中闕, 曰:「竊聞高義之日久矣, 然未嘗得拜謁於前也. 先生過小國, 幸而擧之, 偏國寡臣幸甚. 有先生則活, 無先生則弃捐塡溝壑, 長終而不得反.」言未卒, 因噓唏服臆, 魂精泄橫, 流涕長潸, 忽忽承睞, 悲不能自止, 容貌變更. 扁鵲曰:「若太子病, 所謂『尸蹶』者也. 夫以陽入陰中, 動胃繵緣, 中經維絡, 別下於三焦膀胱, 是以陽脈下遂, 陰脈上爭, 會氣閉而不通, 陰上而陽內行, 下內鼓而不起, 上外絶而不爲使, 上有絶陽之絡, 下有破陰之紐, 破陰絶陽之色已廢脈亂, 故形靜如死狀. 太子未死也. 夫以陽入陰支蘭藏者生, 以陰入陽支蘭藏者死. 凡此數事, 皆五藏蹶中之時暴作也. 良工取之, 拙者疑殆.」扁鵲乃使弟子子陽厲鍼砥石, 以取外三陽五會. 有閒, 太子蘇. 乃使子豹爲五分之熨, 以八減之齊和煮之, 以更熨兩脅下. 太子起坐. 更適陰陽, 但服湯二旬而服故. 故天下盡以扁鵲爲能生死人. 扁鵲曰:「越人非能生死人也, 此自當生者, 越人能使之起耳.」

4. 기타 참고자료

《太平御覽》(743)

295(10-10) 楚丘先生披蓑帶索
늙은이가 할 수 있는 일

초구楚丘선생이란 사람이 도롱이 옷에 새끼줄을 허리띠로 매고 맹상군孟嘗君을 찾아왔다. 맹상군이 물었다.

"선생은 늙으셨습니다. 춘추도 높으시구요. 이미 많은 것을 잊었을 테구요! 그런데 저 문文에게 무엇을 가르쳐 주시려고 오셨습니까?"

이에 초구선생은

"아! 나를 늙었다고 하시다니! 나를 늙었다고 하시다니! 생각건대 나에게 돌을 던지거나 펄펄 뛰는 일을 시키시려 하십니까? 수레를 뒤쫓고 말을 모는 일을 시키시려 하시는 것입니까? 아니면 사슴을 몰고 호표虎豹를 맨손으로 잡기를 원합니까? 그런 일이라면 나는 벌써 죽고 없었을 것입니다. 어찌 늙을 겨를이 있었겠습니까? 그러나 나로 하여금 깊이 헤아리고 멀리까지 계획을 세우는 일을 시켜 주실 수 있습니까? 유예猶豫를 결정하고 혐의를 판결하는 일을 시켜 주실 수는 없습니까? 사령辭令을 받들고 다른 제후들을 담당하는 일을 시켜주실 수는 없습니까? 이런 일이라면 제 나이쯤이 오히려 시작이지요. 어찌 늙었다고 할 수 있겠습니까?"

이 말에 맹상군은 얼굴이 붉어지며 땀이 발뒤꿈치까지 흘러내렸다. 그리고는 이렇게 말하였다.

"제가 잘못하였습니다. 제가 잘못하였습니다."

《시詩》에는 이렇게 말하였다.

"늙은이가 정성으로 말해 준다네." 老夫灌灌

楚丘先生披蓑帶索, 往見孟嘗君.

孟嘗君曰:「先生老矣. 春秋高矣. 多遺忘矣! 何以教文?」

楚丘先生曰:「惡! 君謂我老! 惡! 君謂我老! 意者將使我投石超距乎? 追車赴馬乎? 逐麋鹿, 搏豹虎乎? 吾則死矣, 何暇老哉? 將使我深計遠謀乎? 定猶豫而決嫌疑乎? 出正辭而當諸侯乎? 吾乃始壯耳, 何老之有?」

孟嘗君赧然汗出至踵, 曰:「文過矣, 文過矣!」

詩曰:『老夫灌灌.』

【楚丘】姓氏. 이름은 알 수 없다. 혹은 지명으로 보기도 한다.

【孟嘗君】戰國 四公子 중의 하나. 齊나라 田嬰(靖郭君)의 아들로 이름은 文. 三千食客을 거느렸으며, '鷄鳴狗盜' 등 많은 故事를 남겼다. 薛 땅에 봉해져 '薛公'으로도 불린다.

【猶豫】머뭇거림. 雙聲語. 다른 판본에는 "定猶豫而決嫌疑乎"가 "設精神而決嫌疑乎"로 되어 있다.

【辭令】使臣의 임무를 말한다.

【詩曰】《詩經》大雅 板의 구절.

참고 및 관련 자료

1. 《詩經》大雅 板(071)

2. 《新序》雜事(五)

昔者, 楚丘先生行年七十, 披裘帶索, 往見孟嘗君, 欲趨不能進. 孟嘗君曰:「先生老矣,春秋高矣! 何以教之?」楚丘先生曰:「噫! 將我而老乎? 噫! 將使我追車而赴馬乎? 投石而超距乎? 逐鳥鹿而搏虎豹乎? 吾已死矣! 何暇老哉? 噫! 將使我出正辭而當諸侯乎? 決嫌疑而定猶豫乎? 吾始壯矣, 何老之有?」孟嘗君逡巡避席, 面有愧色. 詩曰:『老夫灌灌, 小子蹻蹻.』言老夫欲盡其謀, 而少者驕而不受也. 秦穆公所以敗其師, 殷紂所以亡天下也. 故書曰:『黃髮之言, 則無所愆.』詩曰:『壽胥與試.』美用老人之言以安國也.

3. 《**藝文類聚**》(18)

韓詩外傳曰: 楚丘先生披蓑帶索, 見孟嘗君. 孟嘗君曰:「先生老矣! 春秋高矣! 多遺忘矣! 何以教文?」先生曰:「惡! 將我使而老哉! 使我投石拔距乎? 追車赴馬乎? 吾則將死, 何暇老哉? 將使我深計遠謀乎? 設精神而決嫌疑乎? 吾乃始壯耳, 何老之有?」

4. 《**鬻子**》 逸文(《全上古三代文》卷九)

昔文王見鬻子年九十. 文王曰:「嘻! 老矣.」鬻子曰;「若使臣捕虎逐鹿, 則臣已老矣. 使臣坐策國事, 則臣年尚少.」因立爲師.

5. 기타 참고자료

《冊府元龜》(833)·《太平御覽》(383)

296(10-11) 齊景公遊於牛山之上
사람이 죽지 않는다면

제齊 경공景公이 우산牛山에 올라 북쪽을 멀리 조망하면서 이렇게 말하였다.

"아름답도다. 이 나라 땅이여! 울창하도다. 태산泰山이여. 만약 옛날부터 사람이 죽지 않는다면 얼마나 좋을까? 과인이 이곳을 떠나 죽으면 어떻게 될까?"

그러면서 엎드려 울며 옷깃을 적셨다. 이를 보고 국자國子와 고자高子가 이렇게 말하였다.

"그렇습니다. 저는 임금께서 내려주시는 것으로 거친 밥에 좋은 고기는 아니지만 가히 얻어서 먹을 수 있고, 비록 늙은 말에 장작 싣는 수레나마 얻어 탈 수가 있습니다. 그런데도 오히려 죽고 싶지 않거늘 하물며 임금님의 영화를 누리는 분이야 오죽하겠습니까?"

그리고는 역시 엎드려 우는 것이었다. 안자晏子가 이를 보고 이렇게 비꼬았다.

"즐겁도다! 나의 오늘 이 유람이여. 겁 많은 임금 하나에 아첨하는 신하 둘을 보았도다. 예로부터 이제까지 죽는 자가 없다면 태공太公이 지금까지 살아 있을 테고, 그렇게 되면 우리 임금은 지금쯤 도롱이와 삿갓을 쓴 채 사냥터나 들에서 그를 모시느라 정신없을 텐데 어디 죽음을 염려할 겨를이 있겠는가?"

이 말에 경공은 부끄러워하며 스스로 벌주罰酒를 마시고 두 신하에게도 벌을 내렸다.

齊景公遊於牛山之上, 而北望齊, 曰:「美哉國乎! 鬱鬱泰山. 使古而無死者, 則寡人將去此而何之?」

俯而泣沾襟.

國子·高子曰:「然. 臣賴君之賜, 疏食惡肉, 可得而食也; 駑馬柴車, 可得而乘也. 且猶不欲死, 況君乎?」

俯泣.

晏子曰:「樂哉! 今日嬰之游也. 見怯君一, 而諛臣二. 使古而無死者, 則太公至今猶存. 吾君方今將被蓑笠而立乎畎畝之中, 惟事之恤, 何暇念死乎?」

景公慙, 而擧觴自罰, 因罰二臣.

【齊景公】春秋時代 齊나라 君主.

【牛山】山 이름. 지금의 山東省 臨淄縣(고대 齊나라 首都. 지금의 山東省 淄博市 臨淄鎭) 근처에 있는 산.

【太山】山東省에 있는 中國 五嶽 중의 東嶽. 흔히 '泰山'으로 표기함.

【國子】國惠子. 이름은 夏. 景公의 臣下.

【高子】高昭子. 이름은 張.

【晏子】晏平仲, 嬰. 景公 때의 宰相.

【太公】太公望, 呂尙, 子牙, 姜氏. 여기서는 太公이 齊나라의 始祖이므로 그가 살아 있다면 景公은 임금이 될 수 없다는 뜻.

참고 및 관련 자료

1.《晏子春秋》內篇 諫上

景公遊于牛山, 北臨其國城, 而流涕曰:「若何滂滂去此而死乎?」艾孔, 梁丘據, 皆從而泣. 晏子獨笑于旁. 公刷涕而顧晏子. 曰:「寡人今日之遊悲, 孔與據皆從寡人而涕泣, 子之獨笑, 何也?」晏子對曰:「使賢者常守之, 則太公桓公, 將常守之矣. 使勇者常守之, 則靈公莊公, 將常守之矣. 數君者, 將守之, 則吾君安得此位而立焉? 以其迭處之, 迭去之, 至于君也. 而獨爲之流涕, 是不仁也. 不仁之君見一, 諂諛之臣見二, 此臣之所以獨竊笑也.」

2.《列子》力命扁

齊景公游於牛山, 北臨其國城而流涕曰:「美哉國乎! 鬱鬱芊芊, 若何滴滴去此國而死乎? 使古無死者, 寡人將去斯而之何?」史孔梁丘據皆從而泣曰:「臣賴君之賜, 疏食惡肉可得而食, 駑馬稜車可得而乘也; 且猶不欲死, 而況吾君乎?」晏子獨笑於旁. 公雪涕而顧晏子曰:「寡人今日之游悲, 孔與據皆從寡人而泣, 子之獨笑, 何也?」晏子對曰:「使賢者常守之, 則太公桓公將常守之矣; 使有勇者而常守之, 則莊公靈公將常守之矣. 數君者將守之, 吾君方將被蓑笠而立乎畎畝之中, 唯事之恤, 行假念死乎? 則吾君又安得此位而立焉? 以其迭處之迭去之, 至於君也, 而獨爲之流涕, 是不仁也. 見不仁之君, 見諂諛之臣. 臣之此二者, 臣之所爲獨竊笑也.」景公慚焉, 擧觴自罰, 罰二臣者各二觴焉.

3.《藝文類聚》(28)

韓詩外傳曰: 齊景公遊於牛山, 而北望齊曰:「美哉, 國乎! 鬱鬱蓁蓁.」

4. 기타 참고자료

《太平御覽》(160)·《文選》〈秦苔內兄希叔詩〉注, 〈陸士衡樂府 齊謳行〉注·《太平寰宇記》(18)·《晏子春秋》外篇

297(10-12) 秦繆公將田

임금의 말을 잡아먹은 사람들

진秦 목공繆公이 사냥을 나갔다가 그만 그 말을 놓쳐 버렸다. 사흘을 찾아 헤맨 끝에 경산莖山의 남쪽에서 찾기는 하였으나 이미 그곳의 비천한 농부들이 이를 잡아먹고 난 다음이었다. 그러자 목공이 이렇게 말하였다.

"이 박마駮馬의 고기는 술을 함께 먹지 않으면 사람이 죽는다."

그리고는 술을 구해 두루 먹여 주고는 그곳을 떠났다. 이듬해, 진晉나라가 군대를 일으켜 쳐들어와서 목공과 싸움을 벌이게 되었다. 그런데 진나라의 좌격우左格右라는 자가 목공을 포위하여 공격해 오는 바람에 이미 여섯 명의 군사를 잃는 위급함에 처하고 말았다. 이를 본 말고기 먹은 사람 삼백 명이 모두 이렇게 나섰다.

"우리 임금은 어질고 사람을 사랑할 줄 아는 분이다. 우리가 그를 위해서 죽지 않을 수 없다."

그리고는 좌격우를 되받아쳐서 목공을 죽음에서 구해 주었다.

秦繆公將田而喪其馬. 求三日而得之於莖山之陽, 有鄙夫乃相與食之.

繆公曰:「此駮馬之肉, 不得酒者死.」

繆公乃求酒徧飮之, 然後去. 明年, 晉師與繆公戰, 晉之左格右, 圍繆公而擊之. 甲已墮者六矣.

食馬者三百餘人, 皆曰:「吾君仁而愛人, 不可不死.」

還擊晉之左格右, 免繆公之死.

【秦繆公】秦穆公. 春秋五霸의 하나.
【莖山】山 이름. 다른 기록에는 '岐山'으로 실려 있다.
【駁馬】다른 기록에는 '駿馬'로 실려 있다.
【左格右】'右路石'의 오기가 아닌가 한다. 右는 우측. 路石은 人名.

참고 및 관련 자료

1.《呂氏春秋》愛士篇

昔者, 秦繆公乘馬而車爲敗, 右服失而埜人取之. 繆公自往求之, 見埜人方將食之於岐山之陽. 繆公歎曰:「食駿馬之肉而不還飮酒, 余恐其傷女也!」於是徧飮而去. 處一年, 爲韓原之戰, 晉人已環繆公之車矣, 晉梁由靡已扣繆公之左驂矣, 晉惠公之右路石奮投而擊繆公之甲, 中之者已六札矣. 埜人之嘗食馬肉於岐山之陽者三百有餘人, 畢力爲繆公疾鬪於車下, 遂大克晉, 反獲惠公以歸.

2.《淮南子》氾論訓

秦穆公出遊而車敗, 右服失, 馬野人得之. 穆公追而及之岐山之陽, 野人方屠而食之. 穆公曰:「夫食駿馬之肉, 而不還飮酒者傷人. 吾恐其傷汝等.」偏飮而去之, 處一年, 與晉惠公爲韓之戰, 晉師圍穆公之車, 梁由靡扣穆公之驂獲之, 食馬肉者三百餘人, 皆出死, 爲穆公戰於車下, 遂克晉, 虜惠公以歸. 此用約而爲德者也.

3.《史記》秦本紀

十五年, 興兵將攻秦. 繆公發兵, 使丕豹將, 自往擊之. 九月壬戌, 與晉惠公夷吾合戰於韓地. 晉君棄其軍, 與秦爭利, 還而馬鷙. 繆公與麾下馳追之, 不能得晉君, 反爲晉軍所圍. 晉擊繆公, 繆公傷. 於是岐下食善馬者三百人馳冒晉軍, 晉軍解圍, 遂脫繆公而反生得晉君. 初, 繆公亡善馬, 岐下野人共得而食之者三百餘人, 吏逐得, 欲法之. 繆公曰:「君子不以畜産害人. 吾聞食善馬肉不飮酒, 傷人.」乃皆賜酒而赦之. 三百人者聞秦擊晉, 皆求從, 從而見繆公窘, 亦皆推鋒爭死, 以報食馬之德. 於是繆公虜晉君以歸.

4.《說苑》復恩篇

秦繆公嘗出而亡其駿馬, 自往求之, 見人已殺其馬, 方共食其肉, 繆公謂曰:「是吾駿馬也.」諸人皆懼而起, 繆公曰:「吾聞食駿馬肉, 不飮酒者殺人.」卽以次飮之酒, 殺馬者皆慙而去. 居三年, 晉攻秦繆公, 圍之, 往時食馬肉者, 相謂曰:「可以出死報食馬得酒之恩矣.」遂潰圍. 繆公卒得以解難, 勝晉獲惠公以歸, 此德出而福反也.

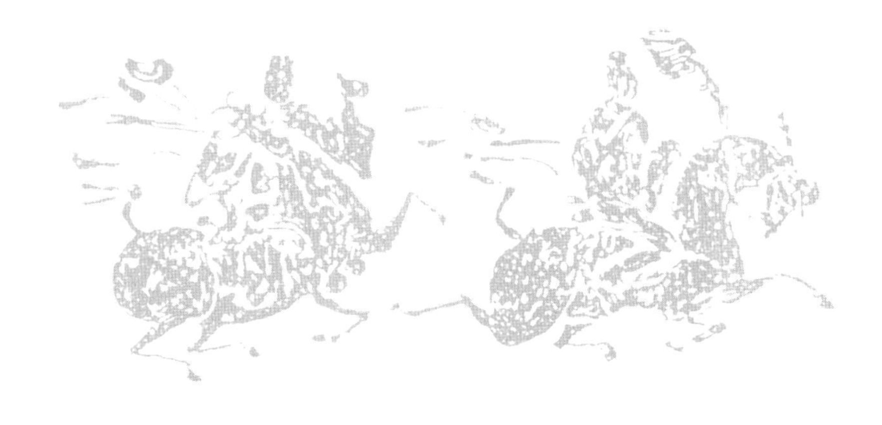

298(10-13) 傳曰卞莊子好勇
변장자의 용맹

이렇게 전해오고 있다.

변장자卞莊子라는 용맹한 자가 있었다. 어머니가 살아 계실 때 전쟁에 세 번을 나가 세 번 모두 패하고 돌아오자 친구들이 그를 비난하였고 임금조차 그를 모욕하는 것이었다. 그래도 변장자는 명령을 받고 안색에 아무런 변화가 없었다. 어머니가 돌아가시고 나서 삼 년 후에 이 노魯나라에 전쟁이 일어났다. 변장자는 그 싸움에 참가하기를 요청하면서 장군을 만나 이렇게 말하였다.

"지난번에는 어머니가 살아 계셨기 때문에 전쟁에 나가 패하여 제 몸을 욕되게 하였던 것입니다. 지금은 어머니께서 돌아가시고 계시지 않으니 청컨대 지난날의 책난을 설욕하겠습니다."

드디어 적과 맞닥뜨리자 한 적병의 머리를 잘라 가지고 와서 바치며

"이것이 첫 번 싸움에서 패배하였던 것을 설욕하는 것입니다."

라고 하고는 다시 또 달려나가 머리 하나를 잘라 가지고 와서는 이렇게 말하였다.

"이것이 두 번째 싸움에서 패배한 것을 설욕하는 것입니다."

그러자 장군이 이를 말렸다.

"그것으로 족하오."

그렇지만 그는 그치지 않고 다시 똑같이 하고는 이렇게 말하였다.

"이것이 세 번째 몫이요."

장군은 안쓰러워 이렇게 제의하였다.

"충분하오. 청컨대 나와 형제를 맺읍시다."

그러자 변장자는 이렇게 말하였다.

"지난번의 패배는 어머니를 모시기 위함이었소. 지금은 어머니가 계시지 않으니 나의 책임을 메워야 하오. 제가 듣건대 절사節士는 욕되게 살지 않는다 하였소이다."

그리고는 달려 나가 일흔 명을 더 죽이고 자신도 죽고 말았다. 군자가 이 일에 대해 이렇게 평하였다.

"세 번 패하였다고 그 비난을 씻고자 하여 집안의 대를 끊게 하였도다. 국가의 의가 쇠하지 않으면 신의 보호로 돌아갈 곳이 있는 법이니 이를 두고 하는 말이기는 하나, 선비의 절의는 조금 갖추었다고 할 수 있겠지만 효孝의 입장에서 보면 훌륭한 죽음은 아니다."

《시詩》에는 이렇게 말하였다.

"처음에 잘하려 하지 않은 것은 아니건만 靡不有初
끝맺음까지 잘하는 이는 드물다네." 鮮克有終

傳曰: 卞莊子好勇, 母無恙時, 三戰而三背. 交游非之, 國君辱之, 卞莊子受命, 顏色不變. 及母死三年, 魯興師, 卞莊子請從. 至, 見於將軍.

曰:「前猶與母處, 是以戰而背也. 辱吾身. 今母沒矣, 請雪責.」

遂走敵而鬪, 獲甲首而獻之,「請以此雪一背.」

又獲甲首而獻之,「請以此雪再背.」

將軍止之曰:「足.」

不止, 又獲甲首而獻之, 曰:「請以此雪三背.」

將軍止之曰:「足, 請爲兄弟.」

卞莊子曰:「夫背, 以養母也. 今母歿矣, 吾責雪矣. 吾聞之: 節士不以辱生.」

遂奔敵, 殺七十人而死.

君子聞之, 曰:「三背已雪, 又滅世斷宗. 國家義不衰, 而神保有所歸, 是子道也. 士節小具矣, 而於孝未終也.」

詩曰:『靡不有初, 鮮克有終.』

【卞莊子】魯나라 卞邑의 大夫.《論語》憲問篇에 그의 용기를 거론한 내용이 실려 있다.

【滅世斷宗】이 다음에 〈四庫全書〉본에는 "國家義不衰, 而神保有所歸, 是子道也"의 15자가 누락되어 있다. 한편 본문의 '雪'은 모두 '塞'로, '背'는 모두 '北'으로 실린 판본도 있다.

【詩曰】《詩經》大雅 蕩의 구절.

참고 및 관련 자료

1.《詩經》大雅 蕩(151)

2.《新序》義勇篇

卞莊子好勇, 養母, 戰而三北, 交遊非之. 國君辱之, 及母死三年, 冬與魯戰, 卞莊子請從, 見於魯將軍曰:「初與母處, 是以三北, 今母死, 請塞責而神有所歸.」遂赴敵, 獲一甲首而獻之. 曰:「此塞一北.」又入, 獲一甲首而獻之. 曰:「此塞再北.」又人, 獲一甲首而獻之. 曰:「此塞三北.」將軍曰:「毋沒爾家, 宜止之, 請爲兄弟.」莊子曰:「三北以養母也, 是子道也, 今士節小具而塞責矣. 吾聞之節士不以辱生.」遂反敵殺十人而死. 君子曰:「三北又塞責, 滅世斷家, 於孝不終也.」

3.《論語》憲問篇

子路問成人. 子曰:「若臧武仲之知, 公綽之不欲, 卞莊子之勇, 冉求之藝, 文之以禮樂, 亦可以爲成人矣.」曰:「今之成人者何必然? 見利思義, 見危授命, 久要不忘平生之言, 亦可以爲成人矣.」

4. 기타 참고자료

《尸子》(《太平御覽》 496에 인용)·《荀子》 大略篇

299(10-14) 天子有爭臣七人
천자에게 쟁간하는 신하

천자天子에게 쟁간하는 신하 일곱만 있으면 임금이 무도하다 해도 그 천하를 잃지 않는다. 옛날 은殷나라 왕인 주紂는 백성을 적해賊害하고 천도를 거역하였으며, 아침에 물을 건너는 사람의 다리를 잘라 보고, 임신부의 배를 갈라 보며, 귀후鬼侯를 포를 뜨고, 매백梅伯을 절이는 등의 포악한 짓을 하였지만 그 때까지 망하지 않았던 것은 기자箕子와 비간比干이 있었기 때문이었다.

그런데 미자微子가 떠나가고 기자는 붙들려 노예가 되며, 비간이 간하다가 죽임을 당하게 되자 그런 연후에야 주周나라가 나서서 군대를 일으켜 그를 죽이게 되었던 것이다.

다음으로 제후로서는 쟁간하는 신하가 다섯 명만 있으면 그 임금이 아무리 무도하다 해도 그 나라를 잃지 않을 수 있다. 옛날 오왕吳王 부차夫差는 무도하여 아버지인 합려闔閭의 장례에 한 시市의 백성을 모두 몰아 함께 묻었지만 즉시 망하지는 않았다. 그 이유는 오자서伍子胥가 있었기 때문이다. 이에 오자서가 죽고 월왕越王 구천勾踐이 그 나라를 치고자 하였을 때 그 신하 범려范蠡가 이렇게 말하였다.

"오자서의 계책이 아직도 오왕의 뱃속에서 잊혀진 것이 아닙니다."

그리하여 오자서가 죽은 지 삼 년을 기다린 끝에 월나라는 그를 공격하였다.

다음으로 대부로서 쟁간하는 신하가 세 명만 있으면 그가 비록 무도하다 해도 그 집안이 망하지 않는다.

伍子胥《三才圖會》

계씨季氏가 무도하여 천자天子를 참월僭越하여 팔일무八佾舞를 추고, 태산泰山에 여제旅祭를 지내며 옹철雍徹을 하자 공자孔子가 참다못해 이렇게 말하였다.

"이런 것을 참는다면 그 무엇을 참지 못하랴?"

그렇지만 즉시 망하지 않은 것은 염유冉有와 계로季路가 그의 재신宰臣으로 있었기 때문이었다. 그러므로 이런 말이 있다.

"악악諤諤하는 쟁신이 있는 나라는 창성하고, 묵묵히 아첨하는 신하가 있는 나라는 망하고 마는 법이다."

《시詩》에는

"그대 덕 밝히 닦지 못하니	不明爾德
좌우에 옳은 신하 하나도 없지.	時無背無側
그대가 가진 덕이 밝지 못하니	爾德不明
어진 이가 그대를 멀리하는걸"	以無陪無卿

이라 하였는데 이는 문왕文王이 한탄한 말로서 은상殷商에 보필, 간쟁하는 신하가 없어 천하를 잃게 되었음을 통탄한 것이다.

天子有爭臣七人, 雖無道, 不失其天下. 昔殷王紂殘賊百姓, 絶逆天道, 至斮朝涉, 刳孕婦, 脯鬼侯, 醢梅伯. 然所以不亡者, 以其有箕子·比干之故. 微子去之, 箕子執囚爲奴, 比干諫而死, 然後周加兵而誅絶之. 諸侯有爭臣五人, 雖無道, 不失其國. 吳王夫差爲無道, 至驅一市之民以以葬闔閭. 然所以不亡者, 有伍子胥之故也.

胥以死, 越王勾踐欲伐之, 范蠡諫曰:「子胥之計策, 尚未忘於吳王之腹心也.」

子胥死後三年, 越乃能攻之.

大夫有爭臣三人, 雖無道不失其家. 季氏爲無道, 僭天子, 舞八佾.

旅泰山, 以雍徹, 孔子曰:「是可忍也, 孰不可忍也?」

然不亡者, 以冉有·季路爲宰臣也.

故曰:「有諤諤爭臣者, 其國昌; 有黙黙諛臣者, 其國亡.」

詩曰:『不明爾德, 時無背無側. 爾德不明, 以無陪無卿.』

言大王咨嗟, 痛殷商無輔弼諫諍之臣, 而亡天下矣.

【至斮朝涉】 아침에 물을 건너는 사람은 어찌하여 발이 시린가를 알아보기 위하여 사람의 다리를 잘라 보았다 한다.

【鬼侯】 紂王 時代의 諸侯.

【梅伯】 역시 그 당시의 諸侯.

【箕子】 당시의 臣下. 紂에게 죽임을 당하였다.

【比干】 王子. 紂에게 죽임을 당하였다.

【微子】 이름은 啓. 당시의 忠臣. 宋의 始祖가 되었다.

【夫差】 春秋 말기의 마지막 君主. 越王 勾踐에게 망하였다.

【闔閭】 吳나라의 君主. 夫差의 祖父.
【伍子胥】 楚나라 출신으로 吳나라로 망명하였다.
【越王勾踐】 春秋 말기 越나라 君主.
【范蠡】 越王 勾踐의 지혜로운 臣下. 뒤에 陶 땅으로 가서 큰 富者가 된 人物이다.
【季氏】 春秋時代 魯나라 大夫 季康子. 《論語》 참조.
【八佾舞】 天子의 행사 때 64명이 추는 춤. 諸侯는 六佾舞, 大夫는 四佾舞, 선비는 二佾舞를 추었다. 一佾은 8명씩 한 줄로 서서 추는 춤이다.
【旅祭】 望齊. 山川에 지내는 祭祀로 역시 天子만이 지낼 수 있다.
【雍徹】 雍은 天子가 祭祀를 끝낼 때 부르는 노래, 徹은 제사를 마치고 祭器를 거두는 의식이다. 《詩經》 周頌의 雍徹 참조.
【冉有】 孔子의 弟子로 季氏의 家臣이었다. 이름은 求. 字는 子有.
【季路】 즉 仲由. 孔子의 弟子.
【詩曰】 《詩經》 大雅 蕩의 구절.

참고 및 관련 자료

1. 《詩經》 大雅 蕩(151)

2. 《論語》 八佾篇

孔子謂季氏, 「八佾舞於庭, 是可忍也, 孰不可忍也?」

3. 《論語》 八佾篇

三家者以雍徹. 子曰: 「『相維辟公, 天子穆穆』, 奚取於三家之堂?」

4. 《論語》 八佾篇

季氏旅於泰山. 子謂冉有曰: 「女弗能救與?」 對曰: 「不能.」 子曰: 「嗚呼! 曾謂泰山不如林放乎?」

5. 기타 참고자료

《孝經》 諫諍章·《白虎通》 諫諍章

300(10-15) 齊桓公出遊
복숭아나무를 심은 뜻

제齊 환공桓公이 밖에 나갔다가 한 사나이를 만났는데 넓은 옷에 느린 걸음으로 도수桃殳를 차고 있는 것이었다. 환공이 이상히 여겨 물었다.

"이것은 이름이 무엇인가? 어느 경전에 기록되어 있으며 어느 편에 실려 있는가? 어찌 그리 도망가는가? 왜 나를 피하는가?"

그러자 그 사나이는 이렇게 설명하였다.

"이는 이름을 이도二桃라고 합니다. 복숭아의 뜻은 말로 하면 잃는다는 뜻입니다. 따라서 날마다 이 복숭아나무를 보면서 조심하면 무슨 환난이 오겠습니까? 그래서 이미 망해 버린 나라의 사직단에 이 복숭아를 심어 제후들을 경계하는 것입니다. 서인들은 이 도수로써 경계를 삼지요."

환공은 그 말에 즐거워하며 그를 수레에 태우고 돌아왔다. 그러자 그 이듬해 정월 모든 서민이 모두 그 도수를 차고 다니는 것이었다.

《시詩》에는 이렇게 말하였다.

"은나라로 거울삼을 일 먼 옛날이 아니로다." 殷監不遠

齊桓公出遊, 遇一丈夫, 裒衣應步, 帶著桃殳.
桓公怪而問之曰:「是何名? 何經所在? 何篇所居? 何以斥逐?

何以避余?」

丈夫曰:「是名二桃. 桃之爲言亡也. 夫日日愼桃, 何患之有? 故亡國之社, 以戒諸侯. 庶人之戒, 在於桃殳.」

桓公說其言, 與之共載. 來年正月, 庶人皆佩.

詩曰:『殷監不遠.』

【齊桓公】春秋五霸의 하나.
【桃殳】긴 창처럼 생긴 武器. "桃之爲言亡也"는 '桃' 자가 '逃'(도망, 도피)와 같은 뜻이라는 聲訓 풀이이다.
【詩曰】《詩經》大雅 蕩의 구절.

참고 및 관련 자료

1.《詩經》大雅 蕩(151)

301(10-16) 齊桓公置酒
벌주

제齊 환공桓公이 술잔치를 벌여 제후와 대부들을 불러 놓고 이렇게 영을 내렸다.

"늦게 오는 자는 한 경정經程을 마시게 하리라."

관중管仲이 늦게 오는 바람에 마땅히 한 경정을 마셔야 하였다. 그런데 반만 마시고 반은 버리는 것이었다. 환공이 물었다.

"중보仲父께서는 한 경정을 다 마시셔야지 버리시다니 무슨 이유입니까?"

그러자 관중은 이렇게 대답하였다.

"제가 듣기로 술이 입으로 들어가면 혀가 나오고, 혀가 나오면 그 몸을 버린다 하더이다. 그 몸을 버릴지언정 그 술은 버리지 말라는 것입니까?"

이에 환공은 이렇게 말하였다.

"훌륭하오."

《시詩》에는 이렇게 말하였다.

"술독에 빠졌구나." 荒湛于酒

齊桓公置酒, 令諸侯大夫曰:「後者, 飮一經程.」

管仲後, 當飮一經程. 飮其一半, 而棄其半.

桓公曰:「仲父當飮一經程, 而棄之, 何也?」

管仲曰:「臣聞之: 酒入口者, 舌出; 舌出者, 棄身. 與其棄身, 不寧棄酒乎?」

桓公曰:「善.」

詩曰:『荒湛于酒.』

【齊桓公】(前出)

【經程】 큰 술잔을 말하는 듯하다. 혹은 罰酒를 뜻한다고도 한다.

【管仲】 齊나라 桓公의 宰相. 仲父라고 높여 불렀다.

【酒入者舌出】 술이 입으로 들어가면 말이 많아지고, 말이 많아지면 실수를 하게 된다는 뜻.

【詩曰】《詩經》大雅 抑의 구절.

참고 및 관련 자료

1.《詩經》大雅 抑(155)

2.《說苑》敬愼篇

齊桓公爲大臣具酒, 期以日中, 管仲後至, 桓公擧觴以飮之, 管仲半棄酒. 桓公曰:「期而後至, 飮而棄酒, 於禮可乎?」管仲對曰:「臣聞酒入舌出, 舌出者言失, 言失者身棄, 臣計棄身不如棄酒.」桓公笑曰:「仲父起就坐.」

3.《呂氏春秋》達鬱篇

管仲觴桓公. 日暮矣, 桓公樂之而徵燭. 管仲曰:「臣卜其晝, 未卜其夜. 君可以出矣.」公不說, 曰:「仲父年老矣, 寡人與仲父爲樂將幾之? 請夜之.」管仲曰:「君過矣. 夫厚於味者薄於德, 沈於樂者反於憂, 壯而怠則失時, 老而解則無名. 臣乃今將爲君勉之, 若何其沈於酒也?」管仲可謂能立行矣. 凡行之墮也於樂, 今樂而益飭, 行之壞也於貴, 今主欲留而不許. 伸志行理, 貴樂弗爲變, 以事其主, 此桓公之所以霸也.

4. 기타 참고자료

《太平御覽》(844)·《事類賦注》(19)

302(10-17) 齊景公遣晏子南使楚
강남의 귤과 강북의 탱자

제齊 경공景公이 안자晏子를 초楚나라에 사신으로 보냈다. 초왕이 이를 듣고 좌우에게 이렇게 말하였다.

"제나라가 안자를 우리 나라에 사신으로 보냈다 하오. 거의 도착하였을 거요."

그러자 좌우가 말하였다.

"안자는 천하의 변사辯士입니다. 그와 더불어 국가의 사무를 토론해 보았자 그를 따를 수 없습니다. 또 그와 고금의 법술을 논하는 것도 역시 따를 수 없습니다. 그러니 왕께서 그와 독대獨對하고 앉았을 때 유사有司를 시켜 사람을 묶어 그 앞을 지나가도록 하십시오. 그리고 왕께서 물으시면 제齊나라 사람으로 도둑질을 잘하여 묶어 온 것이라 하는 것입니다. 그렇게 하면 가히 안자를 궁지에 몰아넣을 수 있습니다."

"좋소."

왕이 허락하였다. 안자가 도착하여 임금과 같이 앉아서는 나라의 급한 임무와 당세의 득실을 토론하게 되었는데 거론하면 거론할수록 왕은 궁지에 몰리는 것이었다. 그래서 왕은 묵연히 뒷말을 잇지 못하고 있었다. 잠시 시간이 흐른 후 그 거짓 도둑을 묶어 지나가자 왕이 물었다.

"무엇하는 자인가?"

그러자 유사가 이렇게 대답하였다.

"이는 제나라 사람으로 도둑질을 잘 합니다. 묶어서 관리에게 데려가는 중입니다."

왕은 기뻐 크게 웃으며 짐짓 이렇게 물었다.

"제나라는 이에 관대冠帶를 갖춘 예의의 나라이며 변사辯士의 교화敎化가 잘 닦인 나라라 하던데 그러한 나라에도 이렇게 도둑질 잘하는 자가 있습니까?"

그러자 안자는 대뜸 이렇게 말을 받았다.

"그렇지요. 진실로 그럴 수 있지요. 왕께서는 강남江南의 나무를 보지 못하였습니까? 그 이름을 귤橘이라고 하지요. 이를 강북江北에 심으면 그만 탱자로 변하고 맙니다. 왜 그렇겠습니까? 토양이 그렇게 만드는 것이지요. 무릇 그 사람은 제나라에 살 때는 분명히 관대를 갖추고 엄연히 백이伯夷의 청렴을 따랐을 것입니다. 그런데 지금 이 초나라에 와서는 도둑질 잘하는 자로 변하고 말았으니 이는 생각건대 여기의 풍토가 그를 그렇게 시킨 것일 겁니다. 그런데 왕께서는 어찌 괴이하게 여기십니까?"

《시詩》에는 이렇게 말하였다.

"말이나 안했으면 원수는 안 되지, 無言不讐
베풀지도 않은 덕 보답 있으랴." 無德不報

齊景公遣晏子南使楚.

楚王聞之, 謂左右曰:「齊遣晏子使寡人之國, 幾至矣.」

左右曰:「晏子, 天下之辯士也. 與之議國家之務, 則不如也; 與之論往古之術, 則不如也. 王獨可以與晏子坐, 使有司束人過王, 王問之, 使言齊人善盜, 故束之. 是宜可以困之.」

王曰:「善.」

晏子至, 卽與之坐, 圖國之急務, 辨當世之得矣, 再擧再窮. 王黙然無以續語. 居有間, 束徒以過之.

王曰:「何爲者也?」

有司對曰:「是齊人, 善盜, 束而詣吏.」

王欣然大笑曰:「齊乃冠帶之國, 辯士之化, 固善盜乎?」

晏子曰:「然. 固取之. 王不見夫江南之樹乎? 名橘, 樹之江北, 則化爲枳. 何則? 地土使然爾. 夫子處齊之時, 冠帶而立, 儼有伯夷之廉, 今居楚而善盜, 意土地之化使然爾. 王又何怪乎?」

詩曰:『無言不讐, 無德不報.』

【齊景公】春秋 후기 齊나라 君主.
【晏子】晏嬰·平仲. 齊나라 景公 때의 유명한 宰相.
【有司】일을 맡은 사람.
【冠帶】형식과 예의를 중시하는 나라라는 뜻.
【伯夷】고대 孤竹國의 王子. 청렴하였으며 武王에게 諫하다가 받아들여지지 않자 首陽山에서 굶어죽었다.
【詩曰】《詩經》大雅 抑의 구절.

참고 및 관련 자료

1. 《詩經》大雅 抑(155)

2. 본장은 유명한『橘化爲枳』의 고사이다.

3. 《周禮》考工記 總敍
橘踰淮而北爲枳, 此地氣然也.

4. 《爾雅》
江南種橘, 江北爲枳.

5. 《晏子春秋》內篇 雜下
晏子將使楚. 楚王聞之, 謂左右曰:「晏嬰, 齊之習辭者也. 今方來, 吾欲辱之, 何以也?」左右對曰:「爲其來也. 臣請縛一人, 過王而行. 王曰, 何爲者也. 對曰, 齊人也. 王曰,何坐, 曰,坐盜.」晏子至. 楚王賜晏子酒, 酒酣. 吏二縛一人詣王. 王曰: 「縛者曷爲者也?」對曰: 「齊人也. 坐盜.」王視晏子曰: 「齊人固善盜乎?」晏子避席對曰: 「嬰聞之, 橘生淮南, 則爲橘. 生于淮北, 則爲枳. 葉徒相似, 其實味不同. 所以然者何? 水土異也. 今民生長于齊不盜, 入楚則盜. 得無楚之水土, 使民善盜耶?」王笑曰: 「聖人非所與熙也. 寡人反取病焉.」

6. 《說苑》奉使篇

晏子將使荊, 荊王聞之, 謂左右曰: 「晏子賢人也, 今方來, 欲辱之, 何以也?」左右對曰: 「爲其來也, 臣請縛一人過王而行.」於是荊王與晏子立語. 有縛一人, 過王而行. 王曰: 「何爲者也?」對曰: 「齊人也.」王曰: 「何坐?」曰: 「坐盜.」王曰: 「齊人固盜乎?」晏子反顧之曰: 「江南有橘, 齊王使人取之而樹之於江北, 生不爲橘, 乃爲枳, 所以然者何? 其土地使之然也. 今齊人居齊不盜, 來之荊而盜, 得無土地使之然乎?」荊王曰: 「吾欲傷子而反自中也.」

7. 《列子》湯問篇

吳楚之國有大木焉, 其名爲柚. 碧樹而冬生, 實丹而味酸. 食其皮汁, 已憤厥之疾. 齊州珍之. 渡淮而北而化爲枳焉. 鸜鵒不踰濟, 狢踰汶則死矣; 地氣然也. 雖然, 形氣異也, 性鈞已, 無相易已. 生皆全已, 分皆足已. 吾何以識其巨細? 何以識其修短? 何以識其同異哉?』

8. 기타 참고자료

《冊府元龜》(745)·《能改齋漫錄》(15)

303(10-18) 吳延陵季子遊於齊
황금을 거절한 목동

오吳나라 연릉계자延陵季子가 제齊나라에 갔다가 길가에 금이 떨어져 있는 것을 보고는 목동을 불러 주워 갖도록 하였다. 그러자 목동이 물었다.

"그대는 높은데 거하면서 보는 것은 낮고, 모양은 군자 같은데 말은 다듬어져 있지 않군요. 나는 임금이 있으나 그를 임금으로 여기지 않고, 친구가 있으나 그를 친구로 여기지도 않습니다. 더운 여름에 두꺼운 털옷을 입고 있다고 그대는 나를 이 금을 주워 가질 사람으로 보이십니까?"

연릉계자가 그가 현자임을 알아차리고 그의 성명을 묻자 목동은 이렇게 말하였다.

"그대는 겉만 보고 사람을 판단하는 선비로군요. 어찌 내 성명을 일러줄 만한 분이겠소?"

그리고는 그만 떠나 버리는 것이었다.

연릉계자는 그가 보이지 않을 때까지 그대로 서 있었다.

공자孔子가 이렇게 말하였다.

"예가 아니면 보지 말고, 예가 아니면 듣지 말라."

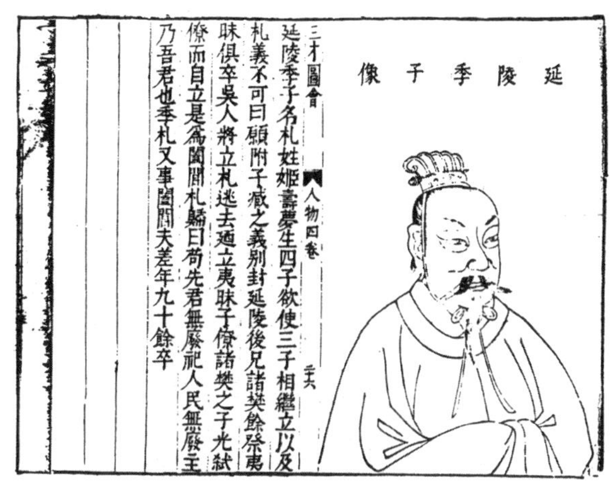

延陵季子《三才圖會》

吳延陵季子遊於齊, 見遺金, 呼牧者取之.

牧者曰:「子何居之高, 視之下? 貌之君子, 而言之野也. 吾有君不君, 有友不友. 當暑衣裘, 君疑取金者乎?」

延陵子知其爲賢者, 請問姓字.

牧者曰:「子乃皮相之士也, 何足語姓字哉?」

遂去.

延陵季子立而望之, 不見乃止.

孔子曰:「非禮勿視, 非禮勿聽.」

【延陵季子】季札. 春秋時代 吳나라 壽夢의 막내아들. 가장 어질어 世子로 책봉하였으나 허락하지 않고 延陵에 봉해졌다.

【見遺金】이 다음에 《太平御覽》(810)에는 '於路' 두 글자가 더 실려 있다.

참고 및 관련 자료

1. 《論語》 顔淵篇

顔淵問仁. 子曰:「克己復禮爲仁. 一日克己復禮, 天下歸仁焉. 爲仁由己, 而由人乎哉?」 顔淵曰:「請問其目.」子曰:「非禮勿視, 非禮勿聽, 非禮勿言, 非禮勿動.」顔淵曰:「回雖不敏, 請事斯語矣.」

2. 《論衡》 書虛篇

傳書言: 延陵季子出游, 見路有遺金. 當夏五月, 有披裘而薪者. 季子呼薪者曰:「取彼地金來.」薪者投鐮於地, 瞋目拂手而言曰:「何子居之高, 視之下, 儀貌之壯, 語言之野也? 吾當夏五月, 披裘而薪, 豈取金者哉?」季子謝之, 請問姓字. 薪者曰:「子皮相之士也! 何足語姓字?」遂去不顧. 世以爲然, 殆虛言也.

3. 기타 참고자료

《藝文類聚》(83)·《北堂書鈔》(191)·《太平御覽》(694, 810, 811)

304(10-19) 顏淵問於孔子曰
안연의 미덕

안연顏淵이 공자孔子에게 물었다.

“저 안연은 가난을 부유함으로 여기고, 천함을 귀함으로 여기며, 용기 없음을 위엄으로 여기면서 선비들과 서로 교통하여 종신토록 환난이 없이 살고 싶습니다. 그렇게 살아도 될까요?”

그러자 공자는 이렇게 말하였다.

“훌륭하다! 회回여! 무릇 가난을 부유함으로 여기려면 족함을 알아 욕심이 없어야 하고, 천함을 귀함으로 여기려면 사양하여 예를 갖출 수 있어야 하며, 용기 없음을 위엄으로 여기려면 공경을 실행하여 남에게 실수가 없어야 하는 것이다. 또 종신토록 환난을 없이 하려면 그 말을 잘 선택하여 내뱉어야 하는 것이다. 만약 너희처럼만 한다면 그것이 곧 지극한 것이다. 이는 옛날의 성인들조차도 그렇게만 하였을 뿐이란다.”

顏淵問於孔子曰:「淵願貧如富, 賤如貴, 無勇而威, 與士交通, 終身無患難. 亦且可乎?」

孔子曰:「善哉! 回也! 夫貧而如富, 其知足而無欲也; 賤而如貴, 其讓而有禮也; 無勇而威, 其恭敬而不失於人也; 終身無患難, 其擇言而出之也. 若回者, 其至乎! 雖上古聖人, 亦如此而已.」

【顔淵】孔子의 弟子 顔回.

참고 및 관련 자료

1.《孔子集語》交道篇

韓詩外傳十: 顔淵問於孔子曰:「淵願貧如富, 賤如貴, 無勇而威, 與士交通, 終身無患難. 亦且可乎?」孔子曰:「善哉! 回也! 夫貧而如富, 其知足而無欲也; 賤而如貴, 其讓而有禮也; 無勇而威, 其恭敬而不失於人也; 終身無患難, 其擇言而出之也. 若回者, 其至乎! 雖上古聖人, 亦如此而已.」

305(10-20) 齊景公出田
심장이 있어야 사지가 움직인다

제齊 경공景公이 사냥을 나가 열이레가 되도록 돌아오지 않고 있는 것이었다. 이에 안자晏子가 수레를 타고 찾아가서는 거의 그 곳에 이르렀을 때 일부러 의관을 마구 흐트러진 모습을 하고 경공 앞에 나타났다. 경공이 이를 보고 괴이히 여겨 물었다.

"선생께서는 어찌 그리 급히 달려왔소? 무슨 급박한 일이 있어서 그런 것은 아니겠지요?"

그러자 안자는 이렇게 대답하였다.

"그렇습니다. 그러나 급한 일이 생겼습니다. 백성들이 모두 임금은 백성은 싫어하면서 짐승은 좋아한다고 여기고 있습니다. 제가 듣건대 어별魚鼈은 깊은 물이 싫다고 얕은 곳으로 나오기 때문에 낚시나 그물에 걸리는 것이요, 금수禽獸는 깊은 산속이 싫다고 뭇가로 나오기 때문에 사냥꾼에게 잡히는 것이라 하였습니다. 임금께서는 지금 사냥을 나오셔서 열이레 동안이나 돌아오시지 않으시니 이 역시 지나친 것이 아닙니까?"

이 말에 경공이 반박하였다.

"그렇지 않소. 빈객을 맡는 일을 지금 못하고 있소? 그렇다면 행인行人 자우子牛가 있지 않소? 또, 종묘에 혈식血食을 올리지 못하고 있소? 그 일이라면 축인祝人 태재太宰가 있지 않소? 아니면 재판의 일이 제대로 되지 않는 거요? 이는 대리大理인 자기子幾가 있지 않소? 그것도 아니면 나라에 무슨 부족한 것이 있소? 그런 일이라면 무현巫賢이 있지 않소?

과인에게 이 네 사람이 있는 것은 마치 나에게 사지四肢가 있는 것과 같소. 그들이 나를 대신하고 있는데 무슨 걱정이 있다는 말이오?"

안자가 이 말을 받아 이렇게 대꾸하였다.

"그렇습니다. 사람이 심장이 있고 나서 사지도 있으며, 이들이 그 심장의 뜻을 대신해 주는 것은 훌륭한 일이지요. 그러나 사지에게만 시켜 놓고 심장이 열이레나 없다면 살아 있을 수 있겠습니까?"

그제야 경공은 감복하였다.

"그 말 참 멋집니다!"

그리고는 안자의 손을 잡고 함께 수레를 타고 돌아왔다. 안자 같은 이라면 가히 간언을 잘 하는 이라고 할 수 있다.

景公出田, 十有七日而不反. 晏子乘而往, 比至, 衣冠不正.

景公見而怪之, 曰:「夫子何遽乎? 得無有急乎?」

晏子對曰:「然. 有急. 國人皆以君爲惡民好禽. 臣聞之: 魚鼈厭深淵而就乾淺, 故得於釣網; 禽獸厭深山而下於都澤, 故得於田獵. 今君出田, 十有七日而不反. 不亦過乎?」

景公曰:「不然. 爲賓客莫應待邪? 則行人子牛在; 爲宗廟而不血食邪? 則祝人太宰在; 爲獄不中邪? 則大理子幾在; 爲國家有餘不足邪? 則巫賢在. 寡人有四子, 猶有四肢也, 而得代焉, 不可患焉.」

晏子曰:「然. 人心有四肢, 而得代焉, 則善矣; 令四肢無心, 十有七日, 不死乎?」

景公曰:「善哉言!」

遂援晏子之手, 與驂乘而歸. 若晏子者, 可謂善諫者矣.

【齊景公】春秋時代 魯나라 君主.
【晏子】宰相. 晏嬰·平仲.
【行人】外交官. 직책 이름.
【子牛】景公의 臣下.
【祝人】宗廟의 祭祀를 맡은 祭官.
【太宰】여기서는 人名처럼 썼으나 이 역시 官職名으로 보아야 할 듯하다. 《晏子春秋》에는 '子游'로 되어 있다.
【大里】大法官.
【子幾】人名.
【巫賢】人名.

참고 및 관련 자료

1.《晏子春秋》內篇 諫上

景公畋于署梁, 十有八日而不返. 晏子自國往見公, 比至, 衣冠不正. 不革衣冠, 望游而馳. 公望見晏子, 下車逆勞曰:「夫子何爲遽, 國家得無有故乎?」子對曰:「不亦急也. 雖然, 嬰願有復也. 國人皆以君爲安于野而不安于國. 好獸而惡民, 毋乃不可乎?」公曰:「何哉? 吾爲夫婦獄訟之不正乎? 則泰士子牛存矣. 爲社稷宗廟之不享乎? 則泰祝子游存矣, 爲諸侯賓客莫之應乎? 則行人子羽存矣. 爲田野之不辟, 倉庫之不實乎? 則申田存矣. 爲國家之有餘不足聘乎? 則吾子存矣. 寡人之有五子, 猶心之有四支. 心有四支, 故心得佚焉. 今寡人有五子, 故寡人得佚焉, 豈不可哉?」晏子對曰:「嬰聞之與君言異若乃心之有四支, 而心得佚焉則可, 令四支無心, 十有八日, 不亦久乎?」公于子罷畋而歸.

306(10-21) 楚莊王將興師伐晉
눈앞의 이익

초楚 장왕莊王이 군사를 일으켜 진晉나라를 치려고 하면서 사대부士大夫들에게 이렇게 고하였다.

"감히 간언을 하는 자가 있으면 용서 없이 죽이리라."

그러자 손숙오孫叔敖가 이렇게 말하였다.

"내가 듣건대 엄한 매가 무섭다고 아버지에게 간언을 못한다면 이는 효자가 아니며, 부월斧鉞의 주벌이 두렵다고 임금에게 감히 간언을 못한다면 이는 충신이 아니라고 하였소."

그리고는 들어가 이렇게 간언을 하였다.

"저의 정원에 느릅나무 한 그루가 있습니다. 그 위에 매미가 한 마리 있는데 마침 날개를 흔들고 신나게 울면서 맑은 이슬을 먹으려 하고 있었지요. 그러면서 그는 그 뒤에 사마귀[螳螂]가 마침 그 목을 구부리고 이를 덮쳐 잡아먹으려 하고 있는 것을 모르고 있는 것입니다. 한편 그 사마귀는 바야흐로 그 매미를 잡아먹으려 하면서 그 뒤에 황작黃雀이 목을 쳐들고 자신을 쪼으려는 것을 모르고 있는 것입니다. 한편 그 황작은 사마귀를 쪼으려 하면서 어린아이 하나가 그 나무 밑에서 탄환을 들고 자신을 겨누고 있는 것을 모르고 있는 것입니다. 아이는 아이대로 그 새를 겨누느라 정신이 팔려 바로 앞에 깊은 구덩이가 있고 바로 뒤에는 굴이 있는 것을 모르는 것입니다. 이는 앞의 이익에 눈이 팔려, 뒤에 도사리고 있는 해를 모르는 것을 말한 것입니다. 어찌 곤충이나 서인들만 이와 같겠습니까? 임금도 역시 마찬가지입니다.

지금 임금께서는 저 진나라 토지에 눈이 팔려 그 사졸들을 부리기에 즐거움을 느끼고 계신 것입니다.”

이리하여 나라는 위태롭지 않게 되었고 진나라도 안녕을 얻게 되었으니 이는 손숙오의 힘이었다.

楚莊王將興師伐晉, 告士大夫曰:「敢諫者死無赦.」

孫叔敖曰:「臣聞: 畏鞭箠之嚴, 而不敢諫其父, 非孝子也; 懼斧鉞之誅, 而不敢諫其君, 非忠臣也.」

於是遂進諫曰:「臣園中有楡, 其上有蟬, 蟬方奮翼悲鳴, 欲飮清露, 不知螳蜋之在後, 曲其頸, 欲攫而食之也. 螳蜋方欲食蟬, 而不知黃雀在後, 擧其頸, 欲啄而食之也. 黃雀方欲食螳蜋, 不知童挾彈丸在下, 迎而欲彈之. 童子方欲彈黃雀, 不知前有深坑, 後有窟也. 此皆言前之利, 而不顧後害者也. 非獨昆蟲衆庶若此也, 人主亦然. 君今知貪彼之土, 而樂其士卒.」

國不怠, 而晉國以寧, 孫叔敖之力也.

【楚莊王】春秋五霸의 하나.

【孫叔敖】楚나라 莊王 때의 뛰어난 宰相.

【斧鉞】원래 도끼류. 고대의 刑具이다.

【不顧後害】이는 ‘不顧其後’, ‘螳蜋啄蟬’, ‘螳蜋捕蟬’의 고사이며 기록마다 인물과 상황이 각기 다르다.

참고 및 관련 자료

1.《說苑》 正諫篇

吳王欲伐荊, 告其左右曰:「敢有諫者死.」舍人有少孺子者, 欲諫不敢, 則懷丸操彈, 遊於後園, 露沾其衣, 如是者三旦, 吳王曰:「子來何苦沾衣如此?」對曰:「園中有樹, 其上有蟬, 蟬高居悲鳴飮露, 不知螳螂在其後也. 螳螂委身曲附, 欲取蟬而不知黃雀在其傍也! 黃雀延頸欲啄螳螂, 而不知彈丸在其下也. 此三者, 皆務欲得其前利而不顧其後之有患也.」吳王曰:「善哉!」乃罷其兵.

2.《吳越春秋》夫差內傳 14年

十四年, 夫差旣殺子胥, 連年不熟, 民多怨恨. 吳王復伐齊, 闕爲闌溝於商魯之間. 北屬蘄, 西屬濟, 欲與魯晉合攻於黃池之上. 恐群臣復諫, 乃令國中曰:「寡人伐齊, 有敢諫者, 死.」太子右知子胥忠而不用, 太宰嚭佞而專政, 欲切言之, 恐罹尤也. 乃以諷諫激於王. 淸旦懷丸持彈, 從後園而來, 衣袷履濡, 王怪而問之曰:「子何爲袷衣濡履, 體如斯也?」太子右曰:「適游後園聞秋蟬之聲, 往而觀之. 夫秋蟬登高樹飮淸露, 隨風撝撓, 長吟悲鳴, 自以爲安. 不知螳螂超枝緣條, 曳腰聳踞距, 而稷其形. 夫螳螂翕心而進, 志在有利, 不知黃雀盈綠林, 徘徊枝陰踙跋微進, 欲啄螳螂. 夫黃雀但知伺螳螂之有味, 不知臣挾彈危擲蹭蹬飛丸而集其背. 今臣但虛心志在黃雀, 不知空埳其旁闇忽埳中陷於深井. 臣故袷體濡履, 幾爲大王取笑.」王曰:「天下之愚, 莫過於捨, 但貪前利, 不覩後患.」

3.《戰國策》 楚策(四)

王獨不見夫蜻蛉乎? 六足四翼, 飛翔乎天地之間, 俛啄蚊虻而食之, 仰承甘露而飮之, 自以爲無患, 與人無爭也. 不知夫五尺童子, 方將調鉛膠絲, 加己乎四仞之上, 而下爲螻蟻食也. 蜻蛉其小者也, 黃雀因是以. 俯噣白粒, 仰棲茂樹, 鼓翅奮翼, 自以爲無患, 與人無爭也. 不知夫公子王孫, 左挾彈, 右攝丸, 將加己乎十仞之上, 以其類爲招. 晝游乎茂樹, 夕調乎酸醎, 倏忽之間, 墜於公子之手. 夫雀其小者也, 黃鵠因是以. 游於江海, 淹乎大沼, 俯噣鱔鯉, 仰嚙菱衡, 奮其六翮, 而凌淸風, 飄搖乎高翔, 自以爲無患, 與人無爭也. 不知夫射者, 方將脩其碆廬, 治其繒繳, 將加己乎百仞之上. 彼礛磻, 引微繳, 折淸風而抎矣. 故晝游乎江河, 夕調乎鼎鼐. 夫黃鵠其小者也, 蔡聖侯之事因是以. 南游乎高陂, 北陵乎巫山, 飮茹谿流, 食湘波之魚, 左抱幼妾, 右擁嬖女, 與之馳騁乎高蔡之中, 而不以國家爲事. 不知夫子發方受命乎宣王, 繫己以朱絲而見之也.

4.《藝文類聚》(60)

韓詩外傳曰: 楚莊王將興師伐晉, 告士大夫曰:「敢諫者死無赦.」孫叔敖進諫曰:「臣之國中有楡, 其上有蟬, 蟬方奮翼悲鳴, 欲飮淸露, 不知螳蜋之在後, 螳蜋方欲食蟬; 而又不知黃雀在後, 黃雀方欲食螳蜋, 不知童子挾彈丸在楡下; 童子方欲彈黃雀, 不知前有深坑, 後有掘株也. 皆貪前之利, 不顧後害者也.」超國不征, 而晉國以寧, 孫叔敖之力也.

5.《藝文類聚》(86)

韓詩外傳曰: 楚莊王將伐晉, 敢諫者死. 孫叔敖進諫王曰:「臣園中有楡, 楡上有蟬, 蟬方奮翼悲鳴, 吟淸露, 不知螗蜋之在後也.」

6. 기타 참고자료

《新序》 雜事(三)·《北堂書鈔》(124)·《太平御覽》(303, 350, 946)·《冊府元龜》(741)

307(10-22) 晉平公之時

화재로 소실된 보물 창고

진晉 평공平公 때였다. 보물을 쌓아 두는 누대에 불이 났다. 사대부들이 이를 듣고는 모두 수레와 말을 몰고 달려가 불을 끄느라 정신이 없었다. 사흘 밤낮이 지나서야 겨우 불길을 잡을 수 있었다. 그런데 공자公子 안자晏子만은 홀로 속백束帛을 가지고 와서 이렇게 축하를 하는 것이었다.

"잘됐습니다!"

평공은 발연히 화를 내며 물었다.

"거기에는 주옥이 소장되어 있고 나라의 중요한 보물이 들어 있소. 그런데 하늘이 화재를 내어 사대부들은 모두 말을 몰아 달려가 불을 껐는데 그대는 도리어 속백을 가져와서 축하를 한다니 이 무슨 말이오? 만약 설명을 잘하면 살려 주려니와 그렇지 않으면 죽여 버리겠소."

공자 안자는 이렇게 말하였다.

"어찌 감히 설득시키지 못하겠습니까? 제가 듣건대 왕 된 자는 천하에 저장하는 것이요, 제후는 백성에게 저장하는 것이며, 상인은 궤짝에 저장하는 것이라 하였습니다. 지금 백성들은 밖에서 낡은 옷조차 없어 그 몸을 가리지 못하며, 조강糟糠조차 없어 그 입을 채우지 못하고 있습니다. 그들 집안은 텅 비었는데도 부렴은 끝이 없고 거두어들인 태반을 그 누대에 저장하고 있습니다. 이 때문에 하늘이 그곳에 화재를 내린 것입니다. 또, 제가 듣기로 옛날 걸桀이 천하의 잔악하고 포악한 짓을 다하여 끝없이 부렴을 거두는 바람에 백성의 고통이 심해지자 탕湯이 이를 쳐서 천하의 비참한 죽음과 비웃음을 당한 것이라 하였소.

그러니 지금 황천皇天이 그 누대에 화재를 내린 것은 바로 임금의 복입니다. 이 변고를 보고 빨리 깨닫지 않으면 역시 이웃나라의 웃음을 사게 될 것입니다."

이 말에 왕은 이렇게 말하였다.

"좋소! 이제부터는 백성에게 저장하겠소."

《시詩》에는 이렇게 말하였다.

"백성의 농사만이 참된 보배지　　　稼穡維寶
대를 이어 밥 먹으니 아니 좋은가!"　　　代食維好

平公之時, 藏寶之臺燒. 士大夫聞, 皆趨車馳馬救火, 三日三夜, 乃勝之.

公子晏子獨束帛而賀, 曰:「甚善矣!」

平公勃然作色, 曰:「珠玉之所藏也, 國之重寶也, 而天火之, 士大夫皆趨車走馬而救之, 子獨束帛而賀, 何也? 有說則生, 無說則死.」

公子晏子曰:「何敢無說? 臣聞之: 王者藏於天下, 諸侯藏於百姓, 商賈藏於篋匱. 今百姓之於外, 短褐不蔽形, 糟糠不充口. 虛而賦斂無已, 收太半而藏之臺, 是以天火之. 且臣聞之: 昔者, 桀殘賊海內, 賦斂無度, 萬民甚苦, 是故湯誅之, 爲天下戮笑. 今皇天降災於藏臺, 是君之福也, 而不自知變悟, 亦恐君之爲鄰國笑矣.」

公曰:「善! 自今已往, 請藏於百姓之間.」

詩曰:『稼穡維寶, 代食維好!』

【晉平公】春秋時代의 晉나라 君主. 이름은 彪.
【公子晏子】'公子晏'의 잘못. '子'는 衍文.《初學記》24 및《太平御覽》191·627에는 모두 '公子晏'으로 실려 있다. 즉 平公의 公子 중에 이름이 '晏'인 사람.
【束帛】묶은 비단. 흔히 선물. 축하의 예물이라는 뜻으로 쓰인다.
【詩曰】《詩經》大雅 桑柔의 구절.

참고 및 관련 자료

1.《詩經》大雅 桑柔(114)

2.《說苑》反質篇

魏文侯御廩災, 文侯素服辟正殿五日, 群臣皆素服而弔, 公子成父獨不弔. 文侯復殿, 公子成父趨而入賀, 曰:「甚大善矣! 夫御廩之災也.」文侯作色不悅, 曰:「夫御廩者, 寡人寶之所藏也, 今火災, 寡人素服辟正殿, 群臣皆素服而弔; 至於子, 大夫而不弔. 今已復辟矣, 猶入賀何爲?」公子成父曰:「臣聞之, 天子藏於四海之內, 諸侯藏於境內, 大夫藏於其家, 士庶人藏於篋櫝. 非其所藏者不有天災, 必有人患. 今幸無人患, 乃有天災, 不亦善乎!」文侯喟然嘆曰:「善!」

3.《藝文類聚》(80)

韓詩外傳曰: 晉平公藏寶之臺燒, 救火三日三夜, 乃勝之. 公子晏束帛而賀曰:「臣聞: 王者藏於天下, 諸侯藏於百姓, 農夫藏於囷庾. 今百姓之於外, 而賦斂無已. 昔桀紂殘賊, 爲天下戮笑. 今皇降災於藏臺, 是君之福也.」

4. 기타 참고자료

《北堂書鈔》(85)·《白帖》(3)·《事類賦注》(8)·《初學記》(24)·《太平御覽》(190, 191, 627, 868)

308(10-23) 魏文侯問里克曰
승리가 나라를 망친다

위魏 문후文侯가 이극里克에게 물었다.

"오吳나라가 망하게 된 까닭은 어디에 있다고 보십니까?"

이극이 대답하였다.

"자주 싸워 자주 승리한 데에 있지요."

문후가 의아히 여겨 되물었다.

"자주 싸워 자주 이기는 것은 나라의 복입니다. 그것 때문에 망하였다니 무슨 뜻입니까?"

이극은 이렇게 설명하였다.

"자주 싸우면 백성이 피로해지지요. 자주 이기면 임금은 교만해지기 마련이며, 교만해지면 방자해지고 방자해지면 끝까지 가지요. 상하 사이가 끝까지 벌어졌으니 오나라가 그런 다음에야 망한 것은 오히려 늦은 셈이지요. 이것이 바로 부차夫差가 간수干遂에서 나라를 잃은 원인입니다."

吳王夫差

《시詩》에는 이렇게 말하였다.

"하늘이 이렇게 상란을 내려　　天降喪亂
우리의 왕까지 멸하려는가!"　　滅我立王

魏文侯問里克曰:「吳之所以亡者, 何也?」

里克對曰:「數戰而數勝.」

文侯曰:「數戰數勝, 國之福也. 其獨亡, 何也?」

里克對曰:「數戰則民疲, 數勝則主驕; 驕則恣, 恣則極. 上下俱極, 吳之亡猶晩矣. 此夫差所以自喪於干遂.」

詩曰:『天降喪亂, 滅我立王!』

【魏文侯】戰國 초기 魏나라의 영명한 君主.
【里克】'李克'으로도 쓰며 文侯의 臣下이다.
【夫差】吳나라의 末王. 越王 勾踐에게 나라를 빼앗겼다.
【干遂】地名. 지금의 江蘇省 吳縣. 夫差가 자살해 죽은 곳.
【詩曰】《詩經》大雅 桑柔의 구절.

참고 및 관련 자료

1.《詩經》大雅 桑柔(114)

2.《新序》雜事(五)

魏文侯問李克曰:「吳之所以亡者, 何也?」李克對曰:「數戰數勝.」文侯曰:「數戰數勝, 國之福也, 其所以亡, 何也?」李克曰:「數戰則民疲, 數勝則主驕. 以驕主治疲民, 此其所以亡也.」是故好戰窮兵, 未有不亡者也.

3.《淮南子》道應訓

魏武侯問於李克曰:「吳之所以亡者, 何也?」李克對曰:「數戰而數勝.」武侯曰:「數戰數勝, 國之福. 其獨以亡何故也?」對曰:「數戰則民罷, 數勝則主憍, 以憍主使罷民, 而國不亡者, 天下鮮矣. 憍則恣, 恣則極物, 罷則怨, 怨則極慮. 上下俱極, 吳之亡猶晩矣. 夫差之所以自剄於干遂也.」故老子曰:「功成名遂身退, 天之道也.」

4.《呂氏春秋》適威篇

魏武侯之居中山也, 問於李克曰:「吳之所以亡者何也?」李克對曰:「驟戰而驟勝.」

武侯曰:「驟戰而驟勝, 國家之福也. 其獨以亡, 何故?」對曰:「驟戰則民罷, 驟勝則主驕. 以驕主使罷民, 然而國不亡者, 天下少矣. 驕則恣, 恣則極物, 罷則怨, 怨則極慮. 上下俱極, 吳之亡猶晩, 此夫差之所以自歿於干隧也.」

5.《文子》道德篇

老子曰:「夫亟戰而數勝者, 則國必亡; 亟戰則民罷, 數勝則主驕, 以驕主使罷民, 而國不亡者, 則寡矣. 主驕則恣, 恣則極物; 民罷則怨, 怨則極慮. 上下俱極而不亡者, 未之有也. 故功遂身退, 天之道也.」

309(10-24) 楚有士曰申鳴
충과 효를 동시에 수행할 수 없으니

초楚나라에 신명申鳴이라는 선비는 과수원을 생업으로 하여 부모를 봉양하고 있었다. 그 효성이 초나라에 널리 퍼져 왕이 이를 불러 등용코자 하였다. 그러나 신명은 그에 응하지 않았다. 그의 아버지가 이를 알고 물었다.

"왕께서 너를 등용해 쓰려고 하는데 너는 어찌 이를 사양하느냐?"

신명은 이렇게 대답하였다.

"어찌 아들 된 도리를 버리고 왕의 신하가 될 수 있겠습니까?"

이에 그 아버지는 이렇게 말하였다.

"너로 하여금 나라의 녹을 받고, 조정에서 직위를 얻어 즐거움을 느낀다면 나는 근심이 없겠다. 나는 네가 벼슬하기를 바란다."

그제야 신명은 이렇게 말하였다.

"따르겠습니다."

그리고는 드디어 조정의 명령을 받아들였다. 이리하여 초왕은 그를 좌사마左司馬로 삼게 되었다.

그 해에 백공白公의 난亂이 일어나 백공이 영윤令尹 자서子西와 사마자기司馬子期를 죽이자 신명은 백공의 무리를 포위하였다. 이에 백공은 그의 부하인 석걸石乞에게 이렇게 물었다.

"신명은 천하의 용사이다. 지금 그가 병사를 거느리고 있으니 장차 어찌하면 좋겠는가?"

그러자 석걸이 이런 꾀를 일러 주었다.

"제가 듣건대 신명은 효자라고 합니다. 그 아버지를 협박하면 될 것입니다."

그러자 백공은 사람을 신명에게 보내어 이렇게 협박하였다.

"그대가 나에게 동조하면 그대에게 이 초나라를 줄 것이나 만약 나에게 동조하지 않는다면 너의 아버지를 죽이겠다."

신명은 눈물을 흘리면서 이렇게 응대하였다.

"처음에는 내가 아버지의 아들이었다. 그러나 지금은 임금의 신하이다. 이미 효자가 되지 못하였는데 어찌 충신까지 되지 말라는 것이냐?"

그리고는 북을 울려 그를 공격하여 드디어 백공을 죽여 버렸다. 그의 아버지도 역시 죽임을 당하였다. 왕이 귀환하여 그에게 상을 내리려 하자 그는 이렇게 사양하였다.

"임금의 녹을 먹으면서 임금의 난을 피한다면 이는 충신이 아닙니다. 그렇다고 임금의 법을 바르게 지키느라 어버이를 죽게 한 것도 효자는 아니지요. 행동은 두 가지를 온전히 할 수 없고, 명예는 두 가지를 한꺼번에 세울 수 없는 것, 슬프도다! 이렇게 하고서도 살아간다면 천하의 선비들에게 무엇을 보여줄 수 있으리오!"

그리고는 드디어 목을 베고 죽어 버렸다.

《시詩》에는 이렇게 말하였다.

"오도가도 못하는 깊은 골짜기." 進退惟谷

楚有士曰申鳴, 治園以養父母, 孝聞於楚王, 召之, 申鳴辭不往.

其父曰:「王欲用汝, 何謂辭之?」

申鳴曰:「何舍爲子, 乃爲臣乎?」

父曰:「使汝有祿於國, 有位於廷, 汝樂, 而我不憂矣. 我欲汝之仕也.」

申鳴曰:「諾.」

遂之朝受命.

楚王以爲左司馬. 其年, 遇白公之亂, 殺令尹子西·司馬子期. 申鳴因以兵之衛.

白公謂石乞曰:「申鳴, 天下勇士也. 今將兵, 爲之奈何?」

石乞曰:「吾聞申鳴, 孝子也. 劫其父以兵.」

使人謂申鳴曰:「子與我, 則與子楚國; 不與我, 則殺乃父.」

申鳴流涕而應之曰:「始則父之子, 今則君之臣, 已不得爲孝子矣. 安得不爲忠臣乎?」

援桴鼓之, 遂殺白公, 其父亦死焉. 王歸, 賞之.

申鳴曰:「受君之祿, 避君之難, 非忠臣也; 正君之法, 以殺其父, 又非孝子也. 行不兩全, 名不兩立. 悲夫! 若此而生, 亦何以示天下之士哉!」

遂自刎而死.

詩曰:『進退惟谷.』

【申鳴】人名.

【左司馬】官職名.

【白公】白公 勝. 春秋時代 楚나라 太子인 建의 아들. 아버지를 따라 망명하였다가 楚나라로 가자 子西가 그를 白 땅에 봉하여 '白公'이라 불렀다. 아버지 建이 축출당한 것에 앙심을 품고 亂을 일으켜 子西와 子期를 죽이고 惠王을 위협, 다시 葉公 子高가 白公의 토벌에 나서자 白公은 산속으로 도망하여 자살하였다.

【子西】당시 楚나라의 令尹.

【司馬子期】당시 楚나라의 軍事 책임자.

【石乞】白公의 부하. 勇士.

【詩曰】《詩經》大雅 桑柔의 구절

참고 및 관련 자료

1.《詩經》 大雅 桑柔(114)

2.《說苑》 立節篇

楚有士申鳴者, 在家而養其父, 孝聞於楚國, 王欲授之相, 申鳴辭不受, 其父曰:「王欲相汝, 汝何不受乎?」申鳴對曰:「舍父之孝子而爲王之忠臣, 何也?」其父曰:「使汝有祿於國, 立義於庭, 汝樂吾無憂矣, 吾欲汝之相也.」申鳴曰:「諾.」遂入朝, 楚王因授之相. 居三年, 白公爲亂, 殺司馬子期, 申鳴將往死之, 父止之曰;「棄父而死, 其可乎?」申鳴曰:「聞夫仕者身歸於君而祿歸於親, 今旣去子事君, 得無死其難乎?」遂辭而往, 因以兵圍之, 白公謂石乞曰:「申鳴者, 天下之勇士也, 今以兵圍我, 吾爲之奈何?」石乞曰:「申鳴者, 天下之孝子也, 往劫其父以兵, 申鳴聞之必來, 因與之語.」白公曰:「善.」則往取其父, 持之以兵, 告申鳴曰:「子與吾, 吾與子分楚國; 子不與吾, 子父則死矣.」申鳴流涕而應之曰:「始吾父之孝子也, 今吾君之忠臣也; 吾聞之也, 食其食者死其事, 受其祿者畢其能; 今吾已不得爲父之孝子矣, 乃君之忠臣也, 吾何得以全身!」援桴鼓之, 遂殺白公, 其父亦死, 王賞之金百斤, 申鳴曰:「食君之食, 避君之難, 非忠臣也; 定君之國, 殺臣之父, 非孝子也. 名不可兩立, 行不可兩全也, 如是而生, 何面目立於天下.」遂自殺也.

3.《史記》 楚世家

惠王二年, 子西召故平王太子建之子勝於吳, 以爲巢大夫, 號曰白公. 白公好兵而下士, 欲報仇. 六年, 白公請兵令尹子西伐鄭. 初, 白公父建亡在鄭, 鄭殺之, 白公亡走吳, 子西復召之, 故以此怨鄭, 欲伐之. 子西許而未爲發兵. 八年, 晉伐鄭, 鄭告急楚, 楚使子西救鄭, 受賂而去. 白公勝怒, 乃遂與勇力死士石乞等襲殺令尹子西·子綦於朝, 因劫惠王, 置之高府, 欲弑之. 惠王從者屈固負王亡走昭王夫人宮. 白公自立爲王. 月餘, 會葉公來救楚, 楚惠王之徒與共攻白公, 殺之. 惠王乃復位. 是歲也, 滅陳而縣之.

4. 기타 참고자료

《渚宮舊事》(2)·《太平御覽》(82, 417,《新序》를 인용하였으나 지금의《新序》에는 없음)

310(10-25) 昔者太公望周公旦受封而見
작은 징조를 통해 미래를 본다

옛날 태공太公望과 주공周公 단旦이 같이 봉을 받으면서 만났다. 태공망이 주공에게 물었다.

"노魯나라를 어떻게 다스릴 작정입니까?"

이에 주공은 이렇게 대답하였다.

"어진 이를 높이고 친할 이를 친하게 하겠소."

태공이 이를 듣고 이렇게 평하였다.

"노나라는 이로부터 약해질 것입니다."

이번에는 주공이 태공에게 물었다.

"그럼 당신이 봉을 받은 제齊나라는 어떻게 다스릴 작정입니까?"

태공이 대답하였다.

"어진 이를 들어 쓰고 공 있는 자에게는 상을 내리지요."

그러하자 주공은 이렇게 평하였다.

"후세에 틀림없이 신하가 그 임금을 겁살하는 일이 생길 것입니다."

뒤에 과연 제나라는 날로 커져서 끝내 패업을 이루었지만 이십사 세世 후에 전씨田氏가 이를 대신하였고, 노나라는 날로 쇠약해져서 삼십사 세만에 망하고 말았다.

이로 보면 성인은 미세한 것도 능히 다 알아 낸다는 것을 알 수 있다.

《시詩》에는 이렇게 말하였다.

"오로지 성인이라야	惟此聖人
백 리 밖까지 보고 말하네."	瞻言百里

昔者, 太公望·周公旦受封而見, 太公問周公:「何以治魯?」

周公曰:「尊尊親親.」

太公曰:「魯從此弱矣.」

周公問太公曰:「何以治齊?」

太公曰:「擧賢賞功.」

周公曰:「後世必有劫殺之君矣.」

後齊日以大, 至於霸, 二十四世而田氏代之. 魯日以削, 三十四世而亡.

由此觀之, 聖人能知微矣.

詩曰:『惟此聖人, 瞻言百里.』

【太公望】呂尙, 姜子牙. 齊나라의 始祖가 되었다.

【周公旦】武王의 아우. 魯나라의 始祖가 되었다.

【田氏代之】春秋末期 陳氏가 田氏로 性을 바꾼 후 齊나라로 들어와 세력이 커졌다. 마침내 戰國時代에 이르러 田完이 齊나라를 찬탈하여 田氏齊가 되었다. 《史記》田敬仲完世家 참조. 따라서 戰國時代의 齊나라는 國號는 같으나, 王統이 달라 '田齊', 혹은 '田氏齊'로 불린다.

【詩曰】《詩經》大雅 桑柔의 구절.

참고 및 관련 자료

1.《詩經》大雅 桑柔(114)

2.《說苑》政理篇

齊之所以不如魯者, 太公之賢不如伯禽, 伯禽與太公俱受封, 而各之國三年, 太公來朝, 周公問曰:「何治之疾也?」對曰:「尊賢, 先疏後親, 先義後仁也.」此霸者之迹也. 周公曰:「太公之澤及五世.」五年伯禽來朝, 周公問曰:「何治之難?」對曰:「親親者, 先內後外, 先仁後義也.」此王者之迹也. 周公曰:「魯之澤及十世.」故魯有王迹者, 仁厚也; 齊有霸迹者, 武政也; 齊之所以不如魯也, 太公之賢不如伯禽也.

3.《呂氏春秋》長見篇

呂太公望封於齊, 周公旦封於魯, 二君者甚相善也. 相謂曰:「何以治國?」太公望曰:「尊賢上功.」周公旦曰:「親親上恩.」太公望曰:「魯自此削矣.」周公旦曰:「魯雖削, 有齊者亦必非呂氏也.」其後齊日以大, 至於霸, 二十四世而田成子有齊國, 魯日以削, 至於覲存, 三十四世而亡.

4.《呂氏春秋》長利篇

辛寬見魯繆公曰:「臣而今而後知吾先君周公之不若太公望封之知也. 昔者, 太公望封於營丘之渚, 海阻山高, 險固之地也. 是故地日廣, 子孫彌隆. 吾先君周公封於魯, 無山林谿谷之險, 諸侯四面以達, 是故地日削, 子孫彌殺.」辛寬出, 南宮括入見. 公曰:「今者, 寬也, 非周公, 其辭若是也.」南宮括對曰:「寬少者, 弗識也. 君獨不聞成王之定成周之說乎? 其辭曰:『惟余一人, 營居於成周. 惟余一人, 有善易得而見也, 有不善易得而誅也.』故曰:『善者得之, 不善者失之.』古之道也. 夫賢者豈欲其子孫之阻, 山林之險, 以長爲無道哉? 小人哉! 寬也! 今使燕爵爲鴻鵠鳳皇慮, 則必不得矣.」其所求者, 瓦之間隙, 屋之翳蔚也, 與一擧則有千里之志, 德不盛, 義不大則不至其郊. 愚庳之民, 其爲賢者慮, 亦猶此也. 固妄誹訾, 豈不悲哉?

5.《淮南子》齊俗訓

昔太公望, 周公旦, 受封而相見, 太公望問周公曰:「何以治魯?」周公曰:「尊尊親親.」太公曰:「魯從此弱矣.」周公問太公曰:「何以治齊?」太公曰:「擧賢而上功.」周公曰:「後世必有劫殺之君.」其後齊日以大, 至於霸, 二十四世, 而田氏代之. 魯日以削, 至三十二世而亡. 故易曰:「履霜堅氷至.」聖人之見終始微言.

6.《史記》 魯周公世家

周公卒, 子伯禽固已前受封, 是爲魯公. 魯公伯禽之初受封之魯, 三年而後報政周公. 周公曰:「何遲也?」伯禽曰:「變其俗, 革其禮, 喪三年然後除之, 故遲.」太公亦封於齊, 五月而報政周公. 周公曰:「何疾也?」曰:「吾簡其君臣禮, 從其俗爲也.」及後聞伯禽報政遲, 乃歎曰:「嗚呼, 魯後世其北面事齊矣! 夫政不簡不易, 民不有近; 平易近民, 民必歸之.」

부 록

〈野菊飛鳥七寶琺瑯瓶〉(淸) 부분

Ⅰ. 《한시외전韓詩外傳》 佚文·存疑·辨誤

《韓詩外傳》 일문은 焦竑이 이미 언급한 바 있다. 그는 《焦氏筆乘》續集 권3에서 불교 경전(《法苑珠林》)에 인용된 《한시외전》 문장인 「老筐爲萑, 老蒲爲葦.」(일-14)의 구절과 「死爲鬼. 鬼者, 歸也. 精氣歸於天, 肉歸於土, 血歸於水, 脉歸於澤, 聲歸於雷, 動作歸於風, 眼歸於日月, 骨歸於木, 筋歸於山, 齒歸於石, 膏歸於露, 髮歸於草, 呼吸之氣, 復歸於人」(일-15)의 구절이 당시 《한시외전》에 없다고 의심을 나타내었다.

지금의 《한시외전》 趙懷玉 校注本의 補逸篇에 30여 條가 수록되어 있고 周廷寀校注本에는 3조가 실려 있다. 그밖에 陳士軻의 疏證, 陳喬樅의 《韓詩外傳遺說考》에도 역시 일문이 실려 있다.

趙善詒의 《韓詩外傳補正》은 盧文弨와 趙懷玉의 일문을 전재한 것이며 이를 바탕으로 모두 모아 다시 「佚文」 26조, 「存疑」 22조, 「辨誤」 16조 등 총 64조를 분류하고 辨析을 가한 것이 屈守元의 《韓詩外傳箋疏》이다.

그러나 본인은 역주 중에 《藝文類聚》(8)에 「(又曰) 夏不數浴, 非愛水也; 冬不數煬, 非愛火也」의 구절에 대해 前人이 언급하지 않았음을 발견하게 되었다. 이를 일문 끝부분에 별조로 싣는다. 또한 《孔子集語》(11) 博物篇에 《初學記》(7)와 《文選》 「齊故安陸昭王碑」 注에 인용된 《韓詩外傳》 문장인 「孔子曰: 水之精爲玉, 老蒲爲葦, 願無怪之」가 일문 14와 관련이 있고 앞서 초굉의 기록과 연관이 있으나 이를 단구 일문으로 싣지 않고 있음도 발견하였다. 뒷사람의 연구를 기다린다.

다음은 屈守元 《韓詩外傳箋疏》에 있는 佚文이며 자세한 변석이 있으나 출처와 관련기록만을 밝힌다.(자세한 것은 원문을 보기 바란다.) 한편 일련번호는 본 역주자가 부여한 것이며 존의, 변오 부분도 같다.

(1) 佚文

佚-1

伯瑜有過, 其母笞之, 泣.母 曰:「他日笞汝未嘗泣, 今泣, 何也?」對曰:「他日得杖常痛, 今母老矣, 無力, 不能痛, 是以泣.」

인용출전: 唐 李瀚《蒙求》卷中 舊注
참고:《藝文類聚》(20),《太平御覽》(649),《法苑珠林》(62),《說苑》(佚文)

佚-2

東郭書知宋之將亡. 故褰褐而過鬲其朝, 曰:「宋將有棘荊, 故褰裳而避之也.」居三年, 宋果亡.

인용출전:《太平御覽》(693)
참고:《史記》宋世家

佚-3

楚襄王遣使者持金千斤, 白璧百雙, 聘莊子欲以爲相. 莊子曰:「獨不見夫入廟之牲乎? 衣以文繡, 食以芻豢, 出則淸道而行, 止則居帳之內, 此豈不貴乎? 及其不免於死, 宰執旌居其前, 或持其後, 當此之時, 雖欲爲孤犢, 從雞鼠游, 豈可得乎? 僕聞之: 左手據天下之國, 右手刎其吭, 愚者不爲也.」

인용출전:《太平御覽》(474)
참고:《初學記》(27),《北堂書鈔》(34),《文選》鮑明遠「擬古詩」注, 謝希逸「月賦」注,《白帖》(2),《莊子》列禦寇篇,《世說新語》文學篇 劉峻注,《淮南子》精神訓, 泰族訓,《文子》上義篇

佚-4

禽息, 秦人. 知百里奚之賢, 薦之於穆公. 爲私, 而加刑焉. 公後知百里之賢, 乃召禽息謝之. 禽息對曰:「臣聞忠臣進賢不私顯, 烈士憂國不喪志. 奚陷刑, 臣之罪也.」乃對使者以首觸楹而死. 以上卿之禮葬之.

인용출전:《文選》「演連珠」李善 注

佚-5

禽息, 秦大夫. 薦百里奚不見納. 繆公出, 當車, 以頭擊闑, 腦乃精出, 曰:「臣生無補於國, 不如死也.」繆公感寤, 而用百里奚, 秦以大化.

인용출전:《後漢書》朱暉孫穆傳 李賢 注
참고:《太平御覽》(363, 375)

佚-6

禽息, 秦大夫. 薦百里奚不見納. 繆公出, 當車, 以頭擊闑, 腦乃播出, 曰:「臣生無補於國, 不如死也.」繆公感寤, 而用百里奚, 秦以大化.

인용출전:《後漢書》孟嘗傳 注
참고:《說苑》臣術篇,《漢書》杜鄴傳 注

佚-7

子騫早喪母, 父娶後妻, 生二子, 疾惡子騫, 以蘆花衣之. 父察知之, 欲逐後母. 子騫啓曰:「母在一子寒, 母去三子單.」父善之而止. 母悔改之. 後至平均, 遂成慈母.

인용출전: 朱熹《四書或問》(16) 吳氏 인용
참고: 劉寶楠《論語正義》先進篇「孝哉閔子騫章』,《太平御覽》(413, 34),《孝子傳》,《蒙求》,《說苑》佚文

佚-8

曾子喪妻, 不更娶. 人問其故. 曾子曰:「以華元善人也.」

인용출전:《漢書》王吉子駿傳 如淳注
참고:《白帖》(6),《天中記》(19),《顔氏家訓》後娶篇

佚-9

鮑叔有疾, 管仲爲之不食, 不內水漿. 甯戚患之, 曰:「鮑叔有疾, 而爲之不內水漿, 無益於鮑叔, 又將自傷. 且鮑叔非君臣之恩, 父子之親, 爲之不內水漿, 不亦失宜乎?」管仲曰:「非子之所知也. 昔者, 吾嘗與鮑叔負販於南陽, 而見辱於市中. 鮑子不以我爲不勇者, 知吾欲有名於天下. 吾與鮑子說諸侯, 三見而三不中, 不以我爲不肖者, 知吾不遇賢主人. 吾與鮑子分財而多自與, 不以我爲貪者, 知吾貧無有也. 生我者父母, 知我者鮑子. 士爲知己者死, 馬爲知御者良, 鮑子卒, 天下莫我知, 安用水漿? 誠有知者, 雖爲之死, 亦何傷哉!」

인용출전:《冊府元龜》(881)
참고:《初學記》(18),《天中記》(20),《史記》管晏列傳

佚-10

趙簡子太子名伯魯, 小子名無恤. 簡子自爲二書牘, 親自表之, 書曰:「節用聽聰, 敬賢勿慢, 使能勿賤.」與二子, 使誦之. 居三年, 簡子坐淸臺之上, 問二書所在. 伯魯忘其表, 令誦不能得. 無恤出其書於袖, 令誦習焉. 乃黜伯魯, 而立無恤.

인용출전:《太平御覽》(146, 606)
참고:《文選》「古詩十九首」注,《資治通鑑》(1),《說苑》談叢篇

佚-11

周成王與弟戲, 以桐葉爲珪, 「以封汝」. 周公曰: 「天子無戲言.」 王乃應時而封, 曰應侯, 鄉亦曰應鄉是也.

인용출전: 《水經注》 滍水 注, 《漢書》 地理志 應劭 注
참고: 《太平御覽》(159, 199), 《路史》 疏倫紀 高辛紀篇, 《說苑》, 柳宗元 「桐葉封弟辨」

佚-12

齊人崔杼弑莊公, 陳不占聞君有難, 將往赴之. 食則失哺, 上事失軾. 其僕曰: 「敵在數百里外, 而懼怖如是, 雖往, 其益乎?」 占曰: 「死君之難, 義也. 勇, 私也.」 乃驅車而奔之. 至公門之外, 聞鼓戰之聲, 遂駭而死. 君子謂不占無勇, 而能行義, 可謂志士矣.

인용출전: 《文選》 馬季長 長笛賦 李善 注
참고: 《太平御覽》(499), 《冊府元龜》(927, 739), 《蒙求》下 舊注, 《新序》 義勇篇

佚-13

顔回望吳門馬, 見一疋練. 孔子曰: 「馬也.」 然則馬之光景, 一疋長耳. 故後人號馬爲一疋.

인용출전: 《藝文類聚》(93)
참고: 《史記》 貨殖列傳 索隱, 《太平御覽》(818), 《論衡》 書虛篇

佚-14

魯哀公使人穿井, 三月不得泉, 得一玉羊. 哀公甚懼. 孔子曰: 「聞水之精爲玉, 土之精爲羊. 此羊肝, 乃土爾.」 哀公使人殺羊, 其肝卽土也.

인용출전: 《初學記》(7)
참고: 《太平御覽》(902), 《事類賦注》(8, 22), 《白帖》(3), 《法苑珠林》(43), 《文選》「齊故安陸昭王碑文」 李善 注, 《國語》 魯語, 《史記》 孔子世家, 《孔子家語》 辨物篇, 《說苑》 辨物篇, 《搜神記》(20), 《漢書》 五行志

佚-15

死爲鬼. 鬼者, 歸也. 精氣歸於天, 肉歸於土, 血歸於水, 脈歸於澤, 聲歸於雷, 動作歸於風, 眼歸於日月, 腎歸於木, 筋歸於山, 齒歸於石, 膏歸於露, 髮歸於草, 呼吸之氣, 復歸於人.

인용출전: 《法苑珠林》(10)
참고: 《太平御覽》(883), 《五行大義》, 《風俗通》 怪神篇

佚-16

人有五藏六府. 何謂五藏? 神藏於心, 魂藏於肝, 魄藏於肺, 志藏於脾; 此之謂五藏也. 何謂六府? 喉咽者, 量腸之府也; 胃者, 五穀之府也; 大腸者, 轉輸之府也; 小腸者, 受成之府也; 膽者, 積精之府也; 旁光者, 湊液之府也. 詩曰: 「天生蒸民, 有物有則.」

인용출전: 《後漢書》 馬融傳 注, 《太平御覽》(363)
참고: 《小學紺珠》(3), 《潛夫論》 相列篇

佚-17

趙文子與叔向觀於九原.

인용출전: 《禮記》 檀弓(下) 孔穎達 正義

佚-18

衆或滿堂而飮酒, 有人向而悲泣, 則一堂爲之不樂. 王者之於天下也, 有一物不得其所, 則爲之悽愴心傷, 盡祭不擧樂焉.

인용출전: 《文選》「笙賦」 注
참고: 《說苑》 貴德篇, 立節篇, 《鹽鐵論》 憂邊篇

佚-19

子曰: 「終日言, 不遺己憂; 終日行, 不遺己患; 唯知者有之. 故恐懼所以除患也; 恭敬, 所以越難也. 終日爲之, 一言敗之, 可以不謹乎?」

인용출전: 《孔子集語》 子觀篇
참고: 《說苑》 雜言篇

佚-20

子曰: 「堯舜淸微其身, 以聽天下, 務來賢人, 夫擧賢, 百福之宗也, 神明之主也.」

인용출전: 《孔子集語》 持盈篇

佚-21

陰陽相勝, 氛祲絪氳也.

인용출전: 《大戴禮記》 小間篇 盧辯 注

佚-22

天見其象, 地見其形, 聖人則之.

인용출전: 《文選》 應吉甫 「晉武帝華林園集詩」李善 注
참고: 《周易》 繫辭上

佚-23
皮弁以征.

인용출전: 《公羊傳》 成公 2年 徐彦 疏

佚-24
田伯好士.

인용출전: 《北堂書鈔》(34)
참고: 《韓非子》 說林上

佚-25
知者知其所知, 乃爲知矣.

인용출전: 《後漢書》 文苑傳 杜篤傳 注

佚-26
孤竹君是殷湯三月丙寅日所封, 相傳至夷齊之父名初, 字子朝, 伯夷名允字公信, 叔齊名致字公達.

인용출전: 《史記》 伯夷列傳 索隱

佚-別
夏不數浴, 非愛水也; 冬不數煬, 非愛火也.

인용출전: 《藝文類聚》(8)

(2) 存疑

疑-1

古封太山, 禪梁甫者萬餘人, 仲尼觀焉, 不能盡識.

인용출전: 《尙書》序 孔穎達 正義

疑-2

天子社廣五丈, 東方青, 南方赤, 西方白, 北方黑, 上冒以黃土. 將封諸侯, 各取方土, 苴以白茅, 以爲社也.

인용출전: 《史記》夏本紀 正義

疑-3

孔子使子貢, 爲其不來. 孔子占之, 遇鼎, 謂弟子曰:「占者遇鼎, 言皆無足而不來.」顏回掩口而笑. 孔子曰:「回也, 何哂乎?」曰:「回謂賜必來.」孔子曰:「何如也?」回對曰:「無足者, 乘舟而來矣.」賜果至.

인용출전: 《北堂書鈔》(137), 《孔子集語》雜事篇

疑-4

八尺曰板.

인용출전: 《公羊傳》定公 12년 傳 徐彦 疏

疑-5

周宣王大夫韓侯子有賢德.

인용출전: 《廣韻》下平聲十九「侯」

疑-6

辱能吐氣爲樓臺, 海中春夏間見.(辱은 蜃자의 잘못)

인용출전: 宋 羅璧《羅氏識遺》(7)

疑-7

魯哀公賜孔子桃與黍. 孔子先飯黍而復食桃. 公曰:「以黍雪桃爾.」對曰:「黍, 五穀之長; 桃, 六果之下. 君子不以貴雪賤.」

인용출전:《事類賦注》(26)

疑-8

太公使南宮适至義渠, 得駭雞犀, 以獻紂.

인용출전:《藝文類聚》(95),《太平御覽》(890)

疑-9

王帝官天下, 三王家天下. 家以傳者, 官以傳賢. 故自唐虞已上, 經傳無太子稱號, 夏殷之王, 雖則傳嗣, 其文略矣. 至周始見文王世子之制.

인용출전:《初學記》(10),《太平御覽》(146)

疑-10

鄭交甫將南適楚, 遵彼漢皐臺下, 乃遇二女, 佩兩珠, 大如荊雞之卵.

인용출전:《文選》張平子「南都賦」注, 張景陽「七命」注

疑-11

秦與洧, 說人也. 鄭國之俗, 三月上巳之日, 於兩水上招魂續魄, 拔除不祥, 故詩人願與所說者, 俱往觀也.

인용출전: 《太平御覽》(886), 《藝文類聚》(4) 등

疑-12

凡草木花多五出, 雪花獨六出. 雪花曰霙. 雪雲曰同雲.

인용출전: 《藝文類聚》(2), 《初學記》(2)

疑-13

魯有男子獨處, 夜, 暴風雨至. 婦人趨而託之, 男子閉戶不納. 曰: 「吾聞男女不六十不同居.」 婦人曰: 「子何不學柳下惠然? 嫗不逮門之女, 國人不稱其亂焉.」

인용출전: 《後漢書》 崔駰傳 注

疑-14

鸞在衡, 和在軾. 升車則馬動, 馬動則鸞鳴, 亂鳴則和應.

인용출전: 《荀子》 正論篇 楊倞 注

疑-15

二十行役, 六十免役.

인용출전: 《後漢書》 班超傳 注

疑-16

飮之禮, 跣而上坐謂之宴. 能飮者飮之, 不能飮者已, 謂之醧. 齊顔色, 均衆寡, 謂之沉. 閉門不出謂之湎. 君子可以宴, 可以醧, 不可以沉, 不可以湎.

인용출전: 涵芬樓本《說郛》(66)「酒譜』

疑-17

芣苢, 傷夫有惡疾也.

인용출전:《太平御覽》(742)

疑-18

鷦括, 胎生也.

인용출전:《史記》司馬相如傳 正義

疑-19

狐, 水神也.

인용출전:《太平御覽》(909)

疑-20

白骨類象, 魚目似珠.

인용출전:《文選》「到大司馬記室牋」注

疑-21

婦女有五不娶: 喪婦之長女不娶, 爲其不受命也. 世有惡疾不娶, 棄於天也. 世有刑人不娶, 棄於人也. 亂家女不娶, 類不正也. 逆家子不娶, 廢人倫也.

인용출전: 《後漢書》應奉傳 注

疑-22

五際: 卯, 酉, 午, 戌, 亥也. 陰陽終始, 際會之歲於此. 則有變改之政.

인용출전: 《後漢書》郎顗傳 注

(3) 辨誤

誤-1

楚昭王亡其踦屨, 已行三十步而還之. 左右曰:「何惜此?」王曰:「吾悲與之俱出不俱反.」自是楚國無相棄者.

賈誼《新書》의 것을 趙懷玉이 文選「拜中軍記室辭隋王牋」注에서 잘못 輯佚한 것.

誤-2

鳳擧曰上翔, 集鳴曰歸昌.

본《韓詩外傳》(8) 230(8-8)의 탈문임.

誤-3

代馬依北風.

본《韓詩外傳》(9) 269(9-13)의 탈문임.

誤-4

無爲虎傅翼, 將飛入邑, 擇人而食. 夫置不肖之人於位, 是爲虎傅翼也.

본《韓詩外傳》(4) 105(4-4)의 탈문임.

誤-5

公道達而私門塞.

본《韓詩外傳》(6) 170(6-3)에 있음.

誤-6

强不陵弱, 衆不暴寡.

본《韓詩外傳》(6) 172(6-5)에 있음.

誤-7

利爲害本, 福爲禍先.

본《韓詩外傳》(1) 013(1-13)에 있음.

誤-8

縕黂, 異色之衣.

《列子》楊朱篇의 구절을 잘못 집일한 것임.

誤-9

靡, 共也.

《列子》說符篇의 석문을 잘못 집일한 것임.

誤-10

嗚, 歡聲也.

《文選》「寡婦賦」의 주를 잘못 집일한 것임.

誤-11

漻, 淸貌也.

《文選》「南都賦」의 주를 잘못 집일한 것임.

誤-12

逍遙也.

《文選》「南都賦」의 주를 잘못 집일한 것임

誤-13

懲, 苦也.

《列子》湯問篇의 釋文을 잘못 집일한 것임.

誤-14

縮, 斂也.

慧琳《一切經音義》(17)의 구절을 잘못 집일한 것임.

誤-15

遭, 遇也.

慧琳《一切經音義》(22)의 구절을 잘못 집일한 것임.

誤-16

周時隱者, 無子胤不臣天子, 不友諸侯.

元, 吳師道의《戰國策》(3)에서 잘못 집일한 것임.

Ⅱ. 《한시외전韓詩外傳》 序跋

(1) 錢惟善 《韓詩外傳序》

始余年少讀韓詩外傳, 疑其爲先秦時文字, 及授詩爲專門學, 聞有韓·魯·齊三家之詩, 遂求得之. 因考其說: 韓詩, 燕韓嬰所作, 故號韓詩. 魯詩, 浮丘伯傳之魯申培公, 故號魯詩. 齊詩, 齊轅固所傳, 故號齊詩. 或以國稱, 或以氏傳. 齊詩魏代已亡, 魯詩亡於西晉, 而韓之傳, 又與齊魯間殊, 然歸一也. 漢藝文志: 韓詩三十六卷, 內傳四卷, 外傳六卷, 說四十一卷. 隋經籍志: 韓詩二十二卷, 薛氏章句. 唐藝文志: 韓詩, 卜商序, 韓嬰注, 二十二卷, 又外傳十卷. 韓詩存而無傳者, 至唐猶在. 今存外傳十篇, 非韓嬰傳詩之詳者. 遺說時見於他, 與毛說絶異. 玆固不暇論也. 然觀外傳雖非其解經之詳, 斷章取義, 要有合於孔門商·賜言詩之旨. 況文辭淸婉, 有先秦風, 學者安得不崇尙之? 海岱劉侯貞來守嘉禾, 聽政之暇, 因以其先君子節齋先生手鈔所藏諸書, 悉刊置郡庠. 期與四方之士共之. 顧其意與祕而不傳, 視爲己私者, 相去遠矣. 余聞後漢薛漢世習韓詩, 父子以章句著名, 因號薛氏章句. 今侯父子以韓詩相傳, 蓋慕薛氏之風而興起千載下者. 非果有得於韓氏源要, 其能然乎? 余旣獲重閱一過, 故著其說如此, 尙當舍余詩學侯詩也. 至正十五年, 龍集乙未, 秋八月, 曲江錢惟善序.

(2) 楊祐《韓詩外傳序》

漢初言詩者三家: 魯則申培公, 齊則轅固生, 燕則韓太傅. 後毛氏詩出, 三家學始盡廢云. 予讀外傳, 未嘗不喟然歎也, 曰: 嗟乎! 是何可廢哉! 夫其推古而揚今, 闡徵而彰顯, 馳騁貫穿, 成一家言, 藉夫子復起, 必將有「起予」之嘆矣! 又其言雅馴, 薦紳尤喜道之. 卽漢稱能文章, 如誼·遷·雄·固之徒, 何可多讓! 我歷下薛子汝脩, 嗜古而文. 於韓詩外傳獨傾心焉. 爰刻以傳同好. 嗟呼! 漢薛漢世習韓詩, 今又得汝脩, 韓氏詩世有薛氏, 知不廢矣. 錢塘楊祐撰.

(3) 陳明 《韓詩外傳序》

文王在世, 如風行水上, 變態無定. 惟載道者可貴也. 外此藝焉爾. 六經之文, 渾涵如天, 萬象森列, 不可尙已. 至孔孟繼六經而作, 其文廣大淵弘, 中間每取易·書·詩中之要語, 而推廣之, 闡幽微顯, 以盡其蘊, 則道從此出矣. 夫何韓嬰處乎漢孝文之世, 遭秦火絶學之餘, 迺能衍詩作傳, 命意布詞, 一倣孔孟之文, 凡諸詩言約旨遠者, 悉肆刀極致, 上推天人之理, 下及萬物之情, 以盡其意. 文則嚴整簡古, 厲世範俗, 皆順於道. 宛然聖門家法. 豈漢世人物之所遽能邪? 然生在當時, 以詩名. 與魯申培·齊轅固二詩列於世, 亦嘗以易作傳授人, 今已不傳. 而其詩亦亡. 又因以慨嘆天下之遺書於無窮也. 嗟乎! 韓生不見於經傳, 故世鮮聞. 今薛子汝脩篤學嗜詩, 迺於先曾大父黃門公笥中, 得此書, 愛其文古而鋟諸梓. 以傳於世, 其用心不亦可嘉也乎? 濟南陳明撰.

(4) 薛來《跋韓詩外傳後》

斯道於天地間, 寔元氣之敷布, 無所不在, 而分量之大小, 則自夫人之所至何如耳. 六經元氣所鍾, 後有作者, 弗可及矣. 下逮諸子, 凡言之可以通道者, 君子欲有所托而傳焉. 愛道之心也. 予近閱書家塾, 得先君子之所藏韓詩外傳, 取而讀之, 其事肆, 其變備, 其義微, 當爲漢人之書無疑也. 乃以質之鵲湖子, 鵲湖子曰:「固遺書也.」因復梓之, 使凡讀經者取焉. 猶幸可以翼道也. 夫道不常明, 而載之簡策者, 迺魚兔之筌蹄耳. 世之能言之士, 類求之詞章翰墨. 雖其覃精肆力, 不無所得, 要之卽去道也遠矣. 韓子者, 可以多乎哉! 若韓子者, 可以多得乎哉! 於是乎跋. 嘉靖己亥秋八月望月泉薛來書于芙蓉泉之秋月亭.

(5) 茅坤 ≪韓詩外傳叙≫

漢興言詩, 於魯則申培公, 於齊則轅固生, 於燕則韓太傅. 趙綰·王臧·周霸·孔安國, 皆受業於申公, 而韓太傅嬰則爲詩數萬言, 外傳凡十篇, 大較襍記夫子之緖言, 與諸春秋, 戰國之說, 中多引詩以證事, 而非引事以明詩. 間有蔓率附與, 紫陽氏所繹三百篇之旨若背而馳者. 然孔子歿, 微言絶, 遭秦之坑焚以來, 說六藝者, 家挾靈蛇之寶, 人抱崑山之璧, 遞以己意相馳騁, 而不思〓醲平理道, 參平人情, 以求其至. 譬則易之九師, 禮之二戴, 彼此互爲攻鑿, 而於經之微辭奧義, 寖微寖滅, 而不可據. 王通氏以爲齊·韓·毛·鄭, 詩之末者, 不虛也. 獨其下上今古, 襍引諸事勸戒, 有三經之遺意, 而不甚詭於倫物者. 昔孔子論詩, 而贊之曰:「詩可以興.」寧非以其義存勸戒乎哉! 以故齊魯燕趙說詩諸君子, 並蕪沒零落, 而至太傅, 較然特著. 豈非後人艶其事之核, 辭之雋, 遂相與沿襲至今, 而不忍廢耶? 今之覽韓詩者, 略其所爲說詩之旨, 而姑次某事而節取之, 前後多所美刺, 委迤曲折, 必將使人讀而冷然以喜, 爽然以失, 如夫子之所稱, 興於三百篇, 而不能止也. 是爲序.

(6) 唐琳 《韓詩外傳序》

漢興, 三家說詩, 魯則申培公, 以經爲訓故, 有故無傳; 而齊轅固・燕韓嬰則皆爲之傳. 唐人有云:「齊詩亡於魏, 魯詩亡於西晉, 韓詩雖存, 無傳之者. 非無傳也, 自毛詩晩出, 以爲源流子夏, 九江謝曼卿爲之訓, 東衛敬仲又加潤色.(此處當有訛誤, 或東柬字之訛, 訓柬連詞, 衛敬仲上不能加東字也.) 鄭衆・賈逵・馬融, 竝爲作傳. 鄭玄箋註, 至今獨傳, 而三詩遂以不著. 夫詩尊毛鄭, 尙矣. 歐陽公謂其不合者頗多, 所著本義, 先爲論以辨毛鄭之失, 然後斷以己見, 夾漈鄭氏作辨妄六卷, 亦專指毛鄭之非. 夫明六經之旨者, 莫盛於漢初, 然人人家自爲說, 若詩之齊魯韓毛, 果熟失而執得? 卓哉紫陽! 兼總羣書, 彙集諸傳, 於「賓之初筵」, 飮酒悔過;「不可休思」・「是用不就」・「彼岨者岐」皆從韓詩, 又魯語門人(魯字疑當作屢): 文選註多韓詩章句, 嘗欲寫出, 諄諄乎於此致之意也. 余因覽外傳, 雖非解經之深, 而曲暢旁通, 初無訓詁氣像. 至其鞭策經傳, 奴隷子史, 望而知爲漢朝全盛之文. 獨惜藝文志有韓家詩經・韓故・內傳・韓說諸書, 今已不得見, 惟餘外傳, 又多錯誤. 故錄出梓之, 亦太史公罔羅遺失, 兼而存之之意. 俾不與齊魯兩家竝滋詩亡之戚也, 幸矣. 新都唐琳玉林甫識.

(7) 毛晉 津逮秘書本 《韓詩外傳跋語》

韓詩內傳專解詩家三昧, 漢志雖列四卷之目, 湮沒旣久, 隋時僅存外傳六卷, 析爲十卷. 想卽今行本. 晁氏所謂文辭秀婉有先秦風者也. 但所載詩句, 與本經互異, 或漢時刊於石碑者, 與今不同. 如「南有喬木, 不可休息」一章, 疊四「思」字, 確然可憑. 又如「岐有夷之行」, 「岐」字連下句讀. 便覺「彼作矣」·「彼徂矣」句法雙妙. 陳氏謂多戴雜說, 疑非當年本書, 此亦强作解事矣. 矛家藏宋刻, 與容齋隨筆相符, 因錄其跋語於前. 據焦氏云: 佛典引韓詩外傳曰: 死者爲鬼, 鬼者歸也. 精氣歸於天, 肉歸於土, 血歸於水, 肝歸於澤, 聲歸於雷, 動作歸於風, 眼歸於日月, 骨歸於木, 筋歸於山, 齒歸於石, 膈歸於露, 毛歸於草, 呼吸之氣復歸於人. 今本俱無之.

(8) 顧千里 《元本韓詩外傳題記》

此綬階袁君五硯齋藏書也. 無刊刻序跋歲月, 袁君定之爲元本云. 近從借歸以勘程榮・毛晉諸刻, 實遠勝之. 如稱詩與載王伯厚詩攷者不異. 字句多寡與諸子書每相出入, 亦與唐宋人注書及類書所引, 往往有同者. 且其標目分條, 以至佚字脫句, 皆未失古意, 足正後來不能闕疑之非. 卽宋本之善, 應不過是也. 內失葉二十餘翻, 他本無足中補寫者. 矛謂宜 但作鳥絲欄虛以待焉. 想袁君亦必以爲當也. 乙卯九月, 澗蘋顧廣圻書.

(9) 黃丕烈 《元本韓詩外傳題記》

此元本詩外傳, 五柳居藏書也. 余向年曾見之, 因有闕失, 未與交易. 今玆四月下澣六日, 往訪五柳居主人, 見其裝潢是書, 問之, 知已爲余友綬階袁君所得. 內所闕失, 悉照津逮本補足. 惟卷二獨少四行, 主人疑津逮本有殘缺, 屬余參攷, 余遂攜歸, 取嘉靖沈辨之雕本校勘, 補其殘缺之文. 所抄者有訛謬, 復以沈本正之. 蓋沈本去古猶未遠也. 至元本實有佳處, 韓與毛之異同, 班班可攷. 後刻反據毛而改韓, 何邪? 綬階信古甚篤, 必能辨之. 故矛不復贅. 乾隆六十年乙卯重五日夏至, 蕘圃黃丕烈書.

(10) 黃丕烈《題記》第二首

嘉慶壬戌(七年)春, 游京師, 得元刻·毛鈔本, 與此本正同. 壽階聞之, 屬爲易去其向所鈔補不與元刻合者, 此本所脫, 余本卻有可補之葉, 而毛鈔者, 想亦與鈔補多勝, 遂命鈔胥傳錄, 奈其人欲出門, 未畢工而辭去, 遂手校其舊存者, 印本此略後于余本, 而首葉韓詩序, 余卻無之. 賴此可補, 未始非相得益彰云. 癸亥(嘉慶八年)四月十有四日, 坐雨太白樓之西廂書. 蕘翁黃丕烈.

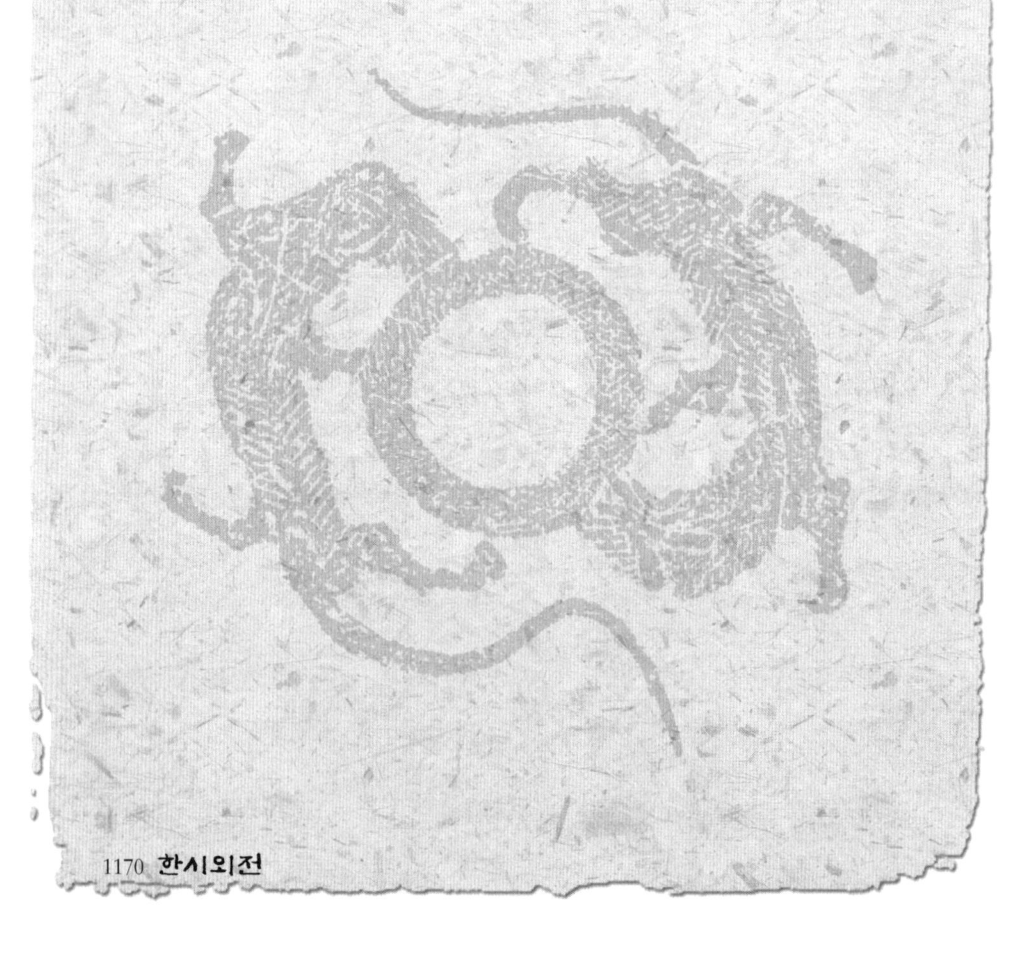

(11) 瞿中溶《元刻韓詩外傳題記》

元刻詩外傳十卷, 爲綏階袁君所得. 丁已嘉慶二年仲春, 鈕匪石借校過, 轉假於予. 予因校讀一徧. 足正今本脫訛之處甚夥, 玆摘其最精妙而證以它書, 決然無疑者若干條, 附錄於後, 以見此書之可寶云. 卷一「差然乖久」與御覽合, 今本「然」訛「遲」, 「久」訛「人」. 「桷桑而爲樞」與新序·莊子合, 今本「爲」訛「無」. 卷三「相地而攘正」, 今本作「正壤」, 證以荀子作「衰正」, 則元本第誤「衰」爲「攘」耳. 「武王載發」, 與荀子·詩攷並合, 今改「發」爲「旆」, 非. 「則莫我敢遏」, 與荀子合, 今作「曷」, 去「棊」, 非. 卷五「行絶禮義」亦與荀子合, 今加人旁作「儀」, 非. 「則擧錯而定一朝之自」證以荀子 第訛「伯」爲「自」, 餘皆合, 今本或脫「於」字, 或「定」下增「於」字, 尤謬. 「天謂殷適」, 與詩攷合, 今改「謂」爲「位」, 非. 卷六「遠猷辰告」, 與詩攷合, 今改「猷」爲「猶」, 非是. 「唐之所以象典刑」, 與御覽合, 今訛爲「君」. 「告爾民人」, 說苑·詩攷皆作「告」, 今改爲「質」, 非. 「子孫承承」, 與詩攷合, 今改「承承」爲「繩繩」, 非. 「王者必立牧三人」, 與續漢書百官志劉昭注合, 今訛「三」爲「二」. 卷七「喪親三年」, 與說苑合, 今作「親喪三年」, 非. 「莘莘征夫」, 亦與說苑合, 今作「征夫捷捷」, 非. 「鶴鳴九皐」與說文·唐石經並合, 今「鳴」下加「于」字, 非. 「與兵而攻齊, 棲閔於莒」, 大戴禮盧辨注及賈子引「棲」下有「閔王」二字, 此本有「閔」字而脫一「王」字. 卷八「忘我實多」, 下有「此忘我者」一句, 與文選注引合, 今本皆脫. 「有弇淒淒」, 與詩攷合, 今本改作「有渰萋萋」. 卷九「爲人子不孝也」, 與御覽合, 今本「子」下加「不可」二字, 非. 「衣與謬與」, 與荀子合, 今改爲「衣歟食歟」, 謬. 「及其升少陽」, 與御覽合, 今訛「少陽」爲「於高」. 「而去苦少耳」, 「而」上有二字少闕如是如量, 證以初學記·御覽所引正合, 今本脫. 卷十「瀾然而涕下」, 與御覽合, 今本改「瀾」爲「□」, 非. 「天難訦斯」, 與詩攷合, 今訛「訦」爲「忱」非. 又書中本有闕字, 多以□記之, 今本則去□直接, 後人無從致疑. 聞有訛作一字.

如卷四「□日多者」, 證以荀子, 當是「暇」字, 今本或作「每日」, 或作「自用」, 或作「日日」, 皆謬. 又古字如「則」作「卽」, 「銳」作「兌」, 「慧」作「惠」, 今本皆改去, 賴此本得以正之. 近武進趙舍人懷玉校刻是書, 所據元本, 皆未及此精妙. 蓋其所據者, 卽明沈辨之重雕之至正本, 實未見此眞元刻耳. 惜哉! 嘉慶二年龍集丁巳, 爲病之月辛丑朔六日丙午嘉定瞿中溶字子盛記.

(12) 傅增湘 ≪元本韓詩外傳題記≫

詩外傳向無宋刻. 卽元刻亦殊稀見. 近代藏家, 如瞿·楊·丁·陸諸氏, 皆無之. 余昔年欲校此書, 迄不可得. 嗣於齊年方地山假得蕘翁校本, 卽陸東蘿所臨者, 顧其元本原缺第九·第十兩卷, 因取薛氏芙蓉泉書屋本移錄一過. 後又別得校本, 始克補完. 蓋訪古若斯之難也. 丁丑在滬上, 吳梅菴以覆元本見贈, 楮墨精雅可愛, 然終以未見眞元本爲憾. 傾承子厚兄以新收此本見示, 爲袁綬階舊藏, 正吳氏覆梓之底本, 三十餘年夢想所不得者, 幸而獲償. 展誦之餘, 歡喜無量. 君其寶之. 異時若能以珂羅版摹印傳世, 俾學者親見古槧, 其爲功於書林, 豈不偉哉! 余又聞之, 趙味辛校刻是書, 謂依元本勘正. 然詳核之, 與元本乃多不合. 蓋其所據者, 仍是野竹齋之覆至正本耳. 由是觀之, 則元本之珍祕, 從可知矣. 癸未八日, 江安傅增湘識於抱蜀廬.

(13) 秦更年《校元本韓詩外傳叙》

癸亥冬, 旅居海上, 聞有藏詩外傳十卷元槧本者, 展轉借得, 乃吳門袁氏五硯樓舊物也. 原缺廿餘番, 黃蕘圃爲從元本及毛鈔本校補完具. 且言元本實有佳處. 韓與毛之異同, 班班可攷. 顧潤蕢謂卽宋本之善, 應不過是. 瞿木夫則摘菜最精妙而證以它書, 決然無疑者十數事, 以爲徵諭. 余覆審之, 木夫跋中所擧猶未盡其勝. 如卷九: 「糲苔之食」. 說文: 「苔, 小赤也.」蓋糲飯豆羹, 爲食之薄者. 此正兩漢經師相承故訓, 今本「苔」誤作「藿」, 失其義矣. 又卷十下莊子條, 字句與今本碩異. 此當元本缺葉, 木夫校時, 尙未經蕘圃爲之校補也. 余夙好此書, 頗儲重本. 校讀之餘, 始知明沈辨之野竹齋本, 雖翻元至正本, 而與此非出一原. 通津草堂本同於沈本, 薛來·程榮·毛晉諸本, 皆視沈爲遜. 而校改之失, 毛爲獨多. 乾隆朝趙億孫校本, 周霽原注本, 並爲藝林所稱. 顧所見皆不越沈本. 然則此本在今日, 爲最舊·最善, 五六百年來, 世罕有見者矣. 是烏可使之無傳. 爰謀之吾友吳君眉孫, 合力付梓, 公諸海內, 並爲校勘記一卷, 附於簡末. 以俟定者. 辛未歲不盡二日, 江都秦更年叙

(14) 張映漢 《韓詩外傳疏證序》

退食之暇, 偶取所藏韓詩外傳諦觀之, 竊憾其字句多脫誤, 而未有以正也. 一日擧以語陳虞部愚谷, 虞部遂言曰:「是書舊無善本, 驟爲增訂之, 慮非厥疑之義. 而亦有不必然者. 嘗檢本書所記, 凡二百九十餘條, 而互見於諸書者, 蓋不啻十之七八, 今但薈萃以觀, 則其文義自明. 家琢軒先生固嘗爲之矣.」乃出一編示余, 余受而讀之, 以本書爲綱, 而取諸書之互見者, 備錄於左方. 其原有注者, 間亦摘附其下, 卷次一如其舊. 而簡牘增數倍焉. 李善之注文選也, 自標其義例曰: 諸引文證, 或擧先以明後; 或引後以明前. 或文雖出彼, 而意微殊. 玆編所錄, 有在韓氏前者; 有在韓氏後者. 有事雖異而文則同者. 蓋亦李氏之遺意, 大抵周末洎漢初諸子, 據事類義, 多從同同. 而傳聞異辭, 於世次之後先, 名氏之出入, 異同詳略, 蓋多有之. 而醇疵疏密, 卽緣以見焉. 各從其舊錄之, 善學者可以靜觀而有得也. 琢軒諱士珂. 蘄水宿儒. 由歲貢生擧乾隆辛酉鄕試, 戊寅之夏, 其文孫國錄沆·庶常澐, 以假歸, 擧是書付剞劂氏. 且來請序. 余因述其書之梗槪, 俾弁諸簡首. 他日依此例盡取諸書, 互爲主客, 於以化專已守殘之陋, 與入主出奴之私, 不亦善乎? 嘉慶冬十有三年季夏月, 撫楚使者海豐張映漢撰.

(15) 盧文弨 《趙校韓詩外傳序》

齊·魯·韓三家詩雖皆失傳, 而唐人經義及類書所援引唯韓獨多, 其內傳亦僅見一二. 若外傳固亦未亡也. 漢志本六篇, 隋志則析而爲十. 非有所坿益也, 其得流傳至今者, 豈非以文辭贍逸, 爲人所愛玩故哉! 顧傳本雖多, 而訛脫亦往往相似. 吾友武進趙舍人億孫, 旣取數本校之, 又取其與諸書相出入者, 參互考證. 擇其是者從之. 其義得兩通, 則仍而不革. 慮其損眞也. 又諸書所引, 亦尙有出於此書之外者, 復爲之博�以繫於後. 蓋自有雕本以來, 至今日, 而訛者正, 脫者補, 閱讀者咸稱快焉, 余亟慫恿付梓, 公諸同好. 因綴數言於簡端. 夫詩有意中之情, 亦有言外之旨. 讀詩者有因詩人之情而忽觸夫己之情, 亦有己之情本不同乎詩人之情, 而遠者忽近焉, 離者忽合焉, 詩無定形, 讀詩者亦無定解. 試觀公卿所贈答, 經傳所援引, 各有取義, 而不必盡符乎本旨. 則三百篇猶夫三千也. 外傳所稱, 亦曷有異哉! 善讀者融會而貫通之, 將孔子所謂告往而知來, 孟子所謂而意逆志, 擧可以於斯參觀焉爾. 中間或亦有里俗之言, 不盡歸典則者, 鑒別之明, 當自求之. 要其格言古訓之釐然有當者正多也. 然則此書蓋可以廢乎哉! 乾隆五十五年端午日, 東里盧文弨序於龍城書院.

(16) 趙懷玉 《校刻韓詩外傳序》

漢志: 韓詩內傳四卷, 外傳六卷, 故三十六卷, 說四十一卷. 隋志僅存有內外傳, 內傳益以薛氏章句爲二十二卷, 外傳析爲十卷. 今內傳已佚, 間散引於諸書, 嘗欲仿朱子之意, 寫爲一書, 卒卒苦未能就. 若外傳篇目, 合之隋志, 則居然足本也. 自明以來, 屢有鋟本, 惟虞山毛氏較善. 而訛脫亦復不免. 旣取數本參校, 其別見諸子, 與此相出入者, 亦疏證於下, 訛者正, 脫者補, 義得兩通者, 竝列焉. 蕪學罣漏, 無以自信. 未敢示人也. 歲戊申, 餘姚盧弓父先生, 來主吾郡講席, 洽聞擧遺, 日以表章周秦兩漢之書爲事, 丹黃讐勘, 一字弗苟. 過從之暇, 偶及是書. 先生出手定本見示, 嚴核博縮, 略無遺憾. 乃取向所參校者改竄而坿益之. 於是未敢自信者, 藉可質之於世矣. 閒嘗思之, 當漢之盛, 燕趙間好詩言詩者, 實由韓生, 毛公趙人, 其原未必不由韓氏, 鄭康成亦先通韓詩, 故注周禮·禮記, 與箋詩頗異. 然則毛鄭固皆出於韓, 而人乃退韓而尊毛·鄭. 隋唐之際, 韓詩尚存. 已無能傳之者, 厭故喜新, 數典忘祖, 蓋非一朝夕之故矣. 或曰: 是爲內傳言之, 至外傳則多雜說, 且不合經義, 子何好之深也? 夫爲詩首忌「固哉」! 告往貴知來者, 三百之陳, 初無達詁. 一隅之擧, 可以例餘. 徒案迹而議性情, 是猶閉睫而欲觀天地之大也. 班書言嬰推詩人之意作內外傳數萬言, 後人顧訾其不合詩意, 何哉! 特是外之云者, 與內固殊. 大醅小疵, 所在而有. 雖「大理」之號, 偶誤漢官; 阿谷之辭, 或出後世. 要之, 觸類引伸, 不謬乎主文譎諫, 讀者茍知抉擇, 以歸勸懲, 謂之引詩證事可也, 卽謂之引事明詩亦可也. 乾隆五十五年, 歲在庚戌夏五月.

(17) 胡賡善《周注韓詩外傳序》

漢儒說經之書, 自學官所立而外, 其孤行於世, 而至今完具者, 惟董子春秋繁露, 韓太傅之詩外傳而已. 繁露本公羊家言, 推究陰陽五行之變, 尤長於災異, 其術閎眇, 其旨或微奧而未易窺. 而外傳則專據人事, 傅以詩辭, 明失得之儀監, 以經義求之, 似不如繁露之深. 要之, 質而不迂, 近而可守, 故循習者貴焉. 韓傳故有詩故及內傳凡數萬言. 今皆遺佚. 而外傳獨傳. 班孟堅志藝文, 止外傳六卷, 今乃仍唐志爲十卷, 則其書非復漢時之舊矣. 又韓與毛異文, 據經典釋文記載, 殆幾百數. 後覩詩攷所引, 著在外傳者, 亦不下四十餘事. 第版刻流傳, 妄疑其誤, 展轉改易, 竝從毛詩. 自餘如「蔽芾甘棠」,「恂直且侯」,「可以療飢」,「有母之尸雍」,「萑葦淠淠」,「靜恭爾位」,「延于條枚」,「我居御具荒」之屬, 蓋勵有存者, 則其書亦非復唐宋之舊矣. 同郡周生延寀, 與其兄子宗杬, 業詩受經於余, 積有年歲. 於古今義疏, 略皆單心. 又因緣覩記, 及於外傳, 爲之校注, 屬以茂才異等, 貢在帝師. 施丁外憂, 未與廷試. 蒿廬讀禮之暇, 整理篋笥, 卒業是書. 援引出入, 取裁精審. 觀其采孔叢以證阿谷交辭之虛, 據說苑以通僕夫死長之義, 率能裨補闕漏, 不阿作者. 至如繭絲卵雛, 則竝剖析其所以與董子異同者, 而兩家論性之醇疵較然. 信漢傳之功臣也. 寀也勉旃! 由是商略羣經, 解疑釋滯, 將以達古今之詁, 而息紛紜之說也, 不難矣! 寀也勉旃! 乾隆五十有六年, 歲在重光大淵獻, 月屆橘且, 日臨丙午. 歙東六十七叟胡賡善心泉撰敘.

(18) 周廷寀《韓詩外傳目錄序》

曾子仕第一傳二十有九
楚莊王第二傳三十有四
舜第三傳三十有八
紂作第四傳三十有三
子夏問五傳三十有三
比干第六傳二十有七
田過第七傳二十有七
廉稽第八傳三十有五
孟子第九傳二十有九
齊桓公第十傳二十有五

漢書藝文志: 詩家: 韓故三十六卷, 內傳四卷, 外傳六卷. 今故及內傳皆不傳, 所傳者外傳十卷, 蓋仍唐志目也. 非韓傳之書審矣. 寀幸從吾師心泉先生遊. 於古今典籍粗識塗經. 又與弟邦鎭, 兄子宗杬並治詩, 旁涉外傳, 好其文辭, 而請業焉. 先生謂此傳多與荀子·說苑·新序諸書相出入, 於是陳篋發書, 考證同異. 間及他書,亦與校注. 紙墨旣多. 詮次略備. 外傳酷無善本, 不忍自棄, 私以質正於先生, 叨蒙許可, 遂命開雕. 窮鄉曲學, 覩聞淺隘. 每一披覽, 疏略自慙. 以俟世之博雅君子, 擧正違繆. 益所未逮, 則其所尤幸也夫. 乾隆五十六年歲次辛亥, 夏六月, 甲辰朔日, 績溪西城棘人周延寀霽原自識

(19) 周宗杬 ≪韓詩外傳校注拾遺識語≫

叔父校注韓詩外傳, 書成, 命宗杬正字. 版刻旣竣, 顧未及見浚儀王公詩攷, 心終闕然. 屬以錄科詣郡, 朝夕於先生, 始獲從同門友汪子能謙步于所借觀, 更讎對. 則詩攷所擧外傳異文者, 大半改從毛詩, 諸刻略同. 而毛氏汲古閣本彌甚. 蓋膚學習傳, 未省齊魯韓毛之辨, 率從今詩更易, 自謂無誤, 不知其誤乃適在於是. 世徒尙汲古本, 若外傳惟阿谷事, 自「抽觴以授子貢」,「授」字已下至「漢有游女」,「遊」字已上, 補脫三百有六字. 視諸本爲宗, 其他豈足據也? 杬家匙藏書, 叔父校注, 又草次屬刻, 未遑追定, 有所漏略, 輒就見聞所逮及, 爲之拾遺, 別自爲卷, 竊附諸校注之末. 是正闕違, 以竢世之博雅君子. 乾隆五十六年大淵獻歲, 歲陽在辛, 仲冬之月, 日長至. 周宗杬頽巖謹識.

案: 宗杬拾遺今已括在箋疏及佚文中, 此省去不錄, 其末又有識語一段, 今錄如左.

先生云: 韓詩外傳非漢時之舊. 並非復唐宋之舊, 杬始河漢其言. 比按詩攷所載, 韓與毛公異文者, 凡四十有八事. 以諸刻校之, 符同僅十許事而已. 間有如「自羊徂牛」之爲「來牛」·「勉勉我王, 綱紀四方」之爲「亹亹文王」, 則諸刻相承, 猶沿宋舊, 改韓從毛, 實昉諸海虞毛氏汲古閣本, 竄易蹤指, 居然可見. 先生所由慨息也. 又詩攷, 外傳第三事爲羔羊之「委蛇」, 韓作「褘隋」, 今傳迺無之. 漢書王吉傳:「德非曾參, 子非華元.」注引外傳:「曾子喪妻, 不更娶, 人問其故, 曰:『以華元善也.』」今傳未見此事. 朱子論語或問注引吳氏說云:「外傳: 子騫早喪母, 父娶後妻, 更生三子, 疾惡子騫. 以蘆花衣之. 父徐察知, 欲逐後母. 子騫啓曰:『母在一子寒, 母去三子單』. 父善其言而止. 母聞悔改, 後至均平, 卒成慈母.」今傳亦未見此事. 杬私竊疑今傳殆非完書. 爰擧以復於先生, 先生曰:「然」. 拾遺粗訖, 幷志函文間所答問如此. 宗杬又書.

(20) 吳棠《周趙合校本韓詩外傳序》

韓詩外傳十卷本, 向以虞山毛氏爲最. 然其書訛脫甚多. 并韓詩異文. 悉改從毛. 古義古音, 大懼迷晦. 乾隆中, 武進趙氏懷玉有校本, 新安周氏廷寀有注本, 二書之出, 先後一年. 兩不相見, 故所校各有同異. 遂各有得失. 周氏以大戴記·呂覽·列女傳·說苑·新序等書校本文, 間用己意疏之, 趙氏復剌選注·初學記·御覽援引本文各條, 補其闕略, 正其訛謬. 撲塵掃葉之功, 誠有過於周氏. 然如顧氏千里據元槧本辨改「白」爲「伯」之失, 則經改舊文, 亦不能無流弊也. 玆以周氏本爲主, 采趙氏校語, 臚列於下. 字句之異同, 考證之祥略, 均兩載之. 不加論斷. 在學者善讀之而已. 至所據各書, 字句亦多不合, 蓋周據者多舊本, 趙據者多國朝名人校定本, 大槩如是. 無滋疑也. 雕刻旣竟, 爲識其緣起如此. 光緒乙亥秋季, 盱眙吳棠識.

(21) 黃丕烈 《校元本韓詩外傳題識》

四月下澣六日夜膳後挑燈校此書, 覺元刻尙留一二古字 — 書以最前刻者爲最佳, 開卷已信如是矣. 棘人丕烈.

右在卷一末.

二十七日晨起校此. 有書客來, 攜舊鈔集數種. 相與劇談半日, 至午乃畢. 校「療飢」「飢」字與毛詩傳箋合,「療」字與釋해當從「療」之說合. 信元刻是善本也.

壬申夏五遊西山, 舟中無聊, 偶攜此書, 擬臨陸東蘿手校上之旁引曲證語. 奈舟太小, 執筆卽搖動不已. 故所臨未終二卷, 遂置之. 後自山中歸, 望日燒燭重臨, 始畢第二卷. 復翁記.

元本詩外傳. 余藏毛氏本, 亦於甲戌春歸黙堂篋中, 止校元本矣. 近新交張訒庵·吳枚庵, 各借此臨校, 遇模糊處反以相質. 余幾忘所校之同異矣. 甚哉, 元本之不可輕棄也! 歸黙堂之本, 不可復蹤跡, 而歸玩華居者, 或者再借歸以證其異同. 余素不信校本, 今自校者且難信之, 皆因惜錢而不惜書, 以致此也. 淸夜自思, 頓殊今昔. 爲之掩卷歎息不已. 乙亥五月二日, 訒庵還書歸篋, 復翁偶記. 舊友雲煙散, 新交旦暮來. 異書抛欲盡, 愁緖理難開. 心血半生耗, 容顔今歲衰. 空門時念我, 彼岸首應回. 乙亥五月二日, 枯坐百宋一廛, 感懷作. 廿止醒人.

乙亥冬, 借向歸金玩華居元刻本, 倩內姪丁達夫影摹一本, 仍與校本並藏. 蕘翁記, 十二月十九日燈下識.

右卷二末.

五月望後一日臨校畢此卷.

昨晩校未畢, 今早往看顧春艖處賀湯餠. 午後又値諸友人來劇談. 至夜客去, 方校此, 已更餘矣.

右卷三末.

日來俗務蝟集. 未能畢力校勘. 端陽前一日晨起, 校終此卷. 天氣倏陰倏晴, 卽有微雨而不澍. 鄉人盼雨甚急. 麥已收, 秧將揷矣. 彼蒼其黙佑之哉! 小千頃堂主人黃蕘圃氏識.

五月十七日午後臨校畢此卷.

右卷四末.

端陽節後連日陰, 礎潤而不雨, 湖濕薰蒸, 正所謂黃梅時節也. 人頗懶倦, 無意校書. 至九日粥後, 校終此卷.

◎ 俗諺云:「夏到難逢端午日.」今歲適逢, 此是誠難得也. 附記於此.

五月十七日, 燒燭臨校畢此卷, 適又屆端陽節後, 連日天陰, 惟雨不甚大, 天亦不甚熱. 較十七年前稍異耳. 事隔數年, 而校書不輟, 故我依然, 可謂幸矣!

附記.

余臨陸東蘿校本至此卷止. 已後五卷, 皆倩東蘿代臨矣. 東蘿與澗薲居相近, 交亦密. 故校書事亦頗勤. 渠手校本亦據五硯與余兩家所藏元本, 其參校他書異同, 則又東蘿所自爲也. 余延東蘿司讎校事, 止二年. 余力旣不足硯田之資, 不足以贍東蘿, 忽忽別去, 晨夕又失日晤語之友, 唯留此手跡, 時得展玩. 此書之中, 諸同人筆墨頗多, 風流雲散, 曷勝離之感. 壬申歲暮書. 復翁.

右卷五末.

飯畢校此. 今日頗有霽色. 然浮雲往來, 仍有欲雨之意. 農人望之至矣. 沛然下雨, 其在斯時乎?

右卷六末.

校此卷畢, 斜照滿庭, 綠陰映牖, 林間淸風, 徐徐來矣. 不雨奈何!

右卷七末.

今日寂靜無事, 於午後連校三卷. 昔也是翁雲間窗靜坐, 爐香鬱然. 覽茲墨妙, 是正書中一二訛字, 覺人世間榮名利養之樂, 罕有逾於此者. 余亦以爲然.

右卷八末.

甲申夏至, 復以殘元本校一卷到四卷, 所校字皆注於下方, 不復記出. 想讀者自能別之也. 鎣識. 右卷四末.

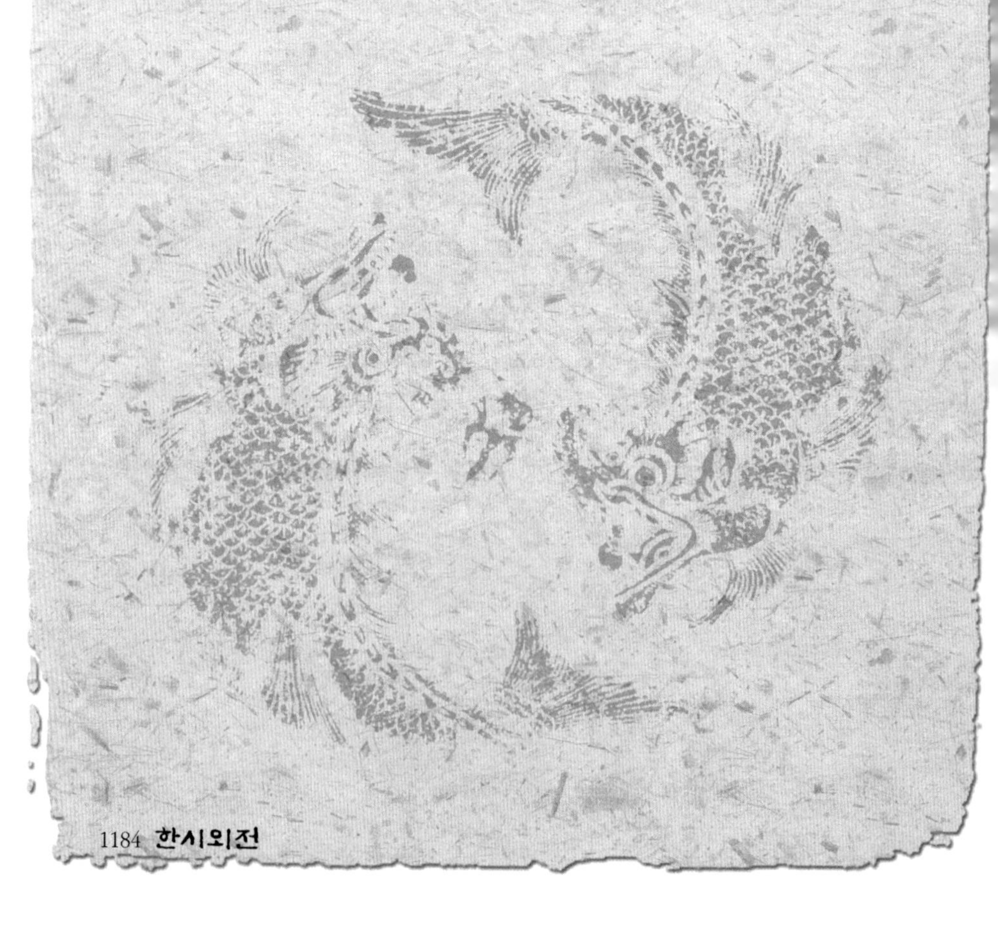

Ⅲ. 《한시외전韓詩外傳》 板本題記

(1) 元刊本 《韓詩外傳》 題記(一)

元至正十五年 (1355) 嘉興路學刻明修本(省稱「元甲本」) 全書十卷, 分軒三冊. 首葉第一行頂格題「韓詩外傳」; 第二行頂格「韓書儒林」云云, 載韓嬰傳文; 板心標「韓詩序」. 此一葉每半葉七行, 行十二字, 以下正文第一葉頂格題「詩外傳卷第一」, 第二行低十一字署「韓嬰」; 第三行起, 各章·各行皆頂格; 版心中縫標「詩外傳卷一」. 後各卷皆如此. 正文每半葉十行, 行二十字. 雙邊, 雙魚尾, 小黑口, 版心上右記字數, 下右記刻工姓名. 書前後無簽署序跋. 卷首鈐有朱文印記二方, 白文印記一方. 除朱文印記第一方「藏書記」三字, 白文印記首「臣」·末「印」二字外, 皆模胡不可辨認. 書藏北京圖書館, 北京圖書館善本書目卷一著錄, 編號爲九三一三.

洪邁容齊續筆卷八韓嬰詩條謂韓詩「今惟存外傳十卷, 慶歷中(1041～1048), 將作監主簿李用章序之, 命工刊刻于杭, 其末題云:『蒙文相公改正三千餘字.』」此當爲韓詩外傳本刻第一本. 文相公, 指文彦博. 彦博以慶歷七年(1047)三月乙未(二十一日), 爲樞密副使, 丁酉(二十三日)參加政事. 八年(1048) 春正月戊甲(正月庚午朔, 無戊甲; 當爲閏正月初九日, 此年閏正月, 庚子朔也), 同中書門下平章事(宋史仁宗紀, 又胥宰輔表同). 慶歷訖八年而止. 用章刻書當在此二年內, 始得稱彦博爲相公也. 張端義貴耳集卷二云:「韓詩有四十一卷, 慶歷中將作簿李用章序之.」此則誤記容齋續筆之語, 以外傳爲韓詩. 明淸以來, 官私書目著錄韓詩外傳, 已無宋刻. 至正十五年(1355), 嘉興印此書, 去李用章時蓋三百零七年矣.

案: 錢惟善韓詩外傳序云:「海岱劉侯貞來守嘉禾, 聽政之暇, 因其先君節齋先生手鈔所藏諸書, 采刊置郡庠, 期與四方之士共之. 顧其意, 與秘而不傳, 視爲己私者, 相去遠矣.」序末署「至正十五年龍集乙未秋八月, 曲江錢惟善序」(此序載蘇獻可通津草堂本, 沈辨之野竹齋本韓詩外傳卷首, 張海鵬照曠閣學津討原本亦有此序. 錢保塘輯惟善江月松風集, 收爲附文). 北京圖書館善本書目卷一定此本爲至正十五年嘉興路儒學刻, 蓋卽以爲劉貞所刻·錢氏作序之本也. 淸乾隆四十年(1755), 官修天祿琳琅書目卷七明版經部著錄韓詩外傳兩種: 其一, 六冊, 前有錢惟善序. 編者據錢序謂「此書實爲元末刊本, 然觀其紙質, 與明版諸書相同, 當屬元刊而明印者.」其一, 四冊, 闕錢序. 編者謂:「卽是前版而撫印則愈後, 紙色黑光, 遠遜之矣.」(此部爲文彭藏本.) 天祿琳琅所藏, 旣有錢序, 而又非蘇氏通津草堂·沈氏野竹齋本(蘇本版心有「通津草堂」字, 沈本序後有亞形牌子, 記「吳郡沈辨之野竹齋校雕」字, 編書目者不容不見.) 其爲嘉興劉刻無疑. 此本闕序·明印, 同於天祿琳琅所藏之後印本, 善本書目斷爲元刻明修, 或以此之故歟?

周宏祖古今書刻編在嘉靖·隆慶之際(宏祖爲嘉靖三十八年, 卽1559年進士, 隆慶初, 卽1567年後, 官至福建提學副使, 見明史卷二百一十五. 其編古今書刻, 當在任福建提學時), 古今書刻載韓詩外傳刻本, 凡有三地: 一爲南直隸蘇州府, 此卽蘇獻可通津草堂·沈辨之野竹齋刻本也. 一爲浙江嘉興府, 此卽劉貞刻本也. 一爲山東濟南府, 此卽薛來芙蓉泉書屋刻本也. 蘇州沈·蘇兩刻及濟南薛刻, 皆在嘉靖中. 嘉興劉刻, 卽元至正十五年儒學刊本, 隆慶間猶在刷印, 距其初刊, 皆二百餘年矣.

天祿琳琅藏本無緣得見. 今所見元刻明印本, 除此外尙有一部爲袁廷檮舊藏·黃丕烈所校補者. 審其板刻, 與此相同, 而損補之處, 彼此又有違異. 其刷印似更在此本之後(詳元乙本題記). 則明代遞有修補, 是確然矣.

天祿琳琅書目卷七云:「浙江通志載劉貞於元順帝時(1333～1367), 任嘉興路總管, 以惟善序證之, 其時適相吻合.」案劉貞所刻之呂氏春秋, 著錄於繆荃孫藝風藏書記卷二. 繆記云:「貞字庭幹, 海岱人. 以文儒起家, 出爲嘉興路總管, 擢授海道都漕運使. 父克誠, 號節軒先生, 累贈至禮部尙書, 嗜校古書. 庭幹所刻, 皆節軒所校. 今流傳尙有大戴禮·逸周書·韓詩外傳·陳騤文則等書.」繆氏所叙貞及其父克誠事, 卽本之呂氏春秋鄭元祐序. 此序亦載皕宋樓藏書志卷五十五.「庭幹」,「庭」字, 疑當作「廷」.「節軒」, 錢書稱「節齋」. 貞卽號爲「黑劉五舍」, 劉廷信之兄, 見錄鬼簿續編(籃格紙本). 孫楷第元曲家考略續編考劉廷信事, 涉及於貞(見文學評論1959年第四期). 貞至正八年(1348)爲南臺監察御史, 見蘇天爵滋溪文稿卷三浙西察院題名記. 十一年(1351)爲南臺都事. 見文則楊翮序. 十三 四年頃(1353～1354), 由內御史宣徽院判出爲嘉興路總管. 張翥蛻菴詩集卷一有送劉廷幹總管之嘉禾詩. 後擢海運都漕萬戶, 官至浙東廉訪使, 除浙江參政, 南臺侍御史. 以病辭, 隱閩中. 至正二十一年(1361)卒. 年七十三(當生於至元二十六年, 卽1289). 王逢梧溪集卷一有秦寄劉廷幹都漕詩, 卷四有故南臺治書御史劉公挽辭. 宋濂學士集卷十三故義士胡府君壙銘亦記貞事. 王逢挽辭云:「惟公家益都.」則所謂海岱者, 蓋指益都(今山東省益都縣). 其總管嘉興路, 自至正十三·四年頃始, 則刻韓詩外傳在至正十五年, 與錢序及浙江通志皆合.

劉貞刻大戴禮·逸周書並在至正甲午(十四年, 卽1354). 大戴禮孔廣森曾引校之, 其大戴禮補注序錄云:「別有元本, 元至正甲午海岱劉貞庭刻於嘉興路學官, 分上下卷(當云分上下冊), 無注.」蓋將刊者劉貞庭幹誤爲劉貞庭. 此本有鄭元祐序, 見善本室藏書志卷二(今有貴池劉氏玉海堂影刻本); 又四庫全書簡明目錄標注卷二引繡亭書錄云:「曾見元嘉興路總管海岱劉貞庭幹刊本大戴記, 有至正甲午遂昌鄭元祐序, 與韓元吉序一字不易, 殊不可解.」(孔廣森所見宋本爲淳熙乙未一二年, 卽1175, 潁川韓元吉刻於建安郡齋者, 明嘉靖癸巳十二年, 卽1533, 吳郡袁氏嘉趣堂重雕本, 猶載韓序.) 逸周書有黃玠序, 皕宋樓藏書志卷十一亦著錄.

貞刻呂氏春秋亦當在至正十四·五年(1354～1355)左右. 呂氏春秋鄭元祐序後有一行云:「嘉興路儒學教授陳奉至正十口口吳興謝盛之刻,」見著硯樓書跋第一叭九頁. 平津館鑒藏記書籍卷一:「元版呂氏春秋二十六卷, 前有遂昌鄭元祐序, 後有『嘉興路儒學陳華至正(下有闕字)吳興謝盛之刊』一行, 卽所謂元嘉禾學官本也.」其所記與著硯樓書跋略同, 唯「奉」作「華」,「刻」作「刊」稍異耳. 蓋陳奉爲校書教授, 謝盛之則是刻工, 其主持刊印者, 仍當爲劉貞也. 四庫全書簡明目錄標注卷十三用平津館鑒藏記之文, 竟誤稱「至正中吳興謝氏刊本」(續錄著錄盛意園, 盛昱藏本,「陳奉」又作「陳秦」), 鐵琴銅劍樓蔣藏書目卷十六亦作「陳秦」. 藝風藏書記卷二則記作「至正六年刊」(善本室藏書志卷十六同),「六」字殆出於以意添補, 至正六年劉貞尚未任嘉興路總管也.

貞在嘉興路總管任內所刻之書, 除上述諸種外, 尙有文心雕龍. 皕宋樓藏書志卷一百十八所著錄何義們(焯)校宋本文心雕龍, 其底本乃萬歷己卯(七年, 卽1589)雲間張之象所刻, 卷首有至正十五年(1355)錢惟善序, 何氏錄錢功甫(允治)跋云:「案此書至正乙未(卽十五年)刻於嘉禾, 弘治甲子(十七年, 卽1504)刻於吳門, 嘉靖庚子(十九年, 卽1540)刻於新安, 萬歷己酉(三十七年, 卽1609)刻於南昌, 至隱秀一篇, 均之缺如也.」錢氏此跋, 又見讀書敏求記卷四, 愛日精廬藏書志卷三十六, 善本室藏書志卷三十九. 據此, 則文心雕龍亦貞總管嘉興, 與韓詩外傳同時刊刻. 古今書刻上編載浙江嘉興府書, 文心雕龍·韓詩外傳·汲冢周書·大戴禮均載, 惟不見呂氏春秋. 是呂覽明嘉·隆間(十六世紀六十年代)已失其版片矣.

以上諸書, 計其刻印時日, 皆可參證外傳錢序, 至於陳騤文則, 據楊翮序, 乃貞官南臺都事時刻之金陵學官者, 楹書隅錄卷五已著其事. 又鐵琴銅劍樓藏書目錄卷二十四載元刻本文則, 有至正己刻陶宗儀題記, 己亥爲至正十九年(1359), 其時正己不在嘉興, 故文則不得列於嘉興路儒學所刻諸書內也.

劉貞在嘉興路儒學所刻諸書形式, 略皆相同. 大戴禮·呂氏春秋亦記字數及刻工姓名且皆每半葉十行, 行二十字(大戴禮見善本室藏書志卷二, 呂氏春秋見平津館鑒藏記書籍卷一, 皕宋樓藏書志卷五十五, 又鐵琴銅劍樓藏書目錄卷十六, 藝風藏書記卷二, 四庫簡明目錄標注卷十三, 著硯樓書跋頁一九〇). 韓詩外傳刻工姓名, 有記「青」字者, (卷三, 卷四), 有記「謝茂刊」或「謝茂」或「寸」(謝字之省)字者(卷五, 卷六, 卷七), 有記「李」字者(卷十). 謝茂似卽呂氏春秋刻工謝盛之, 此又足證吳興謝盛之乃呂覽刻工, 而呂覽非吳興謝氏刊本也.

韓詩外傳此本亦有闕葉鈔補者, 計卷三第十三葉, 第十四葉, 卷七第一葉: 凡三葉. 此外, 卷四第一葉下末行, 第二葉上首行, 又卷八第三葉, 第四葉下截七字, 亦斷爛鈔補. 凡此本闕爛, 卷三第十三葉, 第十四葉, 卷八第三葉·第四葉, 袁藏本(卽「元乙本」, 詳下跋)亦然. 卷七第一葉袁藏本未闕, 而此葉版心上記字數, 下署「謝茂」; 此本鈔補, 上無字數, 下記「陶茂」二字. 初頗疑是影鈔, 細審之蓋不然. 袁藏本引詩「莘莘征夫」, 此作「征夫捷捷」, 其不同如此. 陶茂或鈔者記名, 非元刻本之謝茂也. 又此葉

「紘」字鈔作「纮」, 是其鈔補當在康·雍以後(1662年以後), 故諱淸聖祖玄曄之名也. 卷三兩葉, 袁藏本據毛鈔補, 亦與此本所鈔補者不同, 詳下元乙本題記.

(2) 元刊本 《韓詩外傳》 題記(二)

袁廷檮舊藏黃丕烈校補元至正十五年(1355)嘉興路儒學刻明修本(省稱「元乙本」)

此本分訂四冊, 行款格式全與「元甲本」同, 乃同一版本. 收藏有「南皐草堂」(白文, 卷首)·「袁廷檮印」(朱文 ,卷首)·「五硯·人」(朱文, 卷首)「平江袁氏珍藏」(朱文, 亞形, 韓嬰傳文後)

「袁又愷藏書」(朱文·卷一·卷二·卷三·卷五·卷八), 「楓橋五硯樓收藏印」(朱文, 卷十末)「蕘圃過眼」(白文, 卷首), 「蕘圃手校(朱文, 卷一鈔補第六葉書眉上, 卷十末), 「貝墉所藏」(白文, 卷一), 「曾藏丁福保家」(朱文, 卷一·卷八黃丕烈跋文後)「無錫丁福保字仲祜別號畴隱」(白文, 卷三·卷五)「書潛經眼」(朱文, 卷一), 「書潛」(朱文, 卷十)「沅叔心賞」(白文, 卷十), 「沅叔借觀」(白文, 卷十末)「企驎軒」(白文, 傅跋首)「傅增湘」(白文, 傅跋末), 「藏園」(朱文, 傅跋末)諸印記(北京圖書館藏印未計入), 北京圖書館藏書, 北京圖書館善本書目卷一著錄(編號爲10695).

此本卷首有顧廣題記, 署「乙卯九月」. 卷二後有瞿中溶題記, 署「嘉慶二年龍集丁巳爲窉之月(三月)幸丑朔六日丙午」. 卷十後有黃丕烈跋文二則, 一署「乾隆六十年乙卯重五日夏至」; 一署「癸亥四月十有四日」. 諸題記皆稱書藏袁氏五硯樓. 顧氏題記與黃氏第一跋爲同年(乾隆六十年, 卽1795), 而較晩四月, 黃氏第二跋作於癸亥, 癸亥爲嘉慶八年(1803). 是袁氏收藏此書歲月猶可推知. 武進趙懷玉(味辛)校刊韓詩外傳在乾隆五十五年(1790), 新安周廷寀校注則刻於乾隆五十六年(1791), 其時袁氏此書尙未入藏也.

黃氏癸亥跋文稱嘉慶壬戌(七年, 卽1802)春得元刻·毛鈔本於京師, 袁氏聞之屬爲易去向所鈔補不與元刻合者, 黃氏乃命鈔胥依元刻及毛鈔傳錄,未畢工而鈔胥辭去, 因手校其舊存者. 今檢此本, 鈔補之葉共二有六: 其版心下右側注明「從元本補者」十三葉(卷一第六葉, 卷二第五葉·第六葉, 卷三第十五葉·第十六葉, 卷四第七葉, 第八葉, 第九葉, 卷六第九葉·第十葉·第十一葉, 卷七第十一葉, 卷八第十葉, 卷十第八葉), 「從元本校」者七葉(卷二第三葉·第四葉, 卷五第七葉·第八葉, 卷七第十一葉, 卷八第十一葉, 卷十第八葉), 「從毛鈔補」者四葉(卷三第十三葉·第十四葉, 卷十第十二葉·第十三葉), 「從毛鈔補」者一葉(卷十第十一葉), 未注明從何本校補者一葉(卷八第十二葉). 此外尙有脫爛補字之葉十(卷四第三葉·第四葉·第五葉·第六葉, 卷八第三葉·第四葉, 卷九第六葉, 卷十第九葉). 凡鈔補之葉皆有朱筆校改. 卷一第六葉書眉有「蕘圃手校」朱文印記一方, 可以確知校補之事黃氏任之也. 黃氏稱印本此略後於其所得元刻. 觀其補葉之用毛鈔者, 版心上側記字數亦與「元甲本」合, 是毛鈔亦出於元刻也. 黃氏但云: 「毛鈔者想亦與鈔補多勝.」 而所謂元刻·毛鈔本, 刻與鈔究各若干卷, 其詳不可得知矣. 又云: 「首葉『韓詩序, 余卻無之, 賴此可補.」所謂「韓詩序」者, 當卽指儒林傳文也.

此本與元甲本同是一版, 而摹印有先後. 卷三第八葉下「澤人足乎水」, 元甲本分明是「水」字. 而此本形變作「木」, 似「木」字, 於是吳庠·秦更年翻刻竟誤作「木」矣. 卷九第十一葉上「田無宇譏之」, 元甲本「田」字作「田」, 其一竪上脫而下極細, 此本竟誤作「日」字矣. 凡此皆可定此本之摹印後於元甲本也. 又此本卷二第十四葉下「智慮潛深」, 朱校改「潛」爲「潛」, 元甲本正作「潛」; 卷三第六葉上「愛其人及屋上鳥」, 朱校改「鳥」爲「烏」, 元甲本正作「烏」; 第十七葉上「可以正而止」, 朱校改「正」爲「止」, 元甲本正作「止」; 卷七第四葉上「爲泰伯牧牛」, 朱校改「泰」爲「秦」, 元甲本正作「秦」(元甲本牛作羊); 「夫舜亦賢聖失」, 朱校改「失」爲「矣」, 元甲本正作「矣」:

此數處朱筆校改, 似皆黃丕烈據其所得元刻印本較早者訂正, 而一一與元甲本合. 元甲本之早印於此本, 元本之遞有修補, 皆可從此參證也.(此本與元甲本其他歧異之處, 此不悉擧.)

此本卷一有「貝墉所藏」白文印. 墉爲袁廷檮女婿, 字旣勤, 號簡香(又作磵鄉), 亦平江人. 置千墨盦, 藏書甚富. 廷檮江蕙山房吟稿有題貝婿簡香味書圖, 見藏書紀事詩卷五. 廷檮卒於嘉慶十五年, 年四十七(據戈宙半樹齋文, 見歷代人物年里碑傳綜表頁六六四, 此與漢學師承記卷四記廷檮事合). 黃丕烈嘉慶庚午(卽十五年)五月一跋校宋明鈔本劉子新論云: 「此亦五硯樓書也. 五硯主人在日, 未取藏本勘之, 爲一恨事.」(見楹書隅錄續編卷三) 是廷檮之死, 在五月以前也. 書歸貝埇, 或在廷檮卒後. 廷檮之卒十三年, 貝埇書亦散出. 黃丕烈跋校元舊鈔本國朝名人事略云: 「道光癸未(三年, 卽1823)春, 友人收得貝磵薌家書.」(蕘圃藏書題識卷二) 似其時貝埇亦下世矣. 又一百年, 此書乃流轉滬上, 丹徒吳庠, 秦更年假之以翻刻. 秦更年序云: 「癸亥冬, 旅居海上, 聞有藏詩外傳十卷元槧本者, 展轉借得, 乃吳門袁氏五硯樓舊物也.」 癸亥爲一九二三年, 秦序作於辛未, 而第一卷末題云「己巳歲春二月丹徒吳庠·江都秦更年校元本刊行.」 己巳爲一九二九年, 辛未爲一九三一年, 是吳秦兩氏知此書後六年始假得刊行, 又三年乃畢工也. 當流轉滬上時, 羅振常見之, 著錄於善本書所見錄卷一, 其時尙無丁福保「書潛」諸印記. 今書末有癸未八月傅增湘跋, 稱「頃承子厚兄以新收此本見示, 爲袁綬階舊藏, 正吳氏覆梓之底本. 三十餘年夢想所不得見者, 幸而獲償, 展誦之餘, 歡喜無量. 君其寶藏之. 異日若能以珂羅版摹印傳世, 俾學者親見古槧, 其爲功於書林, 豈不偉哉!」 癸未爲一九四三年, 子厚未詳何人, 觀傅氏以珂羅版摹印爲功書林屬之, 似骨董掠財者流. 此書之北上入館, 蓋假手於是矣.

吳庠·秦更年翻本, 不曰影刻, 而曰校刊, 蓋變更行(如卷一本止十葉, 其末「芨此之謂也」五字, 在第十葉末, 多增一行. 翻刻本乃移此五字於下葉, 以取整齊, 於是多一元本所無之第十一葉矣. 他如卷四第十一葉下·卷六第二葉上·卷八第十三葉上, 行字皆有變更), 全削版心數字及刻工姓名, 已非元本舊式; 且多率意刊改, 讎校不精. 卷五第五葉上「然謹財其盛」, 改「然」作「而」; 卷六第二葉上「我入境」, 「入」下增「其」字; 「入其庭甚閑」, 「其」上刪「入」字; 第五葉上「田常殺簡公」, 改「殺」作「弑」; 卷十第三葉上「不易惟王」, 誤「王」作「主」; 凡此之類, 其例甚多; 點畫字體, 隨情更張, 猶不在此數. 雖曰「楮墨精雅可愛」(傅跋語), 亦猶衣文之媵, 薰桂之櫝, 其不中於實用, 明矣.

元刊佳勝之處, 顧·黃·瞿諸氏題跋已略道及, 而瞿氏中溶一跋所擧尤爲詳具, 然其應補苴者仍多. 卽以所擧卷一兩例言之:

孔子南游適楚至於阿谷之隧章「客之行, 差然乖久.」蘇獻可通津草堂本·沈辨之野竹齋本·薛來芙蓉泉書屋本·程榮漢魏叢書本·胡文煥格致叢書本·唐琳快閣藏書本·毛晉津逮秘書本「差然乖久」皆作「差遲乖人」. 趙懷玉校注云「句有訛, 御覽八百十九引作「行客之人, 嗟然永久」, 列女傳同.」瞿氏謂「差然乖久」與御覽合, 今本「然」訛「遲」, 「久」訛「人」. 許瀚校議云「御覽引是也. 「久」與下文「鄙」·「子」, 「矣」韻, 與今本則失其韻矣. 嚮見黃蕘圃孝廉所藏沈本, 前五卷依元本校勘者, 元本與御覽所引悉合. 然則今本之誤, 自明始也.」今案: 元本不與御覽所引悉合, 許氏所見黃校本或有誤; 瞿氏謂「差然永久」與御覽合, 皆欠精審(御覽作「嗟然永久」). 又檢御覽八一九引「客之行」作「行客之行」, 亦非如趙氏之言與 列女傳辯通作「行客之人」者相同. 而蘇·沈·薛·程·胡·唐·毛諸本「人」字, 則顯係訛文, 當依元本定爲「久」. 許氏協韻之說, 不可易者也. 但「嗟然永久」, 「差然乖久」, 語皆不可解, 存疑可也.

原憲居魯章:「蓬戶甕牖, 桷桑而爲樞.」蘇·沈·薛·程·胡·唐·毛諸本,「爲樞」皆作「無樞」. 瞿跋謂「『爲樞』與新序·莊子合. 今『爲』訛『無』.」案: 元憲事見莊子讓王及新序節士. 莊子云:「蓬戶不完, 桑以爲樞; 而甕牖二室, 褐以爲塞.」新序云:「蓬戶甕牖, 揉桑以爲樞.」淮南子原道寫「聖人隱於榛薄之中」, 亦云:「蓬戶甕牖, 揉桑爲樞.」高誘注云:「編蓬爲戶, 以破甕蔽牖, 揉桑條以爲戶樞.」此云:「桷桑而爲樞.」而, 猶以也(見經傳釋詞卷七),「而爲樞」卽「以爲樞」, 與莊子·新序及淮南高注皆合.「桷」當爲「捔」,「桷」·「捔」字通. 廣雅釋言:「捔, 掎也.」王念孫疏證云:「說文:『掎, 偏引也.』小雅小弁篇:『伐木掎矣.』毛傳云:『伐木者掎其顚.』豳風七月篇:『猗彼女桑.』傳曰:『角而束之曰猗.』正義云:『襄十四年左傳: 譬如捕鹿, 晉人角之, 諸戎猗之.』則掎·角皆遮截束縛之名也. 故云: 角而束之曰猗. 角·捔·猗·掎, 古通用.」然則此言「桷桑而爲樞」者, 束縛桑條以爲樞紐,「桷」字之義與「揉」字正同, 莊子釋文出「桑以爲樞」四字, 引司馬(彪)云:「屈桑條爲戶樞也.」亦用揉捔之義.「爲樞」決不能作「無樞」, 無樞何以爲戶? 明刻諸本皆出於妄改, 元本「爲」, 可謂「一字千金」矣.

元刊佳處, 瞿氏題記所未涉及者, 其事猶多, 今擧其六卷三例:

子路治蒲章:「入其境而善之.」又「入其邑曰: 善哉!」此二「其」字, 蘇·沈·薛·程·胡·唐·毛諸本皆脫去, 冊府元龜卷七百零三用此文有之, 與家語辨物合. 當依元本訂正今本之失.

衛靈公晝寢而起章:「所貴爲士者, 上攝萬乘, 下不敢放夫匹夫.」蘇·沈·薛·程·胡·唐·毛諸本「放」皆作「敖」. 案: 御覽卷四百三十六引此文云:「所貴爲士者, 上不攝萬乘, 下不放乎匹夫.」「攝」借爲「懾」. 說文心部:「懾, 失氣也; 一曰服也.」墨子親士:「越王勾踐遇吳王之醜. 而尙攝中國之賢君.」襄十一年左傳:「武震以攝威之.」「攝」字皆借爲「懾」,

義與此同. 說見孫詒讓墨子間詁. 昭十六年左傳:「獄之放紛.」呂氏春秋審分:「無使放悖.」杜預及高誘注皆云:「放, 縱也.」此謂所貴爲士者, 上不爲萬乘之貴所震懾, 下不因匹夫之賤而放. 元本作「放」, 與御覽合, 當據以訂正今本.

晉平公游於河而樂章:「謀夫孔多, 是用不就.」蘇·沈·薛·程·胡·唐·毛諸本「就」皆作「集」. 元本「就」字, 與群書治要卷八所引合. 明刻諸本作「集」, 乃據毛詩妄改者也. 陳喬樅韓詩遺說考作「就」, 云:「『就』, 毛詩作『集』, 傳云「集, 就也.」詩考引外傳『不就』, 而今本仍作『集』, 誤.」趙懷玉校本作「就」, 而不言所據.

袁藏元本, 顧廣圻·瞿中溶·黃丕烈諸人題記共四篇(顧·瞿各一篇, 黃兩篇), 吳·秦兩氏翻刻本皆已錄入(顧記原在卷首, 瞿記原在卷二末, 吳刻皆移在卷末黃跋後, 又改其行款, 瞿記「棲閔於莒」, 且誤說一「閔」字); 王大隆所輯蕘圃藏書題識續錄卷一亦轉載之. 唯傅增湘一跋尚未刊布, 今附錄於後.

(一九六三年一月十四日至二月二十八日余校元刊甲乙二本, 一九八三年草成此題記二篇, 刊載在岳嶽書社出版之中國歷史文獻研究集刊第三集上. 當時附錄傅增湘跋文. 今聞傅跋已收入上海古籍出版社新印之藏園群書題記, 故與顧·瞿·黃諸跋一併移入附錄四前人著錄評述資料選輯中.)

(3) 明 嘉靖中 蘇獻可 通津草堂本《韓詩外傳》題記

全書十卷, 分訂四冊. 卷首有韓詩外傳序, 每半葉七行, 行十二字, 凡三葉. 末署「至正十五年龍集乙未, 秋八月, 曲江錢惟善序.」次列「韓嬰小傳」, 半葉七行, 行十二字, 與序同, 但有一葉. 正文卷一以下皆署「詩外傳卷第○」, 第二行低十字署「韓嬰」二字. 自卷一正文起, 卽每半葉九行. 行十七字. 白口. 魚尾. 版心下署「通津草堂」四字.

蘇氏刻論衡在嘉靖己未. 卽二十八年(1559). 書林淸話卷五及四部叢刊書錄皆如此說(叢刊目錄誤己未爲乙未). 然叢刊影印本前後皆無刻書年月(藝風藏書續記卷二論衡通津草堂本目錄後有嘉慶乙未後學蘇獻可刊一行, 此無.), 唯卷三十末署「周茲寫, 陸奎刻」而已. 每半葉十行, 行二十字, 此比論衡字體較大, 版心下底署「通津草堂」四字則相同也. 古今書刻載南直隷蘇州府刻本韓詩外傳者卽此本也. 此本字體粗大肥潤整齊皆過於論衡, 其刊印當在嘉靖乙未以後. 邵亭知見傳本書目著錄.

所校本藏四川師範大學圖書館, 乃一九五八年余攝館事所收也.

(4) 明 嘉靖中 沈氏 野竹齋本 《韓詩外傳》 題記

此卽四部叢刊所據以影印者也. 行款及卷首序傳, 皆與蘇氏通津草堂同. 唯版心無「通津草堂」字樣, 而錢序後有亞形刻書印記, 小篆書「吳郡沈辨之野竹齋校雕」字而已.

郘亭知見傳本書目卷二著錄, 乃誤沈辨之爲「沈辨」. 書林淸話卷五明人刻書之勝品云: 「吳郡沈辨之野竹齋刻韓詩外傳十卷, 見陸編廉石居記·楊譜·丁志. 刻畫鑒一卷, 見楊續錄. 沈辨之名與文, 明嘉靖間人.(藏書家誤以爲元刻. 又沈刻書亦有繁露堂名. 吾藏所刻顧璘近書一卷, 前後有吳郡「沈與文校刻」五小字, 在翻闌邊. 末有吳郡沈氏繁露堂雕亞形印). 藏書紀事詩卷三云: 「四友齊叢說: 『余家有畫, 非編非楮書於車螯殼上, 此吳姑蘇沈辨之至山東賣書買回者. 聞後盜墓人每發一墓, 其中不下數十石. 其畫皆作人物, 如今春畫意. 用以厭勝, 恐蛟龍侵犯之也.」又云: 「士禮居藏書題跋記: 梁公九諫, 首葉有『辨之印』, 此姑餘山人沈與文也.」又云: 「剡錄十卷, 周丈香嚴藏本, 爲姑餘山人沈與文所藏, 卷有『吳門世儒』, 『埜竹齋』兩長方印.」「又跋邵氏聞見錄云: 『吳中杉櫝橋, 嘉慶時, 有沈與文頗蓄書. 刻詩外傳.』昌熾案: 「杉櫝橋在胥盤二門之間, 橋側有宋咸淳井闌, 刻『亨泉』二大字. 經籍訪古志: 『韓詩外傳十卷』, 昌熾案: 高麗翻沈本也.』鐵琴銅劍樓書目: 純全集, 沈辨之鈔本, 每欄外有『吳縣野竹家沈辨之製』九字. 愛日精盧藏書志: 『山海經三卷, 文彭跋云: 『己亥六月, 獲觀於沈辨之有竹居.』昌熾案: 有竹居, 沈啓南齋名也. 張氏其有誤乎?」守元案: 「沈辨之至山東, 賣書買書事, 本之舊鈔本邵氏聞見錄, 見士禮居藏書題跋記卷四. 沈辨之所刻印收藏之書, 淸儒頗珍視. 天一閣藏標注蜀本王學士(當)春秋臣傳三十卷, 明鈔本. 卽有「沈與文印」, 「姑餘山人」兩白文印, 見鄞范氏天一閣書目內編卷二. 而聊城楊氏收藏沈氏之書尤多, 「舊鈔本聞見錄有野竹居士記云: 『嘉靖十二年復對宋本校刊勘一過』.」(楹書隅錄續編卷三.) 「吳郡什辨之野竹齋校本西溪叢語, 何煌·錢遵王·黃丕烈皆有跋.」(見楹書隅錄續編卷三明鈔本西溪叢語下.) 「校明校本畫鑒錄卷首題『吳郡姑餘山人沈與之校勘.』版心有『野竹齋校刊』五字. 黃丕烈跋.」(楹書隅綠續編五.) 「元鈔本鄱陽集卷首有『吳郡姑餘山人沈與文歡題』一行」(楹書隅錄續編卷四.) 聊城楊氏之外, 歸安陸氏亦有收藏. 明鈔本小畜集爲沈氏藏本, 有「野竹齋」朱文長方印; 「繁露堂圖書記」朱文長印; 「吳郡沈與文」白文方印; 「辨之印」白文方印; 「沈與文」白文方印: 見儀顧堂明鈔本小畜集跋. 沈氏文字, 比之蘇刻, 又稍有異同. 第一卷第十二葉, 比於不祥, 此改爲詳. 卷三第九葉「日就月將」下, 此不提行, 卽指「凡學之道章」, 與上章相聯. 凡所擧之例, 皆元本如是. 此旣翻印元本, 當略爲改正. 何必蘇本旣誤, 沈必又隨之維謹乎. 潘景鄭先生戊寅(1938)所寫明夫蓉泉書屋本韓詩外傳跋猶與葉德輝意思符合, 而1930年所寫明代版本圖錄則言沈氏重刻異於蘇本. 古今書刻載韓詩外傳, 其在南直隸蘇州府但聞有一, 未嘗見其說有二也.

(5) 明 芙蓉泉書屋刻本 《韓詩外傳》 題記

全書十卷, 分釘四冊. 前韓嬰小傳, 每半葉七行, 行十七字. 版心有小傳二字. 前無錢序, 而有楊祜序. 末有陳明及薛來二跋. 白口. 版心下隸書芙蓉泉書屋五字. 正文第一行頂格題韓詩外傳卷第□, 「第二行低九字署漢□韓□嬰□撰」.(□示空一格)每半葉九行, 行十八字. 每章首行頂格, 以下皆低一格. 緣此, 程榮翻刻, 竟脫卷第二葉全葉, 說詳孔子南遊適楚章箋疏引許瀚校議. 自程本脫此葉以後, 胡氏格致叢書本·唐琳快閣藏書本, 皆脫此葉, 蓋皆翻刻於程, 遂脫薛刻此葉也. 古今書刻載韓詩外傳刻地有三, 此刻於山東, 爲三刻之一, 影響頗大. 其中字句往往與元刻及蘇·沈不同. 校外傳者不得不注意. 薛來云: 「予近閱書塾, 得先君所藏韓詩外傳, 取而讀之, 其事肆, 其變備, 其數微. 當爲漢人之書無疑也. 乃質之鶡胡子, 鶡湖子曰: 『固遺書也.』因復梓之. 使凡讀經者取焉. 猶幸可以翼也.」陳明序云: 「薛子汝修, 篤學嗜詩, 迺於先曾大黃門公笥中得書, 愛其文古, 而鋟諸梓, 以傳於世. 其用心可嘉也乎?」此底本究竟出之薛來父藏, 抑取諸陳明曾祖父黃門公, 此二人行迹皆不可考. 或薛來曾收兩本對校歟? 芙蓉泉當爲濟南城中諸泉, 而假以名館者也. 此本與蘇·沈頗有異同, 書名「韓詩外傳」亦古樸大方, 愈於元刊之題「詩外傳」而故爲古遠者遠矣! 明代程·胡·唐悉出於此, 韓詩外傳傳本之極有影響者也.

(6) 程榮 漢魏叢書本《韓詩外傳》題記

程榮字伯仁. 歙縣人. 明清兩代, 漢魏叢書, 凡三刻. 程榮居首, 次則何允中, 次則王謨. 程榮書刻於萬歷時, 今取其書以校. 其書全依薛本, 無錢序. 首載陳明・楊祜二序, 亦載韓嬰小傳. 正文第一行頂格題韓詩外傳卷第☐, 第二行低十字署『漢☐韓嬰著』, 第三行署『明☐新安程榮校』.「明」字與「漢」字並列. 每半葉九行, 行二十字. 每章首頂格, 以下皆低一字, 與薛本形式同. 所據爲底本之薛本脫去卷一第二葉. 遂不讎校, 而使已說之文相連. 此在薛本中, 已有說明. 程本無特長, 翻薛本而已.

(7) 胡文煥 格致叢書本 《韓詩外傳》 題記

全書十卷. 格致叢書爲胡文煥萬歷三十一年(1608)所編印. 丁志十七: 錢塘全菴胡文煥賣書求生, 嘗刻格致叢書. 格致叢書所收煥詩外傳亦無錢序. 前有鹿門茅坤序文. 亦有韓嬰小傳. 每半葉七行, 行十五字. 板心魚尾上有『韓嬰小傳』四字. 正文首行題「新刻韓詩外傳卷之□」第二行低六字署「漢□燕人□韓嬰著」, 第三行與二行平署「明□錢唐□胡文煥□校」.每半葉十行, 行二十六字. 每章首字頂格, 第二行低一字, 形式與薛本同. 前有茅坤序, 可知出於茅坤評點之本. 然其本與程本相同, 脫薛本原葉而不知, 明人讀書, 但評詞語之優劣, 讀以有缺葉之本而竟不知, 可笑也已.

(8) 明 天啓中 唐琳快閣藏書本《韓詩外傳》題記

書無錢序, 而有唐琳玉林甫序一篇. 每半葉七行. 行十五字, 凡兩葉. 正文第一行頂格題「韓詩外傳卷之□」, 次行低十字署「漢□燕人韓嬰□著」, 第三行平署「明口新都唐琳點校」.每半葉九行, 行二十字. 每章首頂格, 次行低一字, 與薛本同. 阿谷處女一章, 其脫葉與程本同. 眉批有張旁·孫鑛·汪首昆·李贄·鐘惺之語, 蓋江浙書賈聯合所爲.(所謂新都, 指浙江淳安縣.) 正文有句讀圈點. 此書黨與朱蔚然讀書坊所刊關尹子同爲浙江書賈合刻諸子十五種中物, 丙申(一九五六)春夏間, 得之京師廠肆, 費去五角而已.

(9) 明 崇禎 毛晉刻 津逮祕書本 《韓詩外傳》 題記

此本亦無錢序, 有韓嬰小傳, 每半葉九行, 行十九字. 此之元刊諸書所錄韓嬰傳文爲祥具. 正文第一行題「韓外傳卷之□」, 第二行低十一字署「漢□燕人韓嬰著」, 第三行起爲本文. 每章皆頂格, 蓋其底本出於蘇·沈. 每半葉九行, 行十九字. 淸人頗珍視此本, 蓋以其與元本爲一系統也.

Ⅳ. 《한시외전韓詩外傳》 叙錄

(1) 周廷寀 《韓詩外傳校注》 叙錄

韓詩外傳校注十卷, 績溪周廷寀撰. 廷寀字贊平, 又字子同. 宋隆興進士有周垚者, 官歙州太守, 遂家績溪, 是爲績溪周氏始祖. 清乾隆三十七年廷寀弟子員, 五十七年, 考取八旗教習. 嘉慶三年, 中京兆試. 四年會試, 薦而未售. 教習滿, 引見, 以知縣用, 棟發廣東, 署龍川今. 逾年而卒. 法式善作有周贊平傳, 載碑傳集補卷二三. 韓詩外傳校注刻於乾隆五十六年, 胡賡善爲之序. 其采錄先漢以前韓傳所及諸書. 參校之外, 亦加詮釋. 藝文類聚·太平御覽·北堂書鈔·初學記諸類書皆不取校, 先漢諸書與韓傳互見者, 則校其異同, 而愼重刊改. 胡賡善序稱其「能裨補闕漏, 不阿作者.」「信韓傳之功臣也.」今搜集舊說, 以周氏校注爲首. 以之諸家, 獨爲純正. 其書原刻爲乾隆辛亥營道堂刊本, 安徽叢書曾據以影印. 今通行者爲吳棠望三益齋與趙懷玉玉校注合刊本.

(2) 趙懷玉 《韓詩外傳》 十卷, 《補逸》 一卷 叙錄

韓詩外傳十卷, 補逸一卷, 武進趙懷玉校注. 懷玉乾隆四十五年以高宗南巡獻賦得官. 嘗入都, 留內閣行走. 又一年, 實授中書舍人. 嘉慶五年, 俸滿改外. 六年至官, 七年署登州知府, 再署兗州. 八年, 父喪, 遂不仕. 凡里居二十一年, 七十有七歲. 韓詩外傳前有乾隆五十五年五月懷玉自序文, 署「內閣中書舍人」. 序云.「若外傳篇目, 合之隋志, 則固爲足本也. 自明以來, 屢有鋟木, 惟虞山毛氏較善, 而訛脫亦復不免. 旣聚數本參校, 其別見諸本, 與以相出入者, 亦疏證於下. 訛者正, 說者補, 義得兩通者並列焉. 歲戊申, 餘姚盧弓父先生來主吾郡講席, 治聞擧遺, 日以表章周秦兩漢之書爲事, 丹黃讎勘, 一字弗苟. 過從之暇, 偶及是書. 先生出手定本見示, 嚴核博綜, 略無遺憾. 及取向所參校者改竄而附益之. 于是未敢自信者, 藉可質之於世矣.」 據此序文, 可知趙氏此著, 啓之者, 盧紹弓也. 孫氏祠堂書目謂盧文弨曾輯韓傳佚文, 而趙懷玉刻之. 則知趙本補逸, 全出盧氏, 其他參校之處, 當亦有承用盧氏者也. 趙氏原刻未見, 其單刻本則龍溪精舍叢書有之. 世所通行者, 亦望三益齊周趙合校本也.

⑶ 陳士軻 《韓詩外傳疏證》 十卷, 《附佚文》 一卷 叙錄

韓詩外傳疏證十卷, 附佚文一卷. 蘄水陳士軻撰. 士軻號琢軒. 嘉道時以詩此興箋知名文苑者陳沆之祖父也. 士軻以韓詩外傳互見之書無慮三十種, 因仿孫詒穀爲孔子家語疏證之例, 逐條錄寫其互見之書, 諸書畢見, 而韓詩外傳之義明詞正. 實爲治韓傳之善法也. 士軻擧乾隆丁酒鄕試, 其書至嘉慶二十三年其孫湮·沆等始付之剞劂. 海豐張映漢爲之作序. 世傳有文淵樓叢書影印本. 李慈銘桃花解聖盦日記乙一(越縵堂日記二十三) 光諸元年七月二十八日閱此書, 云. 「陳士軻爲陳沆之祖.」今箋疏互見之文, 悉用檢對. 陳氏偶有校語, 亦予輯錄.

(4) 陳喬樅《韓詩遺說考》叙錄

韓詩遺說考(在皇淸經解續編小字本卷百五十九內, 分爲十八卷, 有韓詩外傳附錄一卷.), 陳喬樅撰. 喬樅字樸園, 閩縣人. 初, 父壽棋嘗鉤考齊·魯·韓三家詩佚文, 佚義. 輯而未就. 病革, 謂喬樅曰:「爾好漢學, 治經知法. 他日能成吾志, 九原無憾矣.」喬樅乃紬繹舊聞, 勒爲定本. 成三家詩遺說考十五卷(韓詩收入續經解小字本卷一百五十九卷, 分爲十八卷). 喬樅書雖以考韓詩遺說爲主, 然全采韓詩外傳, 又加以刊校, 故采擷之. 喬樅傳與水祺相附, 見淸史稿卷四百八十二儒林傳.

(5) 許瀚《韓詩外傳校議》叙錄

韓詩外傳較議一卷, 日照許瀚撰. 瀚字印林, 道光乙未擧人. 少與道州何紹基·平定張穆·河間苗夔·新安兪正燮游. 仁和龔自珍推爲北方學者第一. 德清戴望見其所著書, 歎其考證精當, 吉光片羽, 皆可寶貴. 蓋生於嘉慶十年頃, 卒于同治十年. 生平事迹見清史稿卷四百八十七, 清史列傳卷六十九. 續碑傳集卷七十九載有楊鐸許印林先生傳, 敍之尤詳. 瀚著有別雅訂·印林遺著·(攀古小廬器物銘釋文·碑跋, 弟子職正音·辨尹畹階毛詩辨·論語附錄.) 古今字詁疏證, 菉竹堂碑目校補·攀古小廬文一卷·補遺一卷·叢著爲攀古小廬雜著十二卷, 計有經傳說三卷, 小學說二卷, 金石學說五卷, 題跋二卷. 韓詩外傳校議卽在經傳說中, 爲雜著全書之第二卷. 蜀人陳是正見其韓傳稿, 題爲韓詩外傳校語, 尙未刻人雜著, 於是排印爲之單行. 題曰「韓詩外傳校語」. 向宗魯先生得陳氏印本, 假我傳錄. 因見新印本署名, 遂亦改題校議, 對其文字, 舊新印本全同也. 楊鐸傳又稱爲韓傳勘誤, 謂存趙撝叔處, 當卽此一書也.

(6) 兪樾 曲園雜纂 《校韓詩外傳》

兪樾曲園雜纂有校韓詩外傳二十七條, 雙流李氏取雜纂乃讀書餘料所校它書總輯爲諸子平議補錄刻之, 坊間亦有翻刻. 兪樾子蔭甫, 德淸人. 道光三十進士, 咸豐二年, 散館授編授. 五年, 簡放河南學政. 後歸僑居蘇州, 主講蘇州紫陽·上海求志各書院, 而主杭州詁精精舍三十餘年. 傳見淸史稿卷四百八十二. 生平著述豐富. 頗好牽强附會假借. 名稱甚大, 而附會亦多. 此書引用 頗有駁正.

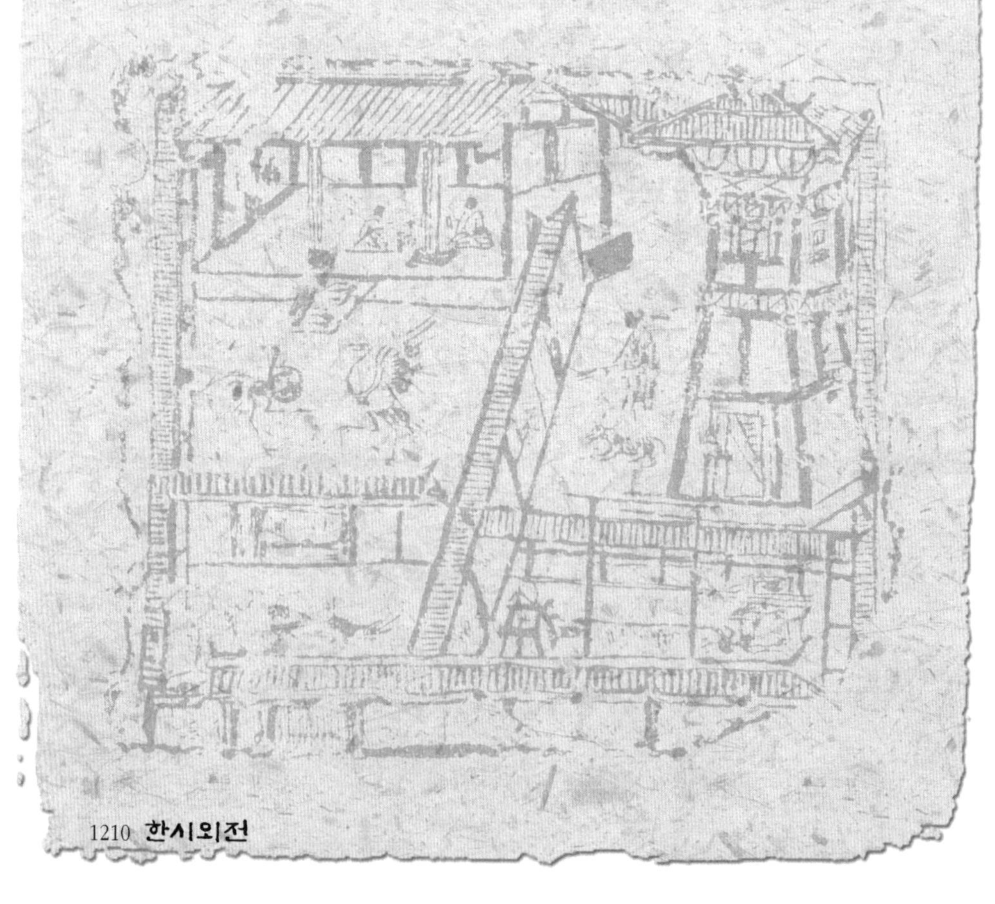

(7) 孫詒讓 札迻《校韓詩外傳》

孫詒讓 札迻卷二有校韓詩外傳十一條. 要言不多, 極爲精審. 詒讓字仲容, 瑞安人. 衣言之子. 詒讓同治六年擧人, 官刑郡主事. 札迻是其讀書筆記. 匡違捃拾, 必有諟據. 其中條文, 每則咸精. 比方印林, 過於蔭甫. 清儒之治韓詩外傳者, 至此極矣.

V. 《한시외전韓詩外傳》 著錄 및 評述資料

(1) 《漢書》 藝文志 六藝略 詩家

韓內傳四卷, 韓外傳六卷.

(2) 王應麟 《漢書藝文志考證》 卷二 詩

韓外傳六卷. 隋志十卷. 太史公自序:「厥協六經異傳」, 如子夏易傳, 毛公詩乃韓嬰外傳·伏生尙書大傳之流. (歐陽子曰:「外傳非嬰傳詩之詳者, 其遺說時見於他書, 與毛詩之義絶異, 而人亦不信.」)

(3) 姚振宗 《漢書藝文志條理》 卷一之上

韓氏二篇. 名嬰. 本書儒林傳:「詩家韓嬰, 燕人也. 孝文時爲博士. 景帝時, 至常山太傅. 韓生亦以易授人. 推易意而爲之傳. 燕趙間好詩, 故其易徵. 唯韓氏目傳之. 武帝時, 嬰常與董仲舒論于上前. 其人精悍, 處事分明, 仲舒不能難也. 後其孫商爲博士, 孝宣時涿郡韓生其後也. 以易徵, 待詔殿中. 曰:『所受易, 卽選太傅所傳也.』嘗受韓詩, 不如韓氏易深. 太傅故專傳之. 司隷校尉蓋寬饒, 本受易于孟喜, 見涿韓生說易而好之, 卽更從受焉.」後漢王充論衡骨相篇:「韓太傅爲諸生時, 與相工俱入壁雍之中. 相壁雍弟子誰當貴者? 相工指倪寬曰:『彼生當貴, 秩至三公.』韓生謝相工, 通刺倪寬, 結膠漆之交, 盡筋力之敬. 徙舍從寬, 深自附納之. 寬嘗甚病, 韓生養視如僕狀, 恩深踰于骨肉. 後名聞天下. 倪寬位至御史大夫, 州郡承旨, 召請擢用. 擧在本朝, 遂至太傅.」(按韓嬰遺事不槪見, 論衡言擢用旨太傅, 在倪寬爲御史大夫之後, 是武帝元封以後之事. 與史言景帝時爲太傅不合. 或武帝時又爲常山王傅, 史略之與?) 王氏考證: 蓋寬饒封事引韓氏易傳: 五帝官天下, 三王家天下.(按韓詩外傳間有寅易文者. 亦韓氏易也.)

(4) 劉光蕡 《前漢書藝文志注》 摘錄

漢興, 魯申公爲詩訓故, 而齊轅固・燕韓生皆爲誌傳, 或取春秋, 采雜說, 咸非其本義.(此說非也. 詩無訓詁, 孟子以意逆志, 尙半論也. 皆三家說詩法. 毛傳盛行, 詩流爲訓詁, 興觀羣怒之旨隱矣.)

(5) 《隋書》 經籍志 經部 詩類

韓詩外傳十卷.

(6) 姚振宗 《隋書經籍志考證》 卷三 經部 詩類

韓詩外傳十卷. 漢書藝文志:「韓外傳六卷.」又曰:「漢興, 魯申公爲詩訓, 而齊轅固・燕韓生皆爲之傳, 或取春秋, 采雜說, 咸非其本義.」唐書經籍志:「韓詩外傳十卷, 韓嬰撰.」唐書藝文志:「韓詩二十三卷, 外傳十卷, 韓嬰撰.」

宋史藝文志:「韓詩外傳十卷, 漢韓嬰撰.」宋洪邁容齋隨筆曰:「韓外傳第二章載孔子南遊適楚, 見處子佩瑱而浣, 乃令子貢以微詞挑之, 以是說詩漢廣「游女」之章, 其謬戾甚矣. 他亦無足言.」晁氏讀書志曰:「此書稱外傳, 雖非其解經志深者, 然文辭清婉, 有先秦風.」陳氏書錄曰:「今所存惟外傳而卷多於舊. 舊六卷, 今十卷, 蓋多雜說, 不專解詩, 不知果當時本書否也?」經義考:「申毛之詩皆出荀卿子, 而韓詩外傳多引荀書.」又曰:「荀卿非十二子, 韓詩外傳引之, 止云十子, 而無子思·孟子. 愚謂荀卿非子思·孟子, 蓋其門人如韓非·李斯之流托其師以毁聖賢, 當以韓詩爲正.」又王世貞曰:「韓詩外傳雜記夫子之緒言與諸春秋戰國之說, 大抵引詩以證事, 而非引事以明詩, 故多淨汪不切, 牽合可笑之語, 蓋馳騁勝而說詩之旨微矣.」又董斯張曰:「世所傳韓詩外傳亦非全書. 文選注·藝文類聚·太平御覽·佛典引外傳文, 今本皆無之.」四庫提要曰:「自隋志以後, 卽漢志多四卷, 蓋後人所分也. 其書雜引古事古語, 證以詩詞, 與經義不相比附, 故曰外傳, 所采多與周秦諸子相出入. 中間阿谷處女之類, 皆非事實, 又先後重見, 失於簡汰, 然其引荀卿非十二子, 刪去子思·孟子, 惟存十子. 其去取特爲有識, 又繭絲雞卵之喩, 董仲舒取之爲繁露. 君羣王往之訓, 班固取之爲白虎通. 精訓名言, 往往而有. 不必盡以訓詁繩也. 是書之例, 每條必引詩詞. 而未引詩者, 二十八條, 又「吾語汝」一條, 起無所因, 均疑有闕文. 文選注二事, 今本皆無之. 幷疑有脫簡.」嚴氏鐵橋漫稿曰:「韓詩外傳引荀子以說詩者四十餘事, 是韓嬰亦荀子私淑弟子也.」孫祠書目:「韓詩外傳十卷, 趙懷玉校刊. 又補逸一卷, 盧文弨輯, 趙懷玉刊.」(按「阿谷處女」一事, 後人多以爲口實, 困學紀聞云:「江漢之女, 不可犯以非禮, 可以見周俗之美.」是說也, 卽毛傳鄭箋亦無不相同者也. 韓引舊文載此事, 其意亦如此. 而必托之孔子·子貢, 此其所以爲外傳歟?)

(7) 《舊唐書》 經籍志 甲部 經錄 詩類

韓詩二十卷 (卜商序, 韓嬰撰) 韓詩外傳十卷 (韓嬰撰).

(8) 《新唐書》 藝文志 甲部 經錄 詩類

韓詩卜商序, 韓嬰注, 二十二卷, 又外傳十卷.

(9) 《宋史》 藝文志 經部 詩類

韓詩外傳十卷 (漢韓嬰撰).

(10) 《崇文總目》 卷一 詩類(錢東垣等 輯釋本)

韓詩外傳十卷, 韓嬰撰. 東垣案:「漢志六卷.」

(11) 《文獻通考》 經籍考 經部 詩類

韓嬰詩外傳共十卷. 本傳: 嬰孝文時爲博士. 景帝時至常山太傅. 推詩人之意而作內外傳數萬言. 頗與齊魯間殊, 然歸一也. 鼂氏曰(錄郡齋讀書志, 詳下, 此不重出.) 容齋洪氏隨筆曰(詳下附錄四, 此不重出.) 陳氏曰(錄直齋書錄解題, 此不重出.)

(12) 《玉海》 卷三十八 藝文部 詩類

漢志: 韓故三十六卷, 內傳四卷, 外傳六卷, 說四十一卷.(隋唐止存外傳析爲十篇, 二十二卷. 唐志韓嬰注.) 傳: 韓嬰燕人. 孝文時博士. 持詩人作內傳數萬言, 頗與齊魯殊, 然歸一也. 燕趙間言詩者由韓生. 河內趙子事韓生, 授蔡誼. 誼授食子公與王吉, 吉授長孫順, 由是有王食長孫之學. 蔡義明經. 詔求能爲韓詩者, 徵待詔, 願賜淸間之燕, 得盡精思於前. 上召見義, 說詩, 甚說之. 進授昭帝. 劉寬明韓詩外傳. 杜撫受業於薛漢. 定韓詩章句. 其所作詩題約義通, 學者傳之. 曰杜君法. 薛漢世習韓詩, 父子以章句著名. 召馴習韓詩, 建初中侍講, 帝嘉其義學. 趙曅受韓詩, 著詩細. 李恂習韓詩, 孝授諸生, 常數百人. 鄭玄從張恭祖受韓詩. 張文通習韓詩, 作章句, 唐檀公·沙穆·夏侯恭習韓詩, 隋志: 韓詩二十二卷, 薛氏章句文選注多引(薛君章句). 韓詩翼要十卷, 侯苞撰.

(13) 《郡齋讀書志》 經部 詩類

韓詩外傳十卷, 右漢韓嬰撰. 嬰, 燕人. 其書漢志本十篇. 內傳四, 外傳六. 隋止存外傳, 析十篇. 其及經蓋寡, 而遺說往往見於他書, 如「逶迤」「鬱夷」之類, 其義與毛詩不同. 此書稱「外傳」, 雖非解經之深者, 然文辭淸婉, 有先秦風.

(14) 《直齋書錄解題》 經部 詩類

韓詩外傳十卷, 韓常山太傅韓嬰撰. 案藝文志有韓故三十六卷, 內傳四卷, 外傳六卷, 韓說四十一卷, 今皆亡, 所存惟外傳, 而卷多於舊. 蓋多記雜說, 不專解詩. 果當時本書否也.

(15) 《四部全書總目提要》 經部 詩類

韓詩外傳十卷 (通行本), 漢韓嬰撰. 嬰, 燕人. 文帝時爲博士, 武帝時至常山太傅. 漢書藝文志有韓故三十六卷, 韓內傳四卷, 韓外傳六卷, 韓說四十一卷. 歲久散佚, 惟韓故二十二卷, 新唐書尙著錄. 故劉安世稱嘗讀韓詩雨無正篇, 然歐陽修已稱今但存其外傳, 則北宋之時, 士大夫已有見有不見, 范處義作詩補傳, 在紹興中已不信劉安世得見韓詩, 則亡在南北宋間矣. 惟此外傳, 至今尙存. 然自隋志以後, 卽較漢志多四卷, 蓋後人所分也. 其書雜引古事古語, 證以詩詞, 與經義不相比附. 故曰外傳. 所采多與周秦諸子相出入, 班固論三家之詩, 稱其或取春秋, 采雜說, 咸非其本義. 殆卽指此類歟? 中間阿谷處女一事, 洪邁容齋隨筆已議之. 他如稱彭祖名竝堯舜, 稱長生久視, 稱天變不足畏, 稱韶用干戚, 稱舜兼二女爲非, 稱荊蒯芮僕不恒其德, 語皆有疵. 謂柳下惠殺身以成信, 謂孔子稱御說恤民, 謂舜生於鳴條一章爲孔子語, 謂輪扁對楚成王, 謂冉有稱吳楚燕代伐秦王, 皆非事實. 顔淵·子貢·子路言志事, 與申鳴死於白公之難事, 皆一條而先後重見, 亦失簡汰. 然其中引荀卿非十二子一篇, 冊去子思·孟子一條, 惟存十子. 其去取特爲有識. 又繭絲卵雛之喩, 董仲舒取之爲繁露; 君羣王往之訓, 班固取之爲白虎通: 精理名言, 往往而有. 不必盡以訓詁繩也. 是書之例, 每條必引詩詞. 而未引詩者二十八條. 又吾與女一條, 起無所因, 均疑有闕文. 李善注文選引其孔子升泰山觀易姓而王者七十餘家事, 及漢皐二女事, 今本皆無之, 疑有脫簡. 至藝文類聚引雪花六出之類, 多涉訓詁, 則疑爲內傳之文, 傳寫偶誤. 董斯張盡以爲外傳所佚, 又似不然矣. 案:漢志韓詩外傳入詩類, 蓋與內傳連類及之. 王世貞稱外傳引詩以證事, 非引事以明詩, 其說至確. 今內傳解詩之說已亡, 則外傳已無關詩義. 徒以時代在毛萇以前, 遂列爲古來說詩之冠. 使讀者開卷之初, 卽不見本旨. 於理殊爲未協. 以其舍詩類以外, 無可附麗, 今從易緯·尙書大傳之例, 亦別綴於末簡.

(16) 許瀚 《韓詩外傳校議辨誣》

乾隆間修四庫全書, 館臣上提要. 於韓詩外傳摘其疵語六; 非事實者五; 一條重見者二. 疵語第一條曰: 稱彭祖名竝堯禹. 瀚謹案: 此在第一卷之第六章(君子有辯善之度章), 云:「君子有辯善之度, 以治氣養性, 則身後彭祖; 修身自强, 則名配堯禹.」其語本出荀子修身篇. 彼作「扁善之度, 以治氣養生, 則後彭祖; 以修身自名, 則配堯禹.」楊倞注:「言若用禮治氣養生, 壽則不及彭祖; 若以修身爲名號, 則壽配堯禹不朽矣. 言禮雖不能治氣養生, 而長於修身自爲名號, 以此辨之, 則善可知也.」荀子之文, 似有訛誤. 楊注亦未了了. 韓較之荀, 損益數字. 後彭祖以身言; 配堯禹以名言. 語意極爲明劃. 未嘗稱彭祖名竝堯禹也. 且彭祖堯臣, 見五帝本紀. 太史公固與禹·皐陶·契·后稷·伯夷·夔·龍·垂·益並列, 卽云彭祖名並堯禹, 亦未爲疵, 況其意甚不然乎? 非事實. 第三條曰: 謂舜生於鳴條一章爲孔子語. 瀚案: 此在第三卷之第卄八章(舜生於諸馮章). 全同孟子文. 惟「得志行乎中國」上有「然」字. 「先聖後聖, 其揆一也」上有「孔子曰」三字爲異. 竊謂孟子之言, 至「若合符節」, 語意已盡. 以末二句爲引證孔子語, 揆之文誼極合. 蓋韓君所見孟子本如是, 絶勝今本. 惜孤證無佐, 不敢遽以補今本孟子. 則亦不必據今本孟自駁韓傳矣. 況韓以「先聖後聖」二句爲孔子語, 未嘗以全章爲孔子語也. 韓亦云「舜生於諸馮, 卒於鳴條.」未嘗謂舜生於鳴條也. 一條重見. 第二條曰: 申鳴死白公之難事, 瀚謹案: 申鳴事在第十卷卄四章(楚有士曰申鳴章). 其云重見, 未知所指. 以全書較之. 蓋謂第一卷第卄一章(楚白公之難章)楚白公之難有莊之善者云. 瀚謹案: 二事所同者, 獨白公之難耳, 餘未見其爲一條也. 申鳴事又見說苑立節篇, 太平御覽引作新序. 今所存新序十卷無之. 莊之善事, 又見新序義勇篇, 而渚宮舊事亦兩收申鳴·莊善事, 莊之善今本外傳訛仕之善, 渚宮舊事注引作莊之善. 藝文類聚卄二引作社之善, 新序·渚宮舊事作莊善. 渚宮舊事注引新序作莊義, 然皆不作申鳴, 則申鳴與莊之善固兩人也. 申鳴將兵, 白公懼其爲天下勇士, 劫其父以要之, 鳴攻殺白公, 其父死. 鳴自傷忠孝不兩全, 自刎而死. 莊之善辭其母死君, 三廢車中, 卒致其死. 與死崔杼難之陳不占略同(事見新序義勇, 御覽四百九十九引韓詩外傳). 非能將兵攻殺, 使白公懼爲天下勇士者. 則申鳴與莊之善之死, 固兩事也, 此二事皆顯有以證其誤駁者, 不可以不辯.

(17) 余嘉錫 《四庫提要辨證》 經部 一

韓詩外傳十卷. 嘉錫案: 宋陳元靚歲時廣記卷四引韓詩外傳云: 「凡草木花多五出, 雪花獨六出. 雪花曰霙. 雪雲日同雲. 同謂雲陰與天同爲一色也. 故詩云: 『上天同雲, 雨雪雰雰.』」 較藝文類聚所引多數句, 觀其篇末引詩, 仍是外傳之體, 知其實外傳佚文, 非內傳也. 馬國翰輯御覽所引雪花六出之說於內傳, 入之『先集惟霰』句下, 鑿空無稽, 不顧其安, 蓋爲提要之說所誤也.

(18) 朱彝尊 《經義考》 卷一

韓氏嬰韓故: 漢志二十六卷 (新唐書志: 韓詩, 卜商序, 韓嬰注, 二十二卷), 佚. 詩內傳: 漢志四卷. 詩外傳: 漢志六卷(隋唐志十卷). 韓詩說: 漢志四十一卷. 佚. 漢書: 嬰惟詩人之意而作內外傳數萬言, 其語頗與齊魯間殊. 然歸一也. 惟南賁生受之. 燕趙間言詩者由韓生. 河內趙子事生, 授同君蔡誼, 誼授同君食子公與王吉. 食生授泰山栗豐. 栗豐授山陽張就. 吉授淄川長孫順. 順授東海髮福, 由是韓詩有王食長孫之學. 歐陽修曰: 「(崇文總目叙釋, 詳下.)」 劉安世曰: 「嘗記少年讀韓詩, 有雨無極篇, 序云: 「『正大夫刺幽王也.』 首云: 『雨無其極 傷我稼穡. 浩浩昊天, 不駿其德.』 詩中云

『正大夫離居.』豈非序所謂『正大夫』乎?」范處義曰:「雨無正, 韓氏作『雨無極』,『正大夫刺幽王也.』篇首多『雨無其極, 傷我稼穡』八字. 竊謂韓詩世罕有之, 未必其眞. 或後人見詩中有『正大夫離居』之語, 故加二句, 且牽合以爲『正大夫刺幽王』, 似不可信.」又曰:「史克作頌, 見之詩序. 韓氏乃曰:『奚斯作魯頌』, 而班固西都賦序·王延壽魯靈光殿賦序皆云『奚斯頌魯.』揚雄法言亦云:『正考父嘗晞尹吉甫, 公子奚斯嘗晞正考父.』意謂尹吉甫頌周, 正考父·奚斯效之, 殊不考其詩曰:『新廟奕奕, 奚斯所作』. 是奚斯作新廟, 非作魯頌也. 韓氏之傳授妄矣.」晁公武曰:「(見郡齋讀書志, 已詳上.)」洪邁曰:「(見容齋隨筆, 詳下.)」陳振孫曰:「(見直齋書錄解題, 已詳上.)」王應麟云:「(三條皆困學記聞, 詳下.)」薛應旂曰:「韓嬰外傳雖未盡能以意逆志, 而變動不居, 猶有古之遺爲.」王世貞曰: (弇州山人四部稿, 詳下.)」董斯張曰:「(吹景集, 詳下.) 案: 韓詩惟外傳僅存若白虎通所引曰:『太子生以桑孤蓬矢六射上下四方.』又曰:『師臣者帝. 交友受臣者王. 臣臣者霸. 虜臣者亡.』又曰:『諸侯世者三年喪畢, 上受爵命於天子, 乃歸卽位.』又曰:『孔子爲魯司寇, 先誅少正卯.』風俗通所引『舜漁雷澤』, 三禮義宗所引曰:『天子奉玉升柴.』周禮注所引曰:『珮玉上有葱衡, 下有雙璜.』大戴禮注所引曰:『鸞在和, 衡在軾.』初學記所引曰:『夫飮之禮, 不脫屨而卽序者謂之禮, 跣而上坐者謂之宴. 能飮者飮之, 不能飮已, 謂醧. 齊顔色 均衆寡謂之沈. 閉門不出謂之湎. 故君子可以宴, 可以醧, 不可以沈, 不可以湎.』杜佑通典所引曰:『禘取毁廟之主, 皆升合食於太祖. 祫則羣廟之主悉升於太祖廟.』凡此皆內傳之文也.

(19) 皮日休 ≪皮子文藪讀韓詩外傳≫

(≪皮日休文集≫ 卷八, ≪全唐文≫ 799)

韓詩外傳曰:「韶用干戚, 非至樂也; 舜兼二女, 非達禮也; 封黃帝之子十九, 非法義也; 往田號泣, 未盡命也」. 日休曰:「甚哉! 韓詩之文, 悖夫大教! 夫堯舜之世, 但務以道天下, 天下曉曉如一家室. 其化雖至, 其制未備. 豈可罪以越禮哉! 如以韶用干戚非至樂, 則顓頊之八風, 高辛之六箆, 不可作矣. 如以舜兼二女非達禮也. 則堯之世其禮不定, 不當遺也. 又宜矣. 以對黃帝之子非法義也, 則丹朱・商君無封邑, 是庶人也. 傳曰:『賢者子孫必有土.』又曰:『公侯之子孫必復其始.』夫賢者與公侯, 其子孫尙不廢, 況有熊氏道冠於五帝, 化施於千世哉! 如以往田號泣, 未盡命也, 則舜之孝, 匪天也, 其誰知之? 不號泣則吾恐舜之命不及于堯用. 嗚呼! 韓氏之書, 折百家, 崇吾道, 至矣! 夫是者, 吾將闕然.」

(20) 歐陽修 ≪崇文總目叙釋≫ 詩類(≪文忠集≫ 124)

昔孔子删古詩三千餘篇, 取其三百一十一篇, 著于經. 秦楚之際亡其六. 漢興, 詩分爲四, 一曰魯人申公作訓詁, 號魯詩; 二曰齊人轅固生作傳, 號齊詩; 三曰燕人韓嬰作內外傳, 號韓詩; 四曰河間人毛公作故(一作詁)訓傳, 號毛詩. 三家幷立學官, 而毛以後出, 至平(一作障)帝時始列于學. 其後馬融・賈逵・鄭衆・康成之徒, 皆發明毛氏, 其學遂盛. 魏晉之間, 齊魯之詩廢絶, 韓詩雖在, 而益微. 毛氏獨行, 遂傳至今. 韓嬰之書. 至唐獨在. 今其存者十篇而已. 漢志嬰書五十篇, 今但存其外傳, 非嬰傳詩之詳者, 而其遺說, 時見於他書, 與毛之義絶異, 而人亦不信. 去聖旣遠, 通習各殊. 至於考風雅之變正, 以知王政之興哀, 其善惡美刺, 不可不察焉.

(21) 洪邁《容齋續筆》卷八 韓嬰詩

前漢書儒林傳敍詩云:「漢興, 申公作魯詩, 后蒼作齊詩, 韓嬰作韓詩.」又云:「申公爲詩訓故, 而齊轅固·燕韓生皆爲之傳. 或取春秋, 采雜說, 咸非其本義. 與不得已, 魯最爲近之.」嬰爲文帝博士, 景帝時至常山太傅, 推詩人之意, 作外傳數萬言. 其語頗與齊魯間殊, 然歸一也. 武帝時, 與董仲舒論於上前, 精悍分明, 仲舒不能難. 其後韓氏有王吉·食子公·長孫順之學.」藝文志:「韓家詩經二十八卷, 韓故三十六卷, 內傳四卷, 外傳六卷, 韓說四十一卷.」今惟存外傳十卷. 慶歷中, 將作監主簿李用章序之, 命工刊刻于杭. 其末又題云:「蒙文相公改正三千餘字.」余家有其書, 讀首卷第二章曰:『孔子南遊適楚, 至於阿谷, 有處子佩瑱而浣者, 孔子曰: 彼婦人其可與言矣乎? 抽觴以授子貢曰: 善爲之辭. 子貢曰: 吾將南之楚, 適天暑, 願乞一飮, 以表我心. 婦人對曰: 阿谷之水, 流而趨海. 欲飮則飮, 何問婦人? 受子貢觴, 迎流而挹之, 置之沙上. 曰: 禮固不親授, 孔子抽琴去其軫, 子貢往請調其音. 婦人曰: 吾五音不知, 安能調琴? 孔子抽絺綌五兩, 以授子貢, 子貢曰: 吾不敢以當子身, 敢置之水浦, 婦人曰: 子年甚少, 何敢受子? 子不早去, 今切有狂夫守之者矣. 詩曰: 南有喬木, 不可休息. 漢有游女, 不可求思. 此之謂也.」觀此章乃謂孔子見處女而敎子貢以微詞三挑之, 以是說詩, 可乎? 其謬戾甚矣! 它亦無足言.

(22) 洪邁《容齋三筆》卷十二「曾晳待子不慈」

傳記所載, 曾晳待其子不慈. 至云:「因鉏菜誤傷瓜, 以大杖擊之, 仆地. 孔子謂參不能如虞舜小杖則受, 大杖則避. 以爲陷父於不義, 戒門人曰: 參來勿內. 予切疑無此事, 殆戰國時學者妄爲之辭. 且曾晳與子路·冉有·公西華侍坐, 有浴乎沂, 風乎無雩之言, 涵泳聖敎, 有超然獨見之妙, 於四人之中, 獨蒙「吾與」之褒, 則其爲人之賢可知矣. 有子如此, 而幾寘之死地, 庸人且猶不忍, 而謂晳爲之乎? 孟子稱曾子養曾晳, 酒肉養志, 未嘗有此等語也.」

(23) 王應麟 《困學紀聞》 卷三

韓詩外傳: 高子問於孟子曰: 夫嫁娶者, 非己所自親也. 衛女何以得編於詩也? 孟子曰: 有衛女之志則可, 無衛女之志則怠. 若伊尹於太甲, 有伊尹之志則可, 無伊尹之志則簒.

(24) 王應麟 《困學紀聞》 卷三

江漢之女, 不可犯以非禮, 可以見周俗之美. 范滂之母, 勉其子以名節, 可以見漢俗之美.

(25) 王應麟 《困學紀聞》 卷三

申毛之詩, 皆出於荀卿子. 而韓詩外傳, 多述荀書. 今考其言, 采采卷耳, 鳲鳩在桑, 不敢暴虎, 不敢馮河. 得風雅之旨, 而引逸詩尤多, 其孔筆所刪歟?

(26) 王應麟 《玉海》 卷三十八

漢韓詩外傳(詳見詩考)志: 韓內傳四卷, 韓外傳六卷(四篇名內傳, 後推詩人之意, 作外傳數萬言. 隋唐尙在外傳, 析爲十篇). 唐志: 卜商序, 韓嬰注, 二十二卷. 又外傳十卷 (隋志同, 歐陽修曰: 漢志嬰書五十篇, 今存外傳, 非傳詩之詳者). 崇文總目: 韓嬰之書, 至唐猶在. 今存十篇, 其遺說時見於他書. 晁氏志: 外傳雖非解經之深者, 然文辭淸婉, 有先秦風. 記經解注韓詩內傳曰: 鸞在衡, 和在軾. (禮記疏引韓詩說, 郊特牲疏引內傳).

正義侯包云: 衛武公刺王室, 亦以自戒(金罍辟雍皆引韓詩說). 周禮注: 韓詩傳: 佩玉上有葱衡, 下有雙璜. 疏謂詩(公羊傳注引韓詩傳.) 白虎通: 韓詩內傳曰: 太子生以桑弧蓬矢射上下四方. 內傳曰: 師臣者帝. 文選注: 內傳桑弧蓬矢, 王者舞六代之樂. 無四夷之樂, 大德之所及. 又內傳曰: 世子者何? 言世世不絶. 水經注: 二南國, 按韓嬰敍詩云: 其地在南郡·南陽之間. 漢志注云: 韓詩傳云: 三月桃華水. 三禮義宗: 內傳: 天子奉玉升柴. 後漢志注: 韓詩序云云.(晁說文論引韓詩序).

(27) 兪文豹 《吹劍錄》

入則無法家拂士, 當如詩「四方以無拂」, 音咈, 謂忠鯁咈逆引意足相儆戒. 若依注作弼字, 則凡有位者弼士, 何足與法家敵國並言.(祁駿佳遯翁筆記卷五, 襲此以說韓詩外傳「周公有輔五人, 拂臣六人.」)

(28) 趙彦衛 《雲麓漫鈔》 卷十

嘗編周孔訓子事爲圖, 目曰周孔家訓. 周公相成王, 而使其子伯禽代受封於魯. 周公戒伯禽曰: 「我文王之子, 武王之弟, 成王之叔父, 我於天下, 亦不賤矣. 然我一沐三捉髮, 一飯三吐哺, 起以待士, 猶恐失天下之賢人, 子之魯, 愼無以國驕人!」周公謂魯公曰: 「君子不施其親, 不使大臣怨乎不以故舊. 無大故, 則不棄也. 無求備於一人.」子獨立, 鯉趨而過庭, 曰: 「學詩乎? 曰: 「未也.」「不學詩, 無以言.」鯉退而學詩. 他日又獨立, 鯉趨而過庭, 曰: 「學禮乎?」曰: 「未也.」「不學禮, 無以立.」鯉退而學禮.

(29) 尤袤 《遂初堂書目》 詩類

韓詩外傳.

(30) 高儒 《百川書志》 經志 詩(卷一)

韓詩外傳十卷, 漢文帝時博士韓嬰作.

(31) 鄭曉 《學古瑣言》 卷下

轅固・申公・毛萇・韓嬰四家言詩, 爲漢儒宗, 今韓詩外傳大抵斷章取義, 語涉恢諧. 豈足名家? 必更有詩傳, 此特其外傳, 轅・申說無傳.(鹽邑志林本古言類編, 此條在卷上.)

(32) 王世貞《弇州山人四部稿》卷百十二「讀韓詩外傳」

韓詩外傳凡十篇, 漢人燕韓嬰所著. 其注詩二十二卷, 而此則雜記夫子之緒言, 與諸春秋戰國之說家稍近於理者也. 大抵引詩以證事, 而非引事以明詩, 故多浮泛不切, 牽合可笑之語, 蓋馳騁勝而說詩之旨微矣, 獨其辭稍明健可誦, 而所記亦不甚詭於倫物, 唯謂孔子南游阿谷之遂, 則類於懷春之吉士, 而周公之討管楚, 激於隱客之一言, 爲大謬耳. 夫子見狸迹鼠而瑟, 曾子聞而識其有貪狼之心, 其然乎? 豈螳螂捕蟬之說所由昉乎? 然以美曾子之察音, 則可; 以見夫子之移志, 則不可. 甚哉! 好奇者之易悖也!

(33)《焦氏筆乘續集》卷三「韓詩外傳」

佛典引韓詩外傳有孔子曰老筐爲萑, 老蒲爲葦二語, 又引韓詩外傳曰: 死者爲鬼, 鬼者歸也. 精氣歸於天, 肉歸於土, 血歸於水, 脈歸於澤, 聲歸於雷, 動作歸於風, 眼歸於日月, 骨歸於木, 筋歸於山, 齒歸於石, 膶歸於露, 毛歸於草, 呼吸之氣, 復歸於人, 今本俱無之.

(34) 董斯張《吹景集》卷十二 「世傳韓詩, 汲冢周書, 國策諸書非全書」

湘山野錄云:「夏吳公鎭襄陽, 遇赦, 賜致仕高年束帛, 時胡旦瞽廢在襄, 公選縑十匹贈之. 胡得縑, 以手捫之, 曰:『寄語舍人, 何寡聞如此? 奉還五匹, 請檢韓詩外傳及服虔·賈誼諸儒所解束帛, 自可見證.』英公檢之, 果見三代束帛, 束修之制, 十挺之脯, 實一束也. 束帛則卷其帛爲二端,五匹遂見十端, 夏少沮.」按服虔通俗文久不傳, 今類書中少有存者. 予閱周易注疏及韓詩·新書, 俱無此解.(容齋隨筆亦載此條. 以文瑩多誕, 不可信. 閔康侯云.) 又修文御覽引周書「美男破産, 美如破舌.」(見國策注.) 藝文類聚引周書程寤曰: 文王在翟, 太姒夢南庭生棘, 小子發取周庭之梓樹, 樹之於闕間. 化松柏棫柞, 驚以告文王. 文王召發於明堂, 拜吉夢, 受商大命. 秋朝士.」又引周書曰:「成王時, 白州獻比閭. 比閭者, 其葉若羽, 伐其木以爲車, 終日行.」又曰:「于越獻舟.」又曰:「藪舟已竭, 卽蓮掘藕.」又曰:「神農之時, 天雨粟, 神農耕而種之, 作陶冶斤斧, 爲耜鉏以墾草莽. 然後五穀興. 以助果蓏實.」又曰:「智與衆同, 非人師也.」初學記引周書曰:「長勝短. 輕勝重. 曲勝直. 强勝弱. 飽勝飢. 肅勝怨. 先勝徐. 武之經也.」又曰:「黃帝始烹穀爲粥.」又曰:「凡禾: 麥居東方. 黍居南方. 稻居中央. 粟居西方. 菽居北方.」列子云:「火浣之布, 浣之必投于火, 布則火色, 垢則布色. 出火而振之, 皓然疑乎雪.」張湛注曰:「此周書所云.」博物志云:「西域獻火烷布. 昆吾氏獻切玉刀, 切玉如蠟.」茂先亦引周書. 又史記白魚亦烏事, 索隱曰:「見周書.」後漢書注:「周書陰符曰:『四輔不存, 若濟河無舟矣.』說文引周書曰:『圛圛升雲, 半有半無.』李善文選思玄賦注引古文周書曰:「穆王田有黑鳥若鳩, 翩飛而跱於衡. 御者斃之以策, 馬佚不克之, 蹪於乘, 傷帝左股.」又引周書曰:「周穆王姜后, 晝寢而孕. 越姬嬖, 竊而育之, 斃. 以玄鳥二七, 塗以殹血. 寘諸姜后. 遽以告王. 王恐, 發書而占之. 曰:『蜉蝣之羽, 飛集于戶. 鴻之戾止, 弟弗克理. 重靈降誅, 尙復其所.』問左史氏, 史豹曰:『蟲飛集戶, 是曰失所. 惟彼小人, 弗克以育君子.』史良曰:『是謂關親, 將留其身, 歸于母氏, 而後獲寧.』冊而藏之厥休將振. 王與令尹冊而藏之於櫝. 居三月, 越姬死, 七月而復言其情. 曰:『先君怒子甚, 曰: 爾夷隷也, 胡竊君之子, 不歸母氏. 將寘而大戮及王子於治.』」今汲冢書皆未之見. 戰國策姚寬序云:「正文遺逸, 引戰國策者, 司馬貞索隱五事, 廣韻七事, 玉篇一事, 太平御覽二事, 元和姓纂一事, 春秋後語二事, 後漢地理志一事, 後漢第八贊一事, 藝文類聚一事, 北堂書鈔一事,徐廣注史記一事, 張守節史記正義一事, 舊戰國策一事, 李善注文選一事, 皆今本所無也. 又五柳詠軻詩云:『漸離擊悲筑, 宋意唱高聲.』本淮南語. (古文苑載宋玉笛賦云:「宋意送荊卿易水之上.」張按: 荊卿與宋意非同時, 文苑所載, 當亦六朝文士假託, 與李陵書同一贋鼎, 然其傳亦已古矣. 水經注亦云:『宋如意和之.』今燕策無宋意事.」焦弱侯引韓詩外傳:「老筐爲萑, 老蒲爲葦.」及「精氣歸於天, 肉歸於土」二則, (按弱侯據佛典所引, 今精氣云云, 載御覽, 焦云膈歸於露, 毛歸於草, 御覽膈作膏, 毛作髮, 御覽似勝.) 張按文選李善注引韓詩外傳云:「孔子升泰山, 觀易姓而王, 可得而數者七十餘人; 不得而數者, 萬數也. 又鄭交甫將南適楚, 遵彼漢皐臺下, 乃遇二女. 佩兩珠, 大如荊雞之卵.」藝文類聚引韓詩外傳曰:「凡草木花多五出, 雪花獨六出者, 陰極之數. 雪花曰霙, 雪雲曰同雲.」又曰:「自上而下曰雨雪.」又曰:「溱與洧, 謂鄭國之俗三月上巳於雨水之上招魂續魄. 拂不洋也.」今本亦無之. 韻會引吳越春秋:「越以甘蜜丸欓報吳增封之禮.」今書作「甘蜜九黨.」李善文選注引吳越春秋:「采葛婦歌曰: 飢不皇食四體疲.」又:「陳音曰: 逢蒙傳射於楚琴氏, 琴氏傳大魏, 大魏傳楚三侯.」今書無此語. 藝文引寶劍事云:「王取鈍鈞示之, 薛燭矍然望之曰: 沈沈如芙蓉始生於湖. 觀其文如列星之行, 觀其光如水之溢塘, 觀其色渙渙如冰將釋, 見日之光.」今趙曄本無此語, 越絶書有之, 語小異. 初學記引吳越春秋云:「王取豪曹視之, 薛燭曰:『非寶劍也. 今豪曹五色, 黯然無華. 已殞其光, 亡其神. 此劍不登斬而辱, 則墮於泥中矣.』王曰:『寡人置劍竹蘆上, 過而墜之, 斷金獸之領, 飮濡其刃, 以爲利也.』」一曰:「薛燭曰:『是巨闕, 非寶劍也.』王曰:『然. 巨闕初成之時, 吾坐於露壇之上, 官中有駕白鹿而過者, 奔車驚.』」今本亦闕. 藝文又引袁公事, 云:「越王問范蠡手戰之術. 范蠡曰:『臣聞越有處女, 國人稱之. 願王請問手戰之道.』於是王乃請女, 女將北見王. 道逢老人, 自稱袁公. 問女:『聞子善爲劍, 願得一觀之.』處女曰:『妾不敢有所隱也. 唯公所試.』公卽挽林內之竹. 以枯槁末折墮地. 女接取其末, 袁公操其本, 而刺處女. 處女應卽入之.

三入, 因擧杖擊袁公, 袁公則飛上樹, 化爲白猨.」與今本小異. 又曰: 越王念吳, 欲復讎. 愁心苦志, 中庭抱柱而哭. 承之以嘯. 羣臣聞之, 曰:『君王任愁心之甚也? 夫復讎謀敵, 非君王之憂, 自臣小之急務也.』」又曰:「夫差帥羣臣出國門, 祠子胥於江濱. 諸臣並在. 夫差乃言曰:『寡人蒙先王之遺恩, 爲千乘之主. 昔不聽相國之言, 乃用讒佞之辭. 至今相國遠沒江海. 自亡以來, 濛濛惑惑, 如霧蔽日. 莫誰與言.』泣下沾襟, 哀不自勝, 左右臣僚, 莫不悲傷.」又北堂書鈔引越絶書曰:「闔廬見子胥,『敢問船軍之備何如?』對曰:『船名大翼·小翼·突冒·樓船·橋船. 今船軍之教, 比陵軍之法. 乃可用之. 大翼者當陵軍之重車, 小翼者當陵軍之輕車. 突冒者, 當陵軍之衝車, 樓船者當陵軍之行樓車也. 橋船者當陵軍之輕足驃騎也.』」今本並闕. 乃知唐宋書今之遺佚者多矣. 安得悉見全書哉!

(35) 錢謙益《絳雲樓書目》卷一 詩類

韓詩外傳十卷. 宋慶歷中將作監主簿李用章序之, 命工刊刻於杭.

(36) 錢遵王《述古堂藏書目》卷一 詩

韓詩外傳十卷, 元本校過.

(37)《天祿琳琅書目》卷七「明版經部」

韓詩外傳, 一函六冊, 漢韓嬰著. 十卷. 前元錢惟善序. 錢惟善序作於元順帝至正十五年. 稱海岱劉侯貞來守嘉禾, 聽政之暇, 因以所藏諸書悉刊郡庠云云. 是此書實爲元末刊本. 然觀其紙質, 與明版諸書相同, 當屬元刊而明印者. 考明史, 惟善字思復, 錢塘人. 至正元年以省試羅殺江賦得名, 官副提擧. 張士誠據吳, 逐不仁. 旣歿, 與楊維楨, 陸居仕同葬千山, 人目爲「三高士」墓. 浙江通志載劉貞於順帝時任嘉興路總管, 以惟善序證之, 其時適相脗合也.

(38) 《天祿琳琅書目》 卷七 「明版經部」

韓詩外傳, 一函四冊, 篇目同前. 闕錢惟善序. 此書卽是前版, 而刷印則愈後, 紙色墨光遠遜矣. 明文彭藏本. 按王世貞吳中往哲像贊, 文彭字壽承, 號三橋, 待詔徵明子也. 少承家學, 善眞行草書. 尤工篆隷, 咄咄逼其父. 以秀水訓導, 擢國子助教於南京. 「清白堂印」無考.

(39) 《孫氏祠堂書目》 內篇 卷一 經學 第一 詩

韓詩外傳十卷, 漢韓嬰撰. 一・元沈班之刊本. 一・明毛晉刊本. 一・周廷宷校刊本. 一・趙懷玉校刊本. 又補逸一卷, 盧文弨輯, 趙懷玉刊.

(40) 丁丙 《善本室藏書志》 卷二 經部三

詩外傳十卷, 明通津草堂刊本. 于氏南樓藏書. 韓嬰. 前有韓嬰小傳, 至正十五年龍集乙未秋八月曲江錢惟善序, 稱海岱劉侯貞來守嘉禾, 聽政之暇, 因以所藏諸書, 悉刊郡庠. 云云. 宏治後歷下薛來・新都唐琳・吳人蘇獻可及周廷宷先後傳刊, 此則沈辨之通津草堂原刊初印本也. 其書雜引古事古語, 證以詩辭. 與經義不相比附. 所述多與周·秦諸子相出入. 卷前有「周禮之印」·「拙菴一樂齋」·「何氏心遠堂珍藏書畫之章」·「何氏藏書」·「經襄印端書」·「于氏南樓藏書」·「允良」諸印. 于允良, 星子人. 曾刻稽古樓巾箱本十三經者.

(41) 季滄葦 《藏書目宋元雜版書雜部》

韓詩外傳十卷, 元板.

(42) 《皕宋樓藏書志》 卷五 經部 詩類 附錄

韓詩外傳十卷, 明芙蓉泉屋本, 漢韓嬰撰, 無名氏序, 嘉靖十八年, 楊祐序, 薛來序.

(43) 臧琳 《經義雜記》「韓子知命說」

韓詩外傳, 隋唐志十卷, 今本同. 讀其書, 少次序. 多雜見於大戴, 管·荀·呂覽·淮南·說苑諸書. 考漢志本作六卷, 則今書非韓氏原編, 容有後人分幷. 且以他書廁入者. 本傳稱嬰孝文時爲博士, 武帝時嘗與董仲舒論於上前, 其人精悍, 處事分明, 仲舒不能難也. 其書有曰:「子曰: 不知命無以爲君子. 言天之所生, 皆有仁義禮智順善之心. 不知天之所命生, 則無仁義禮智順善之心. 無仁義禮智順善之心, 謂之小人. 故曰: 不知命無以爲君子. 小雅曰: 天保定爾, 亦孔之固. 言天之所以仁義禮智, 保定人之甚固也. 大雅曰: 天生蒸民, 有物有則. 民之秉彝, 好是懿德. 言民之秉德, 以則天也. 不知所以則天, 又焉得爲君子乎?」斯言也, 卽孟子性善之說也. 秦漢以來, 如毛公·董生, 皆可爲見道之醇儒矣. 而性善之說, 則俱未能言也. 琳謂孟子之後, 程朱以前, 知性善者, 韓君一人而已, 故特爲出之.

(44) 陳澧《東塾讀書記》卷六「論韓詩外傳兩條」

荀子云:「國風之好色也, 其傳傳曰:『盈其欲而不愆其止, 其誠可比於金石, 其聲可內於宗廟.』(大略篇.)」據此, 則周時風已有傳矣. 韓詩外傳亦屢稱「傳曰」, 史記三代世家褚先生曰:「詩傳曰:『湯之爲契, 無父而生.」此皆不知何時之傳也.

漢書藝文志云: 齊韓詩惑取春秋, 采雜說, 咸非其本義.(采雜說, 非本義, 奄專外傳而言.) 今本韓詩外傳有元至元十五年錢惟善序云:「斷章取義, 有合於孔門商賜言詩之旨.」澧案: 孟子云:「『憂心悄悄, 慍于羣小』, 孔子也.」亦外傳之體. 禮記·坊記·中庸·表記·緇衣·大學引詩者, 尤多似外傳. 蓋孔門學者皆如此. 其於詩義洽熟於心, 凡讀古書·論古人·古事, 皆與詩義相觸發, 非後儒所能及. (韓非有解老篇, 復有喩老篇. 引古事以明之, 卽外傳之體. 其解老卽內傳也.) 西漢經學, 惟詩有毛氏·韓氏兩家之書, 傳至今日, 讀者得知古仁人內傳·外傳之體, 乃天之未喪斯文也. 直齋書錄解題云:「韓詩外傳, 多記雜說, 不專解詩, 果當時本書否?」(卷二) 抗菫蒲云:「董生繁露·韓嬰外傳, 偭背經旨, 鋪列雜說. 是謂畔經. (古文百篇序) 此則不知內外傳之體矣. 皮襲美讀韓詩外傳云:「韓氏書, 抑百家崇吾道, 至矣.」如襲美者乃能讀韓氏書有也. ○韓詩外傳采阿曲處子一事, 蓋明知如此乃雜說, 不足信, 但欲證明「漢有游女, 不可求思」之義耳. 近人刻外傳者, 刪之, 其意甚善. 然傳刻者多, 豈能盡刪乎?

(45) 廉石居 《藏書記》 内篇 卷上 經學

韓書外傳十卷. 右韓詩外傳十卷, 元板本, 前有至正十五年錢惟善序. 稱海岱劉侯貞來守嘉禾, 因以其先君子節齋先生手抄所藏諸書悉刊置郡庠, 後有「吳郡沈辨之野竹齋校雕」印. 明史: 惟善, 錢塘人. 至正元年, 以省試羅刹江賻得名. 官副提擧. 張士誠據吳, 遂不仕. 蓋元末人. 吾友趙司馬懷玉, 偕盧學士文弨, 校刊一本, 依據書傳, 頗多改正之處. 附補遺五版於後, 誠爲善本. 因並存之.

(46) 《結一廬書目》 卷一 經部

韓詩外傳十卷, 漢韓嬰譔, 明嘉靖間通津草堂仿宋刊本.

(47) 嚴可均 《鐵橋漫錄》 卷三「荀子當從祀議」

韓詩外傳引荀子以說詩者四十餘事, 是韓嬰亦荀子私淑弟子也.

(48) 汪中 《述學補遺》「荀卿子通論」

韓詩之存者, 外傳而已, 其引荀卿子以說詩者社十有四, 由是言之, 韓詩, 荀卿子之別子也.

(49) 莫友《芝郘亭知見傳本書目》卷二 經部 詩類 附錄

韓詩外傳十卷, 漢韓嬰撰. 元至正十五年錢惟善刊本, 沈辨野竹齊刊本, 明通津草堂本, 嘉靖乙未吳人蘇獻可刊本, 嘉靖初金臺汪諒刊本, 嘉靖己亥歷下薛來刊本, 明新都唐琳刊本, 漢魏叢書本, 津逮本, 學津本, 漢魏遺書本, 近趙懷玉校本最善, 又周廷寀注本亦可. 容齋二筆卷八云: 慶歷中將監主簿李用將序之, 命工刊刻于杭, 末題云: 蒙文相公改正三千餘字.

(50) 日本 森立之《經籍訪古志》卷一 經部上 詩類

韓詩外傳十卷, 朝鮮國刊本, 求古樓藏. 每卷題「詩外傳」, 無「韓」字者, 載至正十五年曲江錢惟善序, 序後有「吳郡沈辨之野竹齋校雕」, 記在亞字形內, 蓋依元版重雕者. 此本校之毛晉小有異同. 按漢魏叢書本脫落一板, 計他誤謬亦夥, 當以此本校訂矣.

(51) 楊守敬《日本訪書志》卷一

韓詩外傳十卷 明沈辨之刊本 每卷題「詩外傳」無「韓」字, 惟卷首錢惟善序題「韓」字. 序後有吳郡沈辨之野竹齋校雕」篆書木記, 首行題「詩外傳卷第一」, 沈行題 「韓嬰」二字. 每半葉九行, 行十七字. 字大如錢. 左右雙邊, 余以此本校之毛氏津逮本, 小有異同. 而此爲優. 蓋毛氏亦原此本, 而又謬誤者也. 程榮漢魏叢書所據原本, 脫首卷弟二葉, 竟以「抽觴」接「遊女不可求思」刊之, 其他謬誤亦多, 何允中雖補此一葉, 而謬誤者亦未能校正. 余嘗作札記, 視趙懷玉·周廷寀校本, 似爲詳密云.

(52) 葉德輝 《郎園讀書志》 卷一 經部

韓詩外傳十卷, 明沈與文野竹齋刻本. 宋本外, 此爲第一善本. 孫星衍祠堂書目著錄, 其平津館鑒藏書籍記, 誤以爲元至正本. 不如沈固明人也. 同時吳中蘇獻可通津草堂刻此書, 行字與此相同, 流傳頗少. 海內藏書家惟見于仁和朱氏結一廬, 錢塘丁氏善本書室兩目. 丁氏所藏已歸江南圖書館. 曩曾取蘇沈兩本相校, 乃知沈本卽蘇氏原版. 蓋沈得蘇版, 于印行時補刻亞形本牌記于序後. 今沈本較蘇本爲多者, 以其印行在後故也. 丁目誤以通津草堂屬之沈氏, 實不知版刻一而人則二, 然亦見丁氏固審定爲一刻本矣. 此書自明程榮漢魏叢書·毛晉津逮秘書相繼重刻後, 均不免小有訛誤, 乾嘉中趙懷玉, 周廷寀先後校刻, 號稱精善, 惟據他書攙校句文, 不免隔斷文氣. 盧抱經及孫淵如早年校刻之書, 均同有此病. 顧千里, 黃蕘圃兩家, 則無是也. 此本字大悅目, 前有元至正十五年錢惟善序, 知其源出宋本, 遠有端倪. 故歷來藏書家珍爲秘笈. 張文襄書目答問謂通津草堂·津逮秘書·學津討原諸本, 遠遜于趙, 周二本, 是不知通津草堂爲諸刻祖本, 彼殆未暂其源流耳. 書貴原刻, 讀者寶之.

(53) 沈家本 《世說注所引書目》 經部

韓時外傳. 漢志: 韓詩故三十六卷, 韓內傳四卷, 韓外傳六卷. 韓嬰傳: 韓嬰, 燕人也. 孝文時爲博士, 景帝時至常山太傅. 嬰推詩人之意而作內外傳數萬言, 其語頗與齊魯間殊, 然歸一也. 淮南賁生受之, 燕趙間言詩者由韓生, 武帝時, 嬰常與董仲舒論於上前, 其人精悍, 處事分明, 仲舒不能難也. 隋志: 韓詩二十二卷, 漢常山大傅韓嬰撰. 薛氏章句. 韓詩外傳十卷. 舊唐志: 韓詩二十卷, 卜商序, 韓嬰撰. 新志卷與隋志同, 皆不稱內傳. 蓋韓故者, 韓氏自爲本經訓故之體, 故薛氏爲之章句, 內外傳則皆依經推演之詞, 雖分內外, 體例則同. 疑隋·唐志之韓詩者, 韓故也. 內傳則與外傳幷爲一編, 故其卷適與漢志同. 非無內傳也. 隋志云: 齊詩魏代已亡, 魯詩亡於西晉, 韓詩雖存, 無傳之者. 是其學雖無人能傳之, 其書則未缺佚也. 宋時其書已亡, 故宋志及崇文總目皆不著錄. 總目序云: 至唐猶在今但傳其外傳. 而劉安世, 晁說之尙時述其遺說, 御覽亦多引之, 然御覽編於太平興國二年, 而崇文總目編於景祐元年, 中間絶無事故, 使三館果有其書, 不應遽爾亡失. 恐御覽及劉晁諸人所引, 皆拾于羣書, 非眞見其原本也. 王伯厚詩考所輯韓詩, 猶爲未備. 近人輯三家詩者, 所得較多, 而玉函山房所輯韓詩故二卷, 韓詩內傳一卷, 漢詩說一卷, 陳喬樅韓詩遺說考五卷, 並彙存一家之言, 又若邵晉涵韓詩內傳考, 宋緜初韓詩內傳徵, 嚴可均韓詩輯, 皆專力於韓詩者.

(54) 劉咸炘 《舊書別錄》 卷一

韓詩外傳(辛酉六月)葆琛論是書詳而精矣. 惜其重次之本不可得見也. 王世貞謂是書引經以斷事, 非引事以證經. 四庫提要因置之經部附錄, 是不知外傳體也. 古經師訓詁簡質, 不多論義. 其推衍旁通, 大氐口耳相綬. 如匡衡所述關雎說及書大傳所載是也. 講論之下, 旁引古事, 雖非引以證經, 亦借以明經義, 此班志所謂「采春秋雜說, 非其本義」者也. 是書有紀事述義, 而引詩證之者, 有因其事之言曾引詩, 而牽入之者, 是可徵爲講論之說矣. 外傳之體本寬, 門弟子記錄其言, 幷平昔嘉言及宗旨所在, 不關經義者, 亦錄之, 莊氏所擧說性善者是也. 大傳旣爲門人所錄, 此亦必然. 故或深湛, 或淺短比附, 或稱「傳曰」, 亦與大傳同. 必非大傳之詞. 若大傳自著, 無庸稱「傳曰」矣. 偶有兩章大同小異, 尤門人各記之證. 後世疑非大傳原編, 闇矣. 或以與他書同, 謂後人廁入(臧琳說), 此又不知古書多同, 非必相剽也. 太傅燕人. 燕人慷慨, 故太傅言氣節極有力. 又時有黃老言, 且或顯述老經, 豈本兼學老與? 亦可知孔老之不背也. 多引荀卿書, 或亦有淵源乎? 記孔子遺言, 及自抒暢論, 多與大傅合, 雖非六卷之舊, 亦少所逸亡矣!

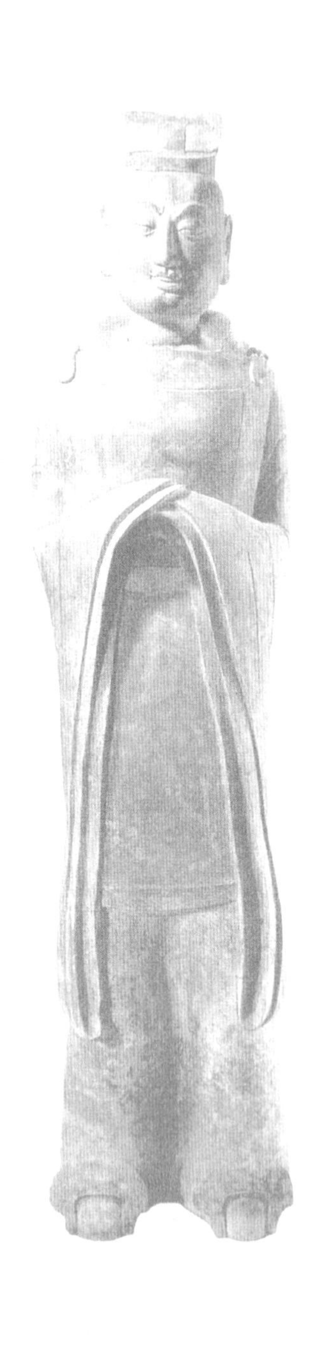

임동석(茁浦 林東錫)

慶北 榮州 上苗에서 출생. 忠北 丹陽 德尙골에서 성장. 丹陽初中 졸업. 京東高 서울教大 國際大 建國大 대학원 졸업. 雨田 辛鎬烈 선생에게 漢學 배움. 臺灣 國立臺灣師範大學 國文研究所(大學院) 博士班 졸업. 中華民國 國家文學博士(1983). 建國大學校 教授. 文科大學長 역임. 成均館大 延世大 高麗大 外國語大 서울대 등 大學院 강의. 韓國中國言語學會 中國語文學研究會 韓國中語中文學會 會長 역임. 저서에《朝鮮譯學考》(中文)《中國學術概論》《中韓對比語文論》. 편역서에《수레를 밀기 위해 내린 사람들》《栗谷先生詩文選》. 역서에《漢語音韻學講義》《廣開土王碑研究》《東北民族源流》《龍鳳文化源流》《論語心得》〈漢語雙聲疊韻研究〉 등 학술 논문 50여 편.

임동석중국사상100

한시외전韓詩外傳

韓嬰 撰 / 林東錫 譯註

1판 1쇄 발행/2009년 12월 12일

2쇄 발행/2013년 9월 1일

발행인 고정일

발행처 동서문화사

창업 1956. 12. 12. 등록 16-3799

서울강남구신사동563-10 ☎546-0331~6 (FAX)545-0331

www.dongsuhbook.com

잘못 만들어진 책은 바꾸어 드립니다.

*

*

사업자등록번호 211-87-75330
ISBN 978-89-497-0585-9 04080
ISBN 978-89-497-0542-2 (세트)